吴晗 著

大明王朝三百年

吴晗论明史

下

吉林人民出版社

第三编　世情百态

明初社会生产力的发展

一　农业生产的恢复和发展

"地主阶级对于农民的残酷的经济剥削和政治压迫，迫使农民多次举行起义，以反抗地主阶级的统治。从秦朝的陈胜、吴广、项羽、刘邦起，中经汉朝的新市、平林、赤眉、铜马和黄巾，隋朝的李密、窦建德，唐朝的王仙芝、黄巢，宋朝的宋江、方腊，元朝的朱元璋，明朝的李自成，直至清朝的太平天国，总计大小数百次的起义，都是农民的反抗运动，都是农民的革命战争。中国历史上的农民起义和农民战争的规模之大，是世界历史上所仅见的。在中国封建社会里，只有这种农民的阶级斗争、农民的起义和农民的战争，才是历史发展的真正动力。因为每一次较大的农民起义和农民战争的结果，都打击了当时的封建统治，因而也就多少推动了社会生产力的发展。"①

明初的社会生产力的发展是元末农民起义的结果，它首先表现在农业生产的恢复和发展方面。

经过二十年长期战争的破坏，人口减少，土地荒芜，是明朝初年的普遍现象。例如唐宋以来的交通要道、繁华胜地的扬州，

---

① 《毛泽东选集》卷二。

为青军（又名一片瓦、长枪军，是地主军队）元帅张明鉴所据，军队搞不到粮食，每天杀城里的老百姓吃。龙凤三年朱元璋部将缪大亨攻克扬州，张明鉴投降，城中居民仅余十八家。新任知府以旧城虚旷难守，只好截西南一隅筑而守之。① 如颍州，从元末韩咬儿在此起义以后，长期战乱，民多逃亡，城野空虚。② 特别是山东河南地区，受战争破坏最重，"多是无人之地"③。洪武元年闰七月大将军徐达率师发汴梁，徇取河北州县，时兵革连年，道路皆榛塞，人烟断绝。④ 有的地方，积骸成丘，居民鲜少。⑤ 洪武三年，济南府知府陈修和司农官报告：北方郡县近城之地多荒芜。⑥ 到洪武十五年晋府长史致仕桂彦良还说，"中原为天下腹心，号膏腴之地，因人力不至，久致荒芜"。二十一年河北诸处，还是田多荒芜，居民鲜少。三十年常德、武陵等十县土旷人稀，耕种者少，荒芜者多。⑦ 名城开封，以户粮数少，由上府降为下府。⑧ 洪武十年，以河南、四川等布政司所属州县，户粮多不及数，凡州改县者十二，县并者六十。十七年令凡民户不满三千户的州改为县者三十七。⑨

---

① 《明太祖实录》卷五。

② 《明太祖实录》卷三三。

③ 顾炎武《日知录》卷一〇《开垦荒地》。

④ 《明太祖实录》卷二九。

⑤ 《明太祖实录》卷一七六。

⑥ 《明太祖实录》卷五三。

⑦ 《明太祖实录》卷一四八、二五〇。

⑧ 《明太祖实录》卷九六、一九三。

⑨ 《明太祖实录》卷一一二、一六四。

针对这种情况，朱元璋于吴元年五月下令凡徐、宿、濠、泗、寿、邳、东海、襄阳、安陆等郡县及今后新附土地人民，桑麻谷粟税粮徭役，尽行蠲免三年，让老百姓喘一口气，把力量投入生产。① 集中力量，振兴农业，用移民屯田、开垦荒地的办法调剂人力的不足。兴修水利，种植桑棉，增加农业生产的收入。官给耕牛种子，垦荒地减免三年租税，遇灾荒优免租粮等措施，解决农民的困难。此外，还设立预备仓、养济院等救济机关。

他常说："四民之中，莫劳于农，观其终岁勤劳，少得休息。时和岁丰，数口之家犹可足食，不幸水旱，年谷不登，则举家饥困……百姓足而后国富，百姓逸而后国安，未有民困穷而国独富安者。"② 又说："夫农勤四体，务五谷，身不离畎亩，手不释耒耜，终岁勤动，不得休息。其所居不过茅茨草榻，所服不过练裳布衣，所饮食不过菜羹粝饭，而国家经费皆其所出……凡一居处服用之间，必念农之劳，取之有制，用之有节，使之不至于饥寒，方尽为上之道。若复加之横敛，则民不胜其苦矣。"③ 政府收入主要来自农村，粮食布帛棉花、人力都靠农民供给，农业生产如不恢复和发展，这个政权是支持不下去的。

移民的原则是把农民从窄乡移到宽乡，从人多田少的地方移到人少地广的地方。洪武三年六月，徙苏州、松江、嘉兴、湖州、杭州无业农民四千多户到濠州种田，给牛具种子，三年不征其税。又移江南民十四万户于凤阳。九年十月徙山

① 《明太祖实录》卷一八。
② 《明太祖实录》卷二五〇。
③ 《明太祖实录》卷二二。

西及真定民无产者于凤阳屯田。十五年九月迁广东番禺、东莞、增城降民二万四千四百余人于泗州屯田。十六年迁广东清远瑶民一千三百七人于泗州屯田，以上皆为繁荣起义根据地及其附近的措置。二十一年八月以山东、山西人口日繁，迁山西泽、潞二州民之无田者往彰德、真定、临清、归德、太康诸处闲旷之地，置屯耕种。二十二年以两浙民众地狭，务本者少而事末者多，命杭、湖、温、台、苏、松诸郡民无田者许令往淮河迤南滁、和等处起耕。山西贫民徙居大名、广平、东昌三府者，凡给田二万六千七十二顷。二十五年徙山东登、莱二府贫民五千六百三十五户就耕于东昌，二十七年迁苏州府崇明县无田民五百余户于昆山开种荒田。二十八年青、兖、登、莱、济南五府民五丁以上及小民无田可耕者起赴东昌，编籍屯种，凡一千五十一户，四千六百六十六口。到二十八年十一月东昌三府屯田迁民共五万八千一百二十四户，政府收租三百二十二万五千九百八十余石，棉花二百四十八万斤。彰德等四府屯田凡三百八十一处，屯田租二百三十三万三千三百一十九石，棉花五百零二万五千五百余斤。[1] 凡移民垦田都由政府给予耕牛种子路费。洪武三年定制，北方郡县荒芜田地，召乡民无田者垦辟，户给十五亩，又给地二亩种蔬菜，有余力的不限顷亩，皆免三年租税。其马驿巡检司急递铺应役者，各于本处开垦，无牛者官给之。若王国所在，近城存留五里以备练兵牧马，余处悉令开耕。[2] 又令凡开垦荒田，各处人民先因兵燹遗下田土，他

---

① 《明太祖实录》卷二二三、二三六、二四三,《明史》卷七七《食货志》一。

② 《明太祖实录》卷五三。

人开垦成熟者听为己业。业主已还，有司于附近荒田拨补。复业人民现在丁少而原来田多者，不许依前占护，止许尽力耕垦为业。见今丁多而原来田少者，有司于附近荒田验丁拨付。① 洪武二十四年令公侯大官以及民人，不问何处，唯犁到熟田，方许为主。但是荒田，俱系在官之数。若有余力，听其再开。又令山东概管农民，务见丁著役，限定田亩，著令耕种。敢有荒芜田地流移者，全家迁发化外充军。二十八年令，二十七年以后新田地，不论多寡，俱不起科（收田租），若地方官增科扰害者治罪。鼓励人民大力开垦。②

也有从少数民族地区移民到内地屯垦的，如徐达平沙漠，徙北平山后民三万五千八百余户散处诸府卫，充军的给衣粮，为民的给田土。又以沙漠遗民三万二千八百多户屯田北平，置屯二百五十四，开地一千三百四十三顷。

此外，吴元年十月徙苏州富民到濠州居住，因为他们帮着张士诚抵抗，还不断说张王好话的缘故。③ 洪武十五年命犯笞杖罪的犯人都送到滁州种苜蓿。④ 二十二年命户部起山东流民居京师，人赐钞二十锭，俾营生业。⑤ 二十八年徙直隶、浙江民二万户于京师，充仓脚夫。⑥

江南苏、松、杭、嘉、湖一带十四万户富民被强迫迁住凤阳，

① 《大明会典》卷一七《户部田土》。
② 《大明会典》，《明太祖实录》卷二四三。
③ 《明太祖实录》卷二一。
④ 《明太祖实录》卷一四三。
⑤ 《明太祖实录》卷一九六。
⑥ 《明太祖实录》卷二四三，《明史》卷七七《食货志》一。

离开了原来的乡里田舍，还不许私自回去。这举动对于当时东南地主阶级是极大的打击。旧社会的旧统治阶级离开了原来占有的土地，同时也就丧失了社会地位和政治上的作用。相对的以朱元璋为首的新统治阶级却从而加强了对这一地区人民的控制了。这十几万家富户从此以后，虽然不敢公开回原籍，但却伪装成乞丐，以逃荒为名，成群结队，老幼男妇，散入江南诸郡村落乞食，到家扫墓探亲，第二年二三月间又回到凤阳。年代久了，也就成为习惯。五六百年来凤阳花鼓在东南一带是妇孺皆知的民间艺术。歌词是：

> 家住庐州并凤阳，凤阳原是好地方，自从出了朱皇帝，十年倒有九年荒。[1]

朱元璋在克集庆后，便注意水利。建国以后，越发重视，用全国的财力人力进行大规模的水利工程。洪武元年修江南和州铜城堰闸。周回二百余里。四年修治广西兴安县灵渠，可以溉田万顷。六年开上海胡家港，从海口到漕泾千二百余丈，以通海船。八年开山东登州蓬莱阁河，浚陕西泾阳县洪渠堰，溉泾阳、三原、醴泉、高陵、临潼田二百余里。九年修四川彭州都江堰。十二年修陕西西安府甜水渠，引龙首渠水入城，居民从此才有甜水可吃。十四年筑海盐海塘，浚扬州府官河。十七年筑河南磁州漳河决堤。决荆州岳山坝以通水利，每年增官田租四千三百余石，修江南江都县深港坝河道。十八年修筑黄河、沁河、漳河、卫河、沙河堤岸。十九年筑福建长乐海堤。二十三年修江南崇明

---

① 赵翼《陔余丛考》卷四一《凤阳丐者》。

海门决堤二万三千九百余丈，役夫二十五万人。疏四川永宁所辖水道。二十四年修浙江临海横山岭水闸、宁海奉化海堤四千三百余丈，筑上虞海堤四千丈，改建石闸。浚定海、鄞二县东钱湖，灌田数万顷。二十五年凿江南溧阳银墅东坝河道四千三百余丈，役夫四十万人。二十七年浚江南山阳支家河。凿通广西郁林州相隔二十多里的南北二江，设石陡诸闸。二十九年修筑河南洛堤。三十一年修治洪渠堰，浚渠十万三千余丈。这些规模巨大用人力到几十万人的工程，没有统一的安定的全国力量的支持，是不可能设想的。除此以外，元璋还要全国各地地方官，凡是老百姓对水利的建议，必须即时报告。洪武二十七年又特别嘱咐工部工员，凡是陂塘湖堰可以蓄水泄水防备旱灾潦灾的，都要根据地势一一修治。并派国子生和人才到全国各地督修水利。二十八年综计全国郡县开塘堰四万九百八十七处[1]，河四千一百六十二处，陂渠堤岸五千四十八处。[2]

　　移民屯田、开垦荒地、兴修水利是增加谷物产量，增加国家租税的主要措施。也就是经过革命斗争后，政府不得不稍为对农民让步的具体表现。此外，元璋还特别着重经济作物的增产，主要的是桑麻木棉和枣柿栗胡桃等。龙凤十一年六月下令凡农民有田五亩到十亩的，栽桑麻木棉各半亩，十亩以上的加倍，田多的照比例递加。地方官亲自督视，不执行命令的处罚。不种桑的使出绢一匹，不种麻和木棉的出麻布或棉布一匹。[3]洪武元年把

---

①　《明太祖实录》，《明史》卷八八《河渠六·直省水利》。

②　《明太祖实录》卷二四三，顾炎武《日知录》卷一二《水利》。

③　《明太祖实录》卷一五，《明史》卷一三八《杨思义传》。

这制度推广到全国，并规定科征之额，麻每亩科八两，木棉每亩四两，栽桑的四果以后再征税。二十四年于南京朝阳门钟山之麓，种桐、棕、漆树五千余万株，岁收桐油棕漆，为修建海船之用。① 二十五年令凤阳、滁州、庐州、和州每户种桑二百株，枣二百株，柿二百株。令天下卫所屯田军士每人种桑百株，随地宜种柿栗胡桃等物，以备岁歉。二十七年令户部教天下百姓务要多种桑枣和棉花，并教以种植之法。每一户初年种桑枣二百株，次年四百株，三年六百株。栽种过数目造册回奏，违者全家发遣充军。执行的情况，如湖广布政司二十八年的报告，所属郡县已种果木八千四百三十九万株。全国估计，在十亿株以上。二十九年以湖广诸郡宜于种桑，而种之者少，命于淮安府及徐州取桑种二十石，派人送到辰、沅、靖、全、道、永、宝庆、衡州等处（今湖南及广西北部一带），各给一石，使其民种之。发展这一地区蚕丝生产和丝织工业。② 为了保证命令的贯彻执行，下诏指出农桑为衣食之本，全国地方官考课，一定要报告农桑的成绩，并规定二十六年以后栽种桑枣果树，不论多少，都免征赋。③ 作为官吏考绩的主要内容，违者降罚。又设置老人击鼓劝农，每村置鼓一面，凡遇农种时月，五更擂鼓，众人闻鼓下田，该管老人点闸（名）。若有懒惰不下田的，许老人责决，务要严切督并，见丁著业（每人都做活），毋容惰夫游食。若是老人不肯劝督，农

---

① 《明太祖实录》卷二七、二〇七，查继佐《罪惟录》，《明太祖本纪》一。

② 《明太祖实录》卷二一五、二二二、二三三、二四三、二四六，《明会典》，朱国桢《大政记》，《明通纪》。

③ 《明太祖实录》卷七七、二四三。

民穷窘，为非犯法到官，本乡老人有罪。平时老人每月六次手持木铎，游行宣讲勤农务本的道理。^① 颁发教民榜文说："今天下太平，百姓除粮差之外，别无差遣，各宜用心生理，以足衣食，如法栽种桑麻枣柿棉花，每岁养蚕，所得丝绵，可供衣服，枣柿丰年可以卖钞，俭年可当粮食。里老尝督，违者治罪。"^②

洪武元年下诏田器不得征税。^③四年、二十五年遣官往广东、湖广、江西买耕牛以给中原屯种之民。^④ 二十八年命乡里小民或二十家或四五十家团为一社，每遇农急之时有疾病，则一社助其耕耘，庶田不荒芜，民无饥窘。户部以此意广泛晓谕。^⑤ 各地报告修城垣建营房浚河道造王宫等工程，都反复告以兴作不违农时的道理，等秋收农隙时兴工。^⑥ 对农业增产有成绩的地方官，加以擢升。如太平知府范常积极鼓励农民耕作，贷民种子数千石，到秋成大丰收，官民都庾廪充实。接着兴学校，延师儒，百姓很喜欢。召为侍仪。^⑦ 陶安知饶州，田野开辟，百姓日子过得好，离任时，百姓拿他初来时情况比较，歌颂他："千里榛芜，侯来之初；万姓耕辟，侯去之日。"南丰百姓也歌唱典史冯坚："山市晴，山鸟鸣，商旅行，农夫耕，老瓦盆中洌酒盈，呼嚣隳突不闻

---

① 《明太祖实录》卷二五五，谷应泰《明史纪事本末》卷一四《开国规模》。

② 《古今图书集成》《农桑部》。

③ 《明太祖实录》卷三〇。

④ 《明太祖实录》卷六一、二二三。

⑤ 《明太祖实录》卷二三六。

⑥ 《明太祖实录》卷一一二、一一八、一五三、一五九、一六三。

⑦ 《明太祖实录》卷二七。

声。"① 农村里呈现出一片繁荣欢乐的气象。

对贪官污吏，用严刑惩治。洪武二年二月元璋告谕群臣说："尝思昔在民间时，见州县官吏多不恤民，往往贪财好色，饮酒废事，凡民疾苦，视之漠然，心实恨之。故今严法禁，但遇官吏贪污蠹害吾民者，罪之不恕。"② 四年十一月立法凡官吏犯赃罪的不赦。下决心肃清贪污，说："此弊不革，欲成善政，终不可得。"二十五年又编《醒贪简要录》，颁布中外。③ 官吏贪赃到钞六十两以上的枭首示众，仍处以剥皮之刑。府州县衙门左首的土地庙，就是剥皮的刑场，也叫皮场庙。有的衙门公座旁摆人皮，里面是稻草，叫做官的触目惊心，不敢做坏事。④ 地方官上任赏给路费，家属赐衣料。来朝时又特别诰诫以："天下新定，百姓财力俱困，如鸟初飞，木初植，勿拔其羽，勿撼其根。"⑤ 违法的按法惩办。从开国以来，两浙、江西、两广、福建的地方官，因贪赃被法办，很少人做到任满。⑥

苏、松、嘉、湖田租特别重，洪武十三年下诏减削。⑦ 凡各地闹水旱灾荒歉收的，蠲免租税。丰年无灾荒，也择地瘠民贫的地方特别优免。灾重的免交二税之外，还由官府贷米，或赈米和布、钞。各地设预备仓，由地方耆老经管，存储粮食以备救灾。

---

① 朱彝尊《明诗综》卷一〇〇。

② 《明太祖实录》卷三八。

③ 《明太祖实录》卷六九、二二〇。

④ 赵翼《廿二史札记》卷三三《重惩贪吏》。

⑤ 《明史》卷二八一《循吏传序》。

⑥ 《大诰续编》。

⑦ 《明太祖实录》卷一三〇。

设惠民药局，凡军民之贫病者，给以医药。设养济院，贫民不能生活的许入院赡养，月给米三斗，薪三十斤，冬夏布一匹，小口给三分二。灾伤州县，如地方官不报告的，特许耆民申诉，处地方官以死刑。二十六年又令户部，授权给地方官在饥荒年头，得先发库存米粮赈济，事后呈报，立为永制。三十多年来，赏赐民间布、钞数百万，米百多万石，蠲免租税无数。①

几十年的安定生活，休养生息，积极鼓励生产的结果，社会生产力不但恢复，而且大大发展了：

第一表现在垦田数目的增加，以洪武元年到十三年的逐年增加的垦田数目来作例：

洪武元年　七百七十余顷

二年　八百九十八顷

三年　二千一百三十五顷（山东、河南、江西的数字）

四年　十万六千六百六十二顷

六年　三十五万三千九百八十顷

七年　九十二万一千一百二十四顷

八年　六万二千三百八顷

九年　二万七千五百六十四顷

十年　一千五百十三顷

十二年　二十七万三千一百四顷

① 《明太祖实录》卷五三、二○二、二一一、二三一，朱健《古今治平略》，《明史》卷七八《食货志二》。

十三年　五万三千九百三十一顷

十三年中增加的垦田数字为一百八十万三千一百七十一顷。到洪武十四年全国官民田总数为三百六十六万七千七百一十五顷。增垦面积的数字占十四年全国官民田数字的二分之一。由此可知洪武元年的全国已垦田面积不过一百八十多万顷（不包括东北、西北未定地方和夏的领土四川和云贵等地）。再过十年，十四年的数字为三百八十七万四千七百四十六顷。[①] 经过多年的垦辟和大规模全面的丈量，二十六年的数字为八百五十万七千六百二十三顷。[②] 比十四年又增加了四百八十四万顷，比洪武元年增加了六百七十万顷。

第二表现在本色税粮收入的增加，洪武十八年全国收入麦米豆谷二千八十八万九千六百一十七石[③]，二十三年为三千一百六十万七千六百石[④]，二十四年为三千二百二十七万八千九百八十三石[⑤]，二十六年为三千二百七十八万九千八百石。[⑥] 二十六年比十八年增加了三分之一的收入。和元代全国岁人粮数一千二百十一万四千七百余石相比，增加了差不多两倍。[⑦] 历史家记述这

---

① 《明太祖实录》卷一四〇、二一四。

② 《明史》卷七七《食货志一·田制》。

③ 《明太祖实录》卷一七六。

④ 《明太祖实录》卷二〇六。

⑤ 《明太祖实录》卷二一四。

⑥ 《明太祖实录》卷二三〇。《明史·食货志》："赋役作夏秋二税，收麦四百七十余万石，米二千四百七十余万石。"

⑦ 《元史》卷九三《食货志·税粮》。

时期生产发展的情况说："是时宇内富庶，赋入盈羡，米粟自输京师数百万石外，府县仓廪蓄积甚丰，至红腐不可食。岁歉，有司往往先发粟赈贷，然后以闻。"[1]

第三表现在人口数字的增加，洪武十四年统计，全国有户一千六十五万四千三百六十二，有口五千九百八十七万三千三百五。[2] 二十六年的数字为户一千六百五万二千八百六十，口六千五十四万五千八百十二。[3] 比之元朝极盛时期，元世祖时代的户口：户一千一百六十三万三千二百八十一，口五千三百六十五万四千三百三十七[4]，户增加了三百四十万，口增加了七百万。

第四表现在府县的升格，明制以税粮多少定府县等级：县分上中下三等，标准为田赋十万石、六万石、三万石以下。府也分三等，标准为田赋二十万石以上、以下，十万石以下。[5] 从洪武八年起，因为各地方经济的恢复和发展，垦田和户口的增加，田赋收入增加了，不断地把府县升格，例如开封原为下府，因为税粮数超过三十八万石，八年正月升为上府，河南怀庆府税粮增加到十五万石，陕西平凉府户口田赋都有增加，三月升为中府。

---

① 《明史》卷七八《食货志》二《赋役》。《明太祖实录》卷二四一："山东济南府广储、广丰二仓，粮七十五万七千百，蓄积既多，岁久红腐。"

② 《明太祖实录》卷一四〇、卷二一四："二十四年为户一千零六十八万四千四百三十五，口五千六百七十七万四千五百六十一。"口数比十四年少三百万，是不应该的，可能传写有错误，今不取。

③ 《明史》卷七七《食货志·户口》。

④ 《元史》卷九三《食货志》。

⑤ 《明史》卷七八《食货志》二《赋役》。

十二月以太原、凤阳、河南、西安岁收粮增加，升为上府，扬州、巩昌、庆阳升为中府，明州之鄞县升为上县。山东莱州税粮不及，降为中府。[①] 扬州残破最重，经过八年时间，已经恢复到收田赋二十万石下的中府了，从这个名城的恢复，可以推知全国各地社会生产力的恢复和发展的情况。

第五由于粮食的增产，特别是桑麻棉花和果木的普遍种植，农民的收入增加了，生活改善了，购买力提高了。农业生产的恢复和发展，一方面为纺织工业提供了原料；一方面农民所增加的购买力又促进了刺激了商业市场的繁荣，出现了许多新的以纺织工业为中心和批发绸缎棉布行号的城市。

二 棉花的普遍种植和工商业

棉布传入中国很早，南北朝时从南洋诸国输入，称为吉贝、白叠。[②] 国内西北高昌（今新疆吐鲁番）产棉，唐灭高昌，置西州交河郡，土贡氎布。布就是白叠。[③] 宋元间已有许多地区种棉，但是在全国规模内普遍种植和纺织技术的提高，则是明朝初年的事情。[④]

---

① 《明太祖实录》卷九六、九八、一〇二。

② 张勃《吴录·地理志》《南史》《呵罗单传》《干陀利传》《婆利传》《中天竺传》《渴盘陀传》，《北史·真腊传》，《梁书·林邑传》，《唐书·环王传》。

③ 《南史·高昌传》《唐书·地理志》。

④ 明丘濬《大学衍义补》："至我国朝，其种乃遍布于天下，地无南北皆宜之，人无贫富皆赖之，其利视丝枲盖百倍焉。故表出之，使天下后世，知卉服之利，始盛于今代。"

在明代以前，平民穿布衣，布衣指的是麻布的衣服。[①] 冬衣
南方多用丝棉作袍，北方多用毛皮作裘。虽然也有用棉布作衣服
卧具的，但因为"不自本土所产，不能足用"。[②] 唐元稹诗："木
绵温当棉衣。"元太祖世祖遗衣皆缣素木绵，动加补缀。[③] 宋谢枋
得诗："洁白如雪积，丽密过锦纯，羔缝不足贵，狐腋难比伦……
剪裁为大裘，穷冬胜三春。"[④] 可见棉布到宋末还是很珍贵的物品。

宋代福建、广东种植棉花的日多[⑤]，琼州是纺织中心之一，
妇女以吉贝织为衣衾，是当地黎族的主要副业生产。[⑥] 元代
从西域输入种子，种于陕西，捻织毛丝，或棉装衣服，特为轻
暖。[⑦] 元灭南宋后，浙东、江东、江西、湖广诸地区也推广棉
花的种植，生产量增加，棉布成为商品，服用的人日多。[⑧] 至

[①] 孔鲋《小尔雅》："麻纻葛曰布。"桓宽《盐铁论》："古者庶人耋老而后
衣丝，其余则仅麻枲，故曰布衣。"《陈书·姚察传》："门生送麻布一端，谓之
曰：'或所衣者，止是麻布。'"

[②] 元王桢《木绵图谱序》，引《诸番杂志》。

[③] 《元史·英宗本纪》。

[④] 《古今书图集成》《木绵部》。

[⑤] 周去非《岭外代答》卷六；赵汝适《诸番志》下。方勺《泊宅编》："闽
广多种木绵。"彭乘《续墨客挥犀》上："闽岭以南多木棉，土人竞植之，有至数
千株者，采其花为布，号吉贝布。"《通鉴》卷一五九胡三省注："木绵江南多有
之……织以为布，闽广来者尤为丽密。"邱濬《大学衍义补》："宋元之间始传其
种入中国，关陕闽广首得其利，盖此物出外夷，闽广通海舶，关陕壤接西域故
也。"李时珍《本草纲目》："此种出南番，宋末始入江南。"

[⑥] 《宋史·崔与之传》。

[⑦] 《农桑辑要》卷二。

[⑧] 王桢《木绵图谱序》："木绵产自海南，诸种艺制作之法，（转下页）

元二十六年（1289）四月置浙东、江东、江西、湖广、福建木绵提举司，责令当地人民每年输纳木绵十万匹，以都提举司总之。二十八年五月罢江南六提举司岁输木棉。① 成宗元贞二年（1296）始定江南夏税输以木绵布绢丝绵等物。② 由于种棉面积的增加，种植和纺织的技术需要总结和交流，元世祖至元十年司农司编印《农桑辑要》，以专门篇幅记棉花的种植方法。③ 纺织的工具和技术由于各地方劳动人民的创造和交流，日益进步。据十二世纪八十年代间的记载，雷化廉州南海黎峒的少数民族，采集棉花后，"取其茸絮，以铁筋辗去其子，即以手握茸就纺"。④ 稍后的记载提到去子后，"徐以小弓，弹令纷起，然后纺织为布"。⑤ 到十三世纪中期，诗人描写长江流域纺织情形说："车转轻雷秋纺雪，弓湾半月夜弹云。"⑥ 已经有纺车、弹弓和织机了。江南地区的织工，"以铁铤辗去其核，取如绵者，以竹为小弓，长尺四五寸许，牵弦以弹绵，令其匀细，卷为小筒，就车纺之，自然抽绪如缫丝状"。但是所织的布，不如闽广出产的丽密。⑦ 琼州黎族人民所织的巾，上出细字，杂花卉，尤为工

（接上页）骎骎北来，江淮川蜀既获其利。至南北混一之后，商贩于此，被服渐广，名曰吉布，又曰棉布。"

① 《元史》卷一五《世祖本纪》。
② 《元史》卷九三《食货志·税粮》。
③ 《农桑辑要》卷二。
④ 赵汝适《诸番志》下，周去非《岭外代答》卷六。
⑤ 方勺《泊宅编》中。
⑥ 陆心源《宋诗纪事补》卷七五，艾可叔《木棉诗》。
⑦ 《资治通鉴》卷一五九，胡三省注。

巧。^① 黄河流域主要陕西地区的纺织工具和技术比较简陋，只有辗去棉子的铁杖和木板，棉花的用途只是捻织粗棉线和装制冬衣。^② 一直到十三世纪末年，松江乌泥泾的人民，因为当地土地硗瘠，粮食不够，搞副业生产，从闽广输入棉花种子，还没有蹈车椎弓这些工具，用手剖去子，用线弦竹弧弹制，工具和技术都很简陋，产品质量不高，人民生活还是很艰苦。^③

元成宗元贞间（1295—1296）乌泥泾人黄道婆从琼州附海舶回来，她从小就在琼州旅居，带回来琼州黎族人民的先进纺织工具和技术，教会家乡妇女以做造、扞、弹、纺、织之具，和错纱、配色、综线、絮花的技术，织成被褥带帨，其上折技、团凤、棋局、字样，粲然若写。一时乌泥泾所制之被成为畅销商品，名扬远近，当地人民生活提高，靠纺织生活的有一千多家。^④ 诗人歌咏她："崖州布被五色缫，组雾钏云粲花草，片帆鲸海得风回，千柚乌泾夺天造。"^⑤ 当地妇女参加纺织生产的情形，诗人描写："乌泾妇女攻纺织，木棉布经三百尺，一身主宰身窝低，十口勤劳指头直。"^⑥ 到了明朝初年，不但江南地区的农村妇女普遍参加纺织劳动，连有些地主家庭的妇女，也纺纱绩布，以给一岁衣资之用了。^⑦ 松江从此成为明代出产棉布的中心，

① 方勺《泊宅编》中。

② 《农桑辑要》。

③ 陶宗仪《辍耕录》卷二四《黄道婆》。

④ 王逢《梧溪集》卷三《黄道婆祠》。

⑤ 王逢《梧溪集》卷三《黄道婆祠》。

⑥ 《梧溪集》卷七《半古歌》。

⑦ 《旌义编》二："诸妇每岁公堂（公共所有）于九月俵散木棉，（转下页）

"其布之丽密，他方莫并"。[①] "衣被天下。"[②] 松江税粮宋绍兴时只有十八万石，到明朝增加到九十七万石，其他杂费又相当于正赋，负担特别重，主要是依靠纺织工业的收入，"上供赋税，下给俯仰"。[③]

黄道婆传入琼州制棉工具和技术之后的二十年，王祯所著《农书》，列举制棉工具有搅车即蹈车，是去棉子用的。二弹弓，长四尺许，弓身以竹为之，弦用绳子。三卷筳，用无节竹条扞棉花成筒。四纺车。五拨车，棉纱加浆后稍干拨于车上。六潄车，用以分络棉线。七线架。到元末又有了檀木制的椎子，用以击弦。[④] 生产工具更加完备和提高了，为明代纺织工业的发展准备了技术条件。

朱元璋起事的地区，正是元代的棉业中心之一。灭东吴后，又取得当时全国纺织业中心的松江，原料和技术都有了基础，使他深信推广植棉是增加农民收入和财政收入的有效措施。龙凤十一年下令每户农民必须种木棉半亩，田多的加倍。洪武元年又把这一法令推广到全国。棉花的普遍种植和纺织技术的不断提高，明代中叶以后，棉布成为全国流通的商品，成为人民普遍服用的服装原料，不论贵贱，不论南北，都以棉布御寒，百人之

（接上页）使成布匹，限以次年八月交收，通卖钱物，以给一岁衣资之用。"郑涛是浙江浦江著名大族地主郑义门的族长，《旌义编》有洪武十一年宋濂序。

    ① 《群芳谱》。

    ② 《梧浔杂佩》。

    ③ 徐光启《农政全书》卷三五《木棉》。

    ④ 参看俞正燮《癸巳类稿》卷一四《木棉考》。冯家升《我国纺织家黄道婆对于棉织业的伟大贡献》，载《历史教学》，1954 年。

中，止有一人用茧绵，其余都用棉布。过去时代人穿的缊袍，用旧絮装的冬衣，完全被用木棉装的胖袄所代替了。[①]就全国而论，北方河南、河北气候宜于植棉，地广人稀，种植棉花的面积最大，是原料的供给中心。南方特别是长江三角洲一带，苏州、松江、杭州等地人民纺织技术高，是纺织工业的中心。这样又形成原料和成品的交流情况，原棉由北而南，棉布由南而北。[②]从经济上把南方和北方更紧密地联系起来了。

明初松江之外，另一纺织工业中心是杭州，由于简单商品经济的发展，出现了置备生产工具和原料的大作坊资本家，和除双手以外一无所有出卖劳动力的手工业工人。资本家雇用工人，每天工作到夜二鼓，计日给工资。这种新的剥削制度的出现，正表示着社会内部新的阶级的形成，除封建地主对农民的剥削以外，又产生了大作坊资本家对手工业工人的剥削关系。明初曾经做过杭州府学教授徐一夔所作的《织工对》，典型地记述了这种新现象：

> 钱塘相安里有饶于财者，率居工以织，每夜至二鼓。老屋将压，杼机四五具南北向，列工十数人，手提足蹴，皆苍然无神色。日佣为钱二百，衣食于主人。以日之所入，养父母妻子，虽食无甘美而亦不甚饥寒。于凡织作，咸极精致，为时所尚。故主之聚易以售；而佣之直亦易以入。

———————————

① 宋应星《天工开物》卷上《乃服》。

② 王象晋《木棉谱序》，徐光启《农政全书》卷三五《木棉》。

> 有同业者佣于他家，受直略相似。久之，乃曰：吾
> 艺固过于人，而受直与众工等，当求倍直者而为之佣。
> 已而他家果倍其直。佣之主者阅其织果异于人，他工见
> 其艺精，亦颇推之。主者退自喜曰：得一工胜十工，倍
> 其直不吝也。[①]

由此可见明初大作坊的一般情况，值得注意的是：在同一里巷，有若干同一性质的大作坊；大作坊主人同时也是棉布商人；从个体的生产到大作坊的集体生产，有了单纯协作，出品精致畅销；经营这种大作坊有利可图，资本家很赚钱，作坊也多了。资本家付给技术高的工人工资，虽为一般工人工资的两倍，但仍可得到五倍的剩余价值。

棉花棉布的生产量大大增加，政府的税收也增加了，以税收形式缴给国库的棉花棉布，成为供给军队的主要物资和必要时交换其他军需物资的货币代用品。洪武四年七月诏中书省："自今凡赏赐军士，无妻子者给战袄一袭；有妻子者给棉布二匹。"[②] 每年例赏，如洪武二年六月以木棉战袄十一万赐北征军士[③]，四年七月，赐长淮卫军士棉布人二匹，在京军士十九万四百余人棉布人二匹。[④] 十二年给陕西都指挥使司并护卫兵十九万六千七百余人棉布五十四万余匹，棉花十万三千三百

---

① 《始丰稿》卷一。徐一夔，天台人，《明史》卷二八五有传。

② 《明太祖实录》卷六七。

③ 《明太祖实录》卷四二。

④ 《明太祖实录》卷六七。

余斤。^① 北平都指挥使司卫所士卒十万五千六百余人布二十七万八千余匹，棉花五万四千六百余斤。^② 十三年赐辽东诸卫士卒十万二千一百二十八人，棉布四十三万四百余匹，棉花十七万斤。十六年给四川等都司所属士卒五十二万四千余人，棉布九十六万一千四百余匹，棉花三十六万七千余斤。^③ 十八年给辽东军士棉布二十五万匹，北平燕山等卫棉布四十四万三千匹，太原诸卫士卒棉布四十八万匹，等等。^④ 平均每年只赏赐军衣一项已在百万匹上下，用作交换物资的如洪武四年七月以北平、山西运粮困难，以白金三十万两、棉布十万匹，就附近郡县易米，以给将士。又以辽东军卫缺马，发山东棉布贯马给之。^⑤ 十三年十月，以四川白渡纳溪的盐换棉布，遣使人西羌买马。^⑥ 十七年七月诏户部以棉布往贵州换马，得马一千三百匹。三十年以棉布九万九千匹往"西番"换马一千五百六十匹。^⑦ 皇族每年供给，洪武九年规定亲王冬夏布各一千匹，郡王冬夏布各一百匹。^⑧ 在特殊需要的情况下，临时命令以秋粮改折棉布，如六年九月诏直隶府州和浙江、江西二行省，今年秋粮以棉布代输，以给边戍。^⑨

---

① 《明太祖实录》卷一二五。
② 《明太祖实录》卷一二八。
③ 《明太祖实录》卷一五〇、一五六。
④ 《明太祖实录》卷一七二、一七四。
⑤ 《明太祖实录》卷六七。
⑥ 《明太祖实录》卷一三四。
⑦ 《明太祖实录》卷一六三、二五二。
⑧ 《明太祖实录》卷一四。
⑨ 《明太祖实录》卷八五。

　　和鼓励普遍植棉政策相反，朱元璋对矿冶国营采取消极的方针。往往听任人民自由开采。磁州临水镇产铁，元时尝于此置铁冶，炉丁万五千户，每年收铁百余万斤。洪武十五年有人建议重新开采，元璋以为利不在官则在民，民得其利则利源通而有利于官，官专其利则利源塞而必损于民。而且各冶铁数尚多，军需不缺，若再开采，必然扰民。把他打了一顿，流放海外。① 济南、青州、莱州三府每年役民二千六百六十户，采铅三十二万三千多斤，以凿山深而得铅少，也命罢采。② 十八年以劳民罢各布政司煎炼铁冶。二十五年重设各处铁冶，到二十八年内库贮铁三千七百四十三万斤，后备物资已经十分充足，又命罢各处铁冶。并允许人民自由采炼，岁输课程，每三十分取其二。三十一年以内库所贮铁有限，而营造所费甚多，又命重开铁冶。③ 综计洪武时代设置的铁冶所：江西进贤、新喻、分宜，湖广兴国、黄梅，山东莱芜，广东阳山，陕西巩昌，山西交城、吉州，太原、泽、潞各一所共十三所。此外还有河南均州新安、四川蒲江、湖南茶陵等冶，每年输铁一千八百四十余万斤。④

　　宫廷和军队所需的一切物品，都由匠户制造。匠户是元明两代的一种特殊制度，把有技艺的工匠征调编为匠户，子孙世袭。分为民匠、军匠二种。明初匠户的户籍，完全依据元代的旧籍，

---

① 《明太祖实录》卷一四五。

② 《明太祖实录》卷一五〇。

③ 《明太祖实录》卷一七六、二四二、二五六。

④ 《明史》卷八一《食货志》《铁冶所》，《大明会典》。

不许变动。^①洪武二十六年定每三年或二年轮班到京役作的匠户名额为二十三万二千八十九名^②，由工部管辖。固定做工的叫住坐匠户，由内府内官监管辖。军匠大部分分属于各地卫所，一部分属于内府兵仗局、军器局和工部的盔甲厂。^③属各地卫所的军匠总数二万六千户。^④每户正匠做工，得免杂差，仍免家内一丁以帮贴应役。余丁每名每年出办缴纳工食银三钱，以备各衙门因公务取役雇觅之用。正匠每月工作十天，月粮由官家支给。^⑤

轮班匠户包括六十二行匠人。后来又细分为一百八十八种行业，从纸、表背、刷印、刊字、铁匠、销金、木、瓦、油、漆、象牙、纺棉花，到神箭、火药，等等，每种人数由一人到八百七十五人不等。内廷有织染局、神帛房，和后湖（今南京玄武湖）织造局，四川、山西诸行省和浙江绍兴染局，规模都较大。留在地方的匠户除执役于本地织染局的以外，如永平府就有银、铁、铸铁、锡、钉铰、穿甲等二十二行。^⑥

匠户人数多，分工细，凡是宫廷和军队所需用的手工业制造品，都由匠户执役的官手工业工场的各局制造供给。这种封建制度的生产，使得宫廷和军队的需要，不需依靠市场，便可得到满足；同时它所生产的成品，亦不在市场流通，这样，就直接对社会上的私人手工业作坊的扩大生产起了束缚和阻碍的作用。官手

---

① 《大明会典》卷一九《户口》。

② 《大明会典》卷一八九，《明史·严震直传》。

③ 《大明会典》卷一八八。

④ 《明史》卷一五七《张本传》。

⑤ 《大明会典》卷一八九。

⑥ 吴晗《元明两代之"匠户"》，载《云南大学学报》第一期，1938 年。

工业工场的生产是不须计较成本的，因为劳力和原料都可以向人民无代价征发或由全国各地贡品的方式供给，不受任何限制，官营手工业工场的产品即使有部分作为商品而流入市场，私人手工业作坊的产品也不能和它竞争；在另一面，自元代以来就把技术最好的工人签发为匠户，子孙世袭，连技术也被垄断了，私人手工业作坊所能雇用的只是一般工人，技术提高受了一定的限制。明初把匠户分作住坐、轮班两种，轮班的除分班定期轮流应役以外，其余的时间归自己支配，制成的产品可以在市场出售，对于技术的钻研及其改进发生一定的刺激作用，所以轮班制对于社会生产力的发展是比较为害略小的。但是总而言之，这种无偿的强制的劳役，不能不引起匠户的反抗，逃亡之外，唯一可以采取的手段是怠工和故意把成品质量降低。以此，匠户制度虽然曾经在个别情况下对生产技术的改进起了作用，推进了社会生产力的发展，但就其全面而说，则是束缚和阻碍生产技术的不断提高；妨碍私人手工业工场的发展；隔绝商品的流通；对社会生产力的发展和原始资本积累都起着扼制、停滞的消极作用。

朱元璋对商业采轻税政策，凡商税三十分取一，过此者以违令论。税收机构在京为宣课司，府县为通课司。洪武元年诏中书省，命在京兵马指挥司并管市司，三日一次校勘街市斛斗秤尺，稽考牙侩姓名，规定物价。在外府州各城门兵马，一体兼管市司。[①] 十三年谕户部，自今军民娶嫁丧葬之物，舟车丝布之类都不征税。并大量裁减税课司局三百六十四处。南京人口密集，军民住宅都是公家修建，连廊枇比，没有空地。商人货物到京无处

---

① 《明太祖实录》卷三四。

存放，有的停在船上，有的寄放城外，牙侩从中把持价格，商人极以为苦。元璋了解这种情况以后，就叫人在三山门等门外盖几十座房子，叫作塌坊，专放商货，上了税后听其自相贸易。① 为了繁荣市面，二十七年命工部建十五座楼房于江东诸门之外，令民设酒肆其间，以接四方宾客，名为鹤鸣、醉仙、讴歌、鼓腹、来宾、重译，等等。修好后还拿出一笔钱，让文武百官大宴于醉仙楼，庆祝天下太平，与民同乐。②

棉花的普遍种植，棉布质量的提高，工资制手工业作坊的产生，新的蚕丝纺织工业区的开辟，轮班匠的技术和产品的投入市场，等等，加上税收机构的减缩和轻税政策的刺激，商业市场大大活跃了，不但联系了南方和北方，也联系了城市和乡村以及全国的边远地区，繁荣了经济，改善了提高了人民生活，进一步地加强了国家的统一。

商品的生产和吐纳的中心，手工业作坊和批发行号的所在地，集中着数量相当巨大的后备工人和小商摊贩，城市人口剧烈地增加了。明初的工商业城市有南京、北平、苏州、松江、镇江、淮安、常州、扬州、仪真、杭州、嘉兴、湖州、福州、建宁、武昌、荆州、南昌、吉安、临江、清江、广州、开封、济南、济宁、德州、临清、桂林、太原、平阳、蒲州、成都、重庆、泸州等地。③

随着生产的恢复和发展，工商业的活跃，作为贸易媒介的全

---

① 《明太祖实录》卷二一一，《明史》卷八一《食货志·商税》。

② 《明太祖实录》卷二三四。

③ 《明宣宗实录》卷五〇。

国统一货币的需要是愈来愈迫切了。

在朱元璋称王以前，元代的不兑现纸币中统交钞因为发行过多，军储供给，赏赐犒劳，每日印造，不可数计，舟车装运，轴轳相接，京师用钞十锭（一锭为钞五十贯，一贯钞的法定价格原为铜钱一千文）换不到一斗米。[①] 至正十六年中统交钞已为民间所拒用，交易都不用钞，所在郡县都以物货相交易。[②] 十七年铸至正之宝大钱五品称为权钞，以硬币代替纸币，结果纸币也罢，大钱代钞也罢，人民一概不要。人民嘲笑权钞的歌谣中说："人吃人，钞买钞，何曾见？"

朱元璋占应天后，首先铸大中通宝钱，以四百文为一贯，四十文为两，四文为一钱。平陈友谅后，命江西行省置货泉局。即帝位后，发行洪武通宝钱，分五等：当十、当五、当三、当二、当一。当十钱重一两，当一钱重一钱。应天置宝源局，各行省都设宝泉局专管铸钱，严禁私铸。洪武四年改铸大中洪武通宝大钱为小钱。虽然有了统一的货币，但是铜钱分量重，价值低，不便于数量较大的交易，也不便于远地转运，并且，商人用钞已经有了长期的历史，成为习惯了；用钱感觉不方便，很有意见。[③]

铜钱不便于贸易，决定发行纸币。七年设宝钞提举司，下设抄纸、印钞二局，宝钞、行用二库。八年命中书省造"大明宝钞"，以桑穰为纸料，纸质青色，高一尺，广六寸，外为龙纹花栏，上横额题"大明通行宝钞"，其内上栏之两旁各篆文四字：

---

① 《元史》卷九七《食货志·钞法》。

② 孔齐《至正直记》卷一，《元史》卷九七《食货志·钞法》。

③ 《明史》卷八一《食货志·钞法》。

右旁篆"大明宝钞",左旁篆"天下通行"。其中图绘钱贯形状,以十串为贯,标明币值一贯,下栏是:"中书省(十三年后改为户部)奏准印造大明宝钞,与铜钱通行使用,伪造者斩,告捕者赏银二十五两。(十三年后改为赏银二百五十两)仍给犯人财产。洪武年月日。"背和面都加盖朱印。边沿标记字号一贯的画钱十串,五百文的画五串,以下是四百文、三百文、二百文、一百文,共六种。规定每钞一贯准钱千文,银一两。四贯准黄金一两。二十一年加造从十文到五十文的小钞。①

为了保证宝钞的流通,在发行时就以法律禁止民间不得以金银物货交易,违者治罪,告发者就以其物给赏。人民只准以金银向政府掉换宝钞。并规定商税钱钞兼收,比例为收钱十分之三,收钞十分之七,一百文以下的只收铜钱。② 在外卫所军士每月食盐给钞,各盐场给工本钞。十八年命户部凡天下官禄米以钞代给,每米一石支付钞二贯五百文。③

宝钞的发行是适合当时人民需要的,对商业的繁荣起了作用。但是朱元璋抄袭元朝的钞法,只学了后期崩溃的办法,没有懂得元代前期钞法之所以通行,受到广大人民喜爱的道理。原来元初行钞,第一,有金银和丝为钞本准备金,各路无钞本的不发新钞;第二,印造有定额,计算全国商税收入的金银和烂钞兑换数量作为发行额数;第三,政府有收有放,丁赋和商税都收钞;第四,可以兑换金银,人民持钞可以向钞库换取金银。相反,元

---

① 《大明会典》卷三一《钞法》,《明史》卷八一《食货志·钞法》。

② 《大明会典》卷三一《钞法》。

③ 《明太祖实录》卷一七六。

代钞法之所以崩溃，是因为把钞本动用光了；无限制滥发造成恶性膨胀，只发行不收回；不能兑换金银；烂钞不能换新钞。[①] 洪武钞法以元代后期钞法作依据，因之，虽然初行的几年，由于行用方便和习惯，还能保持和物价的一定比例，但是，由于回收受限制，发行量没有限制，发行过多，收回很少，不兑现纸币充斥于市场，币值便不能维持了。

宝钞发行的情况，以洪武十八年二月二十五日到十二月止为例，宝钞提举司钞匠五百八十名所造钞共九百九十四万六千五百九十九锭。[②] 明代以钞五贯为一锭，这一年的发行额约为五千万贯；合银五千万两。明初每年国库银的收入，不过几万两，一年的发行额竟相当于银的收入一千倍左右，加上以前历年所发，数量就更大了。更由于印制的简陋，容易作假，伪钞大量投入市场[③]，币值就越发低落了。二十三年两浙市民以钞一贯折钱二百五十文[④]，二十七年降到折钱一百六十文。[⑤] 到三十年杭州诸郡商贾，不论货物贵贱，一以金银定价，索性不用宝钞了。[⑥] 元璋很着急，三番五次地申明：钞一贯应折钱一千文、旧钞可以换新钞、禁用

---

① 参看 1946 年 7 月《中国社会科学集刊》七卷二期吴晗《元史食货志钞法补》、1943 年 6 月《人文科学学报》二卷一期吴晗《记大明通行宝钞》二文。

② 《大诰续编·钞库作弊第三二》。

③ 《大诰·伪钞第四八》："宝钞通行天下，便民交易。其两浙江东西民有伪造者，句容县民杨馒头木人起意，县民合谋者数多，银匠密修锡板，文理分明，印纸马之户同谋刷印，捕获到宫。自京至于句容，所枭之尸相望。"

④ 《明太祖实录》卷二〇五。

⑤ 《明太祖实录》卷二三四。

⑥ 《明太祖实录》卷二五一。

铜钱；禁用金银交易等办法，还是不济事，钞值还是日益低落，不被人民所欢迎。到成化时（1465—1487）洪武钱民间全不通行，宝钞只是官府在用，一贯仅值银三厘，或钱二文，跌到原定法价的千分之二。[①]

大约百年以后由于对外贸易的发展，银子流入国内的一天天增多了。这样，在官府和市场就同时使用两种货币，官府支出用价值极低的纸币，收入却要银子，市场出入都用银子。银子终于逐渐代替了宝钞成为全国通行的通货。

三　人民的义务

红军起义的目的，就民族解放战争而说，洪武元年解放大都，蒙古统治集团北走。民族压迫的政权被推翻，这一历史任务是光辉地完成了。但是，另一个目的，解除阶级压迫的任务，却不可能完成。一部分旧的地主参加了新政权，出身农民的红军将领也由于取得政权而转化成新的地主阶级了，其中朱元璋和他的家族便是新地主阶级的代表人物。

元末红军起义对旧地主阶级发生了淘汰的作用，一部分地主被战争所消灭了，一部分地主却由于战争而巩固和上升了他们的地位。

元末的农民，大部分参加了革命战争。他们破坏了旧秩序和压迫人民的统治机构。地主们正好相反，他们要保全自己的生命财产，就不能不维护旧秩序，就不能不拥护旧政权，阶级利益决定了农民和地主分别站在敌对的阵营。在战争爆发之后，地主们

---

① 陆容《菽园杂记摘抄》卷五。

用全力组织武装力量，称为"民"军或"义"军，建立堡砦，抵抗农民军的进攻。现任和退休的官吏、乡绅、儒生和军人是地主军的将领，他们受过教育，有文化，有组织能力，在地方上有威望，有势力。虽然各地方的地主军人各自为战，没有统一指挥和作战计划，军事力量也有大小强弱的不同，但因为数量多，分布广，作战顽强，就成为反对红军的主要敌人了。经过二十年的战争，长江南北的巨族右姓，有的死于战争，有的流亡到外地。[①]参加扩廓帖木儿、孛罗帖木儿两支地主军的湖、湘、关、陕、鲁、豫等地的地主，也随着这两支军队的消灭而消灭了。一部分地主为战争所消灭，另一部分地主如刘基、宋濂、叶琛、章溢等则积极参加了红军，共同建立新政权，成为大明帝国新统治集团的组成部分，和由农民起义转化的新地主们一起，继续对广大农民进行压迫和剥削。

朱元璋和他的将领都是农民出身的，过去曾亲身经受过地主的压迫和剥削。但在革命战争过程中，本身的武装力量不够强大，为了壮大自己，孤立敌人，又非争取地主们参加不可，浙东这几家大族的合作，是他之所以取得胜利的基本条件之一。到了他自己和将领们都转化成为大地主以后，和旧地主们的阶级利益一致了，但又发生了新的矛盾，各地地主用隐瞒土地面积、荫庇漏籍人口等手段和皇家统治集团争夺土地和人力，直接危害到帝国的财政税收，地主阶级内部矛盾的深化，促成了帝国赋役制度的整顿和改革。

元璋于龙凤四年取金华后，选用宁越（金华）七县富民子弟

---

① 贝琼《清江集》卷八《送王子渊序》。

充宿卫，名为御中军。① 照当时的军事形势看来，这是很重要的军事措施，因为把地主们的子弟征发为禁卫军人，随军征战，等于作质，就不必担心这些地区地主的军事反抗了。洪武十九年选取直隶应天诸府州县富民子弟赴京补吏，凡一千四百六十人②，也是一样作用。对地主本身，洪武三年作的调查，以田税多少比较，浙西的大地主数量最多，以苏州一府为例，每年纳粮一百石以上到四百石的四百九十户；五百石到一千石的五十六户；一千石到二千石的六户；二千石到三千八百石的二户，共五百五十四户，每年纳粮十五万一百八十四石。③ 三十年又作了一次调查，除云南、两广、四川以外，浙江等九布政司，直隶应天十八府州，地主们田在七顷以上的共一万四千三百四十一户。编了花名册，把名册藏于内府印绶监，按名册以次召来，量才选用。④

对地主的政策，双管齐下，一是任为官吏或粮长；一是迁到京师。在科举法未定之前，选用地主做官，叫作税户人才，有做知县、知州、知府的，有做布政使以至朝廷的九卿的。⑤ 又以地主为粮长，以为地方官都是外地人，不熟悉本地情况，吏胥土豪作弊，任意克削百姓。不如用有声望的地主来征收地方赋税，负责运到京师，可以减少弊病。⑥ 洪武

① 《明太祖实录》卷六。

② 《明太祖实录》卷一七九。

③ 《明太祖实录》卷四九。

④ 《明太祖实录》卷二五二、二五四。

⑤ 吴宽《匏翁家藏集》卷七五《施孝先墓表》。

⑥ 宋濂《朝京稿》卷五《上海夏君新圹铭》，吴宽《匏翁家藏稿》卷五二《恭题粮长敕谕》。

四年九月命户部计算土田租税，以纳粮一万石为一区，选占有大量田地纳粮最多的地主为粮长，负责督收和运交税粮。[1] 如浙江行省人口一百四十八万七千一百四十六户，每年纳粮九十三万三千二百六十八石，设粮长一百三十四人。[2] 粮长下设知数一人，斗级二十人，运粮夫千人。[3] 并规定对粮长的优待办法，凡粮长犯杂犯死罪和徒流刑的可以纳钞赎罪。[4] 三十年又命无下郡县每区设正副粮长三名，编定次序，轮流应役，周而复始。[5] 凡粮长按时运粮到京师的，元璋亲自召见，合意的往往留下做官。[6] 元璋把征粮和运粮的权力交给地主，以为"此以良民治良民，必无侵渔之患矣"。[7] "免有司科扰之弊，于民甚便。"[8] 事实上恰好相反，地主做了粮长以后，在原来对农民剥削的基础上，更加上了国家赋予的权力，如虎傅翼，农民的痛苦更深更重了。如粮长邾阿乃起立名色，科扰民户，收舡水脚米、斛面米、装粮饭米、车脚钱、脱夫米、造册钱、粮局知房钱、看米样中米，等等，通计苛敛米三万二千石，钞一万一千一百贯。正米止该一万，邾阿乃个人剥削部分竟达米二万二千石，钞一万一千一百贯。农民交纳不起，强迫以房屋准折，揭屋瓦，变

---

① 《明太祖实录》卷六八。

② 《明太祖实录》卷七〇。

③ 《明太祖实录》卷八五。

④ 《明太祖实录》卷一〇二。

⑤ 《明太祖实录》卷二五四。

⑥ 《明史》《食货志·赋役》，《匏翁家藏稿》卷四三《尚书严公流芳录序》。

⑦ 《明太祖实录》卷六八。

⑧ 《明太祖实录》卷一〇二。

卖牲口以及衣服段匹布帛锅灶水车农具，等等。① 又如嘉定县粮长金仲芳等三名巧立名色征粮附加到十八种。② 农民吃够了苦头，无处控诉。③ 朱元璋也发觉粮长之弊，用严刑制裁，尽管杀了一些人，粮长的作恶，农民的被额外剥削，依然如故。④

除任用地主做官收粮以外，同时还采用汉高祖徙天下豪富于关中的政策，洪武二十四年徙天下富户五千三百户于南京。⑤ 三十年又徙富民一万四千三百余户于南京，称为富户。元璋告诉工部官员说："昔汉高祖徙天下豪富于关中。朕初不取，今思之，京师天下根本，乃知事有当然，不得不尔。"⑥

地主们对做官做粮长当然很高兴，感激和支持这个维护本阶级利益的政权。但同时也不肯放弃增加占领田土和人力的机会，用尽一切手段逃避对国家的赋税和徭役，两浙地主所用的方法，把自己田产诡托（假写在）亲邻佃仆名下，叫作"铁脚诡寄"。普遍成为风气，乡里欺骗州县，州县欺骗府，奸弊百出，叫作"通天诡寄"。⑦ 此外，还有洒派、包荒、移丘换段等手段。元璋在处罚这些地主以后，气愤地指出：

民间洒派、包荒、诡寄、移丘换段，这等都是奸顽

---

① 《大诰续诰》卷四七。

② 《大诰续诰》卷二一。

③ 黄省曾《吴风录》。

④ 宋濂《朝京稿》卷五《上海夏君新圹铭》。

⑤ 《明太祖实录》卷二〇。

⑥ 《明太祖实录》卷二〇。《明史》卷七七《食货志》一。

⑦ 《明太祖实录》卷一八〇。

豪富之家，将次没福受用财赋田产，以自己科差洒派细
民；境内本无积年荒田，此等豪猾买嘱贪官污吏及造册
书算人等，其贪官污吏受豪猾之财，当科粮之际，作包
荒名色征纳小户，书算手受财，将田洒派、移丘换段，
作诡寄名色，以此靠损小民。①

地主把负担转嫁给贫民，结果是富的更富，穷的更穷。② 地
主阶级侵占了皇家统治集团应得的租税和人力，农民加重了负
担，国家一方面田赋和徭役的收入、供应减少；一方面农民更加
穷困饥饿，动摇了侵蚀了统治集团的经济基础，阶级内部发生矛
盾，斗争展开了。

经过元末二十年的战争，土地簿籍多数丧失，保存下来的一
部分，也因为户口变换，实际的情况和簿籍不相符合。大部分土
地没有簿籍可查，逃避了国家赋役；有簿籍的土地，登记的面积
和负担又轻重不一，极不公平。朱元璋抓住这中心问题，向地主
进行斗争。方法是普遍丈量土地和调查登记人口。

洪武元年正月派周铸等一百六十四人往浙西核实田亩，定其
赋税。③ 五年六月派使臣到四川丈量田亩。④ 十四年命全国郡县
编赋役黄册。二十年命国子生武淳等分行州县，编制鱼鳞图册。⑤

---

① 《大诰续诰》第四五《靠损小民》。
② 《明太祖实录》卷一八〇。
③ 《明太祖实录》卷二九。
④ 《明太祖实录》卷一七四。
⑤ 《明太祖实录》卷一三五、一八〇。

前后一共用了二十年的时间，才办好这两件事。

丈量土地所用的方法，是派使臣往各处，随其税粮多少，定为几区，每区设粮长四人，会集里甲耆民，量度每块田亩的方圆，做成简图编次字号，登记田主姓名和田地丈尺四至，编类各图成册，以所绘的田亩形状像鱼鳞，名为鱼鳞图册。

人口普查的结果，编定了赋役黄册。把户口编成里甲，以一百一十户为一里，推丁粮多的地主十户做里长，余百户为十甲。每甲十户，设一甲首。每年以里长一人，甲首一人，管一里一甲之事。先后次序根据丁粮多少，每甲轮值一年。十甲在十年内先后轮流为国家服义务劳役，一甲服役一年，有九年的休息。在城中的里叫坊，近城的叫厢，乡都的皆叫作里。每里编为一册，里中有鳏寡孤独不能应役的，带管于一百一十户之外，名曰畸零。每隔十年，地方官以丁粮增减重新编定服役的次序，因为册面用黄纸，所以叫作黄册。

鱼鳞图册是确定地权的所有权的根据，赋役黄册是征收赋役的根据，通过土地和人户的普查，制定了这两种簿籍，颁布了租税和徭役制度。不但大量漏落的土田人口被登记固定了，国家增加了物力和人力，稳定了巩固了统治的经济基础，同时，也有力地打击了一部分地主阶级，从他们手中夺回对一部分土地和人口的控制，从而大大增强了皇家统治集团的权力，更进一步走向高度的集中、专制。朱元璋的政权，比过去任何一个时代，都更加强大、集中、稳定、完备了。

对城乡人民，经过全国规模的土地丈量，定了租税，在册上详细记载土地的情况，原坂、坟衍、下隰、沃瘠、沙卤的区别，并规定凡置买田地，必须到官府登记及过割税粮，免掉贫民产去税存的弊端，同时也保证了政府的税收，十年一次的劳役，使人民有轮流休息的机会，这些措施，确实减轻了人民的负担，鼓舞了农民的生产情绪，对于社会生产力的推进，起了显著的作用。

对破坏农业生产的吏役，用法律加以制裁，例如"松江一府坊厢中不务生理，交结官府者一千三百五十名，苏州坊厢一千五百二十一名，皆是市井之徒，不知农民艰苦，帮闲在官，自名曰小牢子、野牢子、直司、主文、小官、帮虎，其名凡六。不问农民急务之时，生事下乡，搅扰农业。芒种之时，栽种在手，农务无隙，此等赍执批文，抵农所在，或就水车上锁人下车者有之，或就手内去其秧苗锁人出田者有之……纷然于城市乡村扰害人民"。① 元璋下令加以清理，除正牢子合应正役以外，其他一概革除，如松江府就革除了小牢子、野牢子等九百余名。② 一个地方减少了四分之三为害农民的吏役，这对于农民正常进行生产有很大好处。

朱元璋虽然对一部分地主进行了斗争，对广大农民作了让步；一部分地主力量削弱了，农民生产增加了。但是，这个政权毕竟是地主阶级的政权，首先为地主阶级服务，即使对农民采取了一些让步的措施，其目的也还是为了巩固和强化整个地主阶级的统治权。无论是查田定租，无论是编户定役，执行丈量的是地主，负责征收粮米的还是地主，当里长甲首的依然是地主，在地方和朝廷做官的更非地主不可，从下而上，从上而下的重重地主统治：地主首先要照顾的是自己家族和亲友的利益，决不会照顾到小自耕农和佃农。由于凭借职权的方便，剥削舞弊都可以通过

① 《大诰续诰》《罪除滥役》第七四。
② 《大诰续诰》松江《逸民为害》第二。

国家政权来进行，披上合法的外衣，农民的痛苦越发无可申诉；而且，愈是大地主，愈有机会让子弟受到教育，通过科举和税户人才等成为官僚绅士，官僚绅士享有合法的免役权，洪武十年朱元璋告诉中书省官员："食禄之家，与庶民责贱有等，趋事执役以奉上者，庶民之事也。若贤人君子，既贵其身，而复役其家，则君子野人无所分别，非劝士待贤之道。自今百司见任官员之家有田土者，输租税外，悉免其徭役，著为令。"洪武十二年又下令："自令内外官致仕还乡者，复其家终身无所与。"① 连乡绅也享有免役权了。在学的学生，除本身免役外，户内还优免二丁差役。② 这样，现任官、乡绅、生员都豁免差役，有办法逃避租税，完粮当差的义务，便完全落在自耕农和贫农身上了。自耕农和贫农不但要出自己的一份，其实官僚绅士地主的一份，亦何尝不由农民实际负担，官僚地主不交的那一份，他们也得一并承担下来。官僚绅士越多的地方，人民的负担就越重。

人民的负担用朱元璋的话叫作"分"，即应尽的义务。洪武十五年他叫户部出榜晓谕两浙江西之民说："为吾民者当知其分，田赋力役出以供上者，乃其分也。能安其分，则保父母妻子，家昌身裕，为忠孝仁义之民。"不然呢？则"不但国法不容，天道亦不容矣"！应该像"中原之民……惟知应役输租，无负官府"。只有如此，才能"上下相安，风俗淳美，共享太平之福"。③

---

① 《明太祖实录》卷一一一、一二六。

② 张居正《太岳集》卷三九《请申旧章饬学政以振兴人才疏》。

③ 《明太祖实录》卷一五〇。

朱元璋要求人民尽应役输税的义务，定下制度，要官吏奉公守法，严惩贪污，手令面谕，告诫谆谆，期望上下相安，共享太平之福。但是官吏并不肯照他的话办事，地主做官只是管百姓，并不想替百姓办事，结果许多制度命令都成为空文，官僚政治的恶果当时便有人明确地指出：

> 今之守令，以户口钱粮狱讼为急务。至于农桑学校，王政之本，乃视为虚文而置之，将何以教养斯民哉！以农桑言之，方春，州县下一白帖，里甲回申文状而已，守令未尝亲视种艺次第，旱涝戒备之道也。

官吏办的是公文。公文上办的事应有尽有，和实际情况全不相干。上官按临地方检查的也是公文，上下都以公文办事，"法出而奸生，令下而诈起"。这是洪武九年的情形。① 十二年后，解缙奉诏上万言书，也说：

> 臣观地有盛衰，物有盈虚，而商税之征，率皆定额，是使其或盈也，奸黠得以侵欺；其歉也，良善困于补纳。夏税一也，而茶椒有粮，果丝有税，既税于所产之地，又税于所过之津，何其夺民之利至于如此之密也。且多贫下之家，不免抛荒之咎。今日之土地无前日之生植，而今日之征聚有前日之税粮，或卖产以供税，产去而税存；或赔办以当役，役重而民困，土田之高下不均，

---

① 《明史》卷一三九《叶伯巨传》。

起科之轻重无别，膏腴而税反轻，瘠卤而税反重。①

道理也清楚得很，正因为是"贫下之家"，才被迫抛荒，地主负担特别轻，不但不会抛荒，而且尽力兼并。膏腴之田是地主的，瘠卤之田是贫民的，地主阶级自己定的税额，当然是膏腴轻而瘠卤重。

严惩贪污，贪污还是不能根绝，用朱元璋自己的话来证明吧，他说："浙西所在有司，凡征收，害民之奸，甚如虎狼。且如折收秋粮，府州县官发放，每米一石，官折抄二贯，巧立名色，取要水脚钱一百文，车脚钱三百文，口食钱一百文。库子又要办验钱一百文，蒲篓钱一百文，竹篓钱一百文，沿江神佛钱一百文。害民如此，罪可宥乎！"②

折粮原来是便民的措施，浙西运粮一石到南京，要花四石运费，百姓困苦不堪。③ 改折为钞，可以减轻了浙西农民五分之四的负担。钞是用不着很大运费和蒲竹篓包装的，但地方官还是照运粮的办法苛敛，用种种名色加征至九百文，约合折价的百分之五十。急得朱元璋只是跺脚，说："我欲除贪赃官吏，奈何朝杀而暮犯！今后犯赃者，不分轻重皆诛之！"④

洪武一朝，"无几时不变之法，无一日无过之人"。⑤ 是历史

---

① 《明史》卷一四七《解缙传》。

② 《大诰》《折粮科敛》第四一。

③ 宋濂《芝园续集》卷四《故歧宁卫经历熊府君墓铭》。

④ 刘辰《国初事迹》。

⑤ 《明史》卷一四七《解缙传》。

上封建政权对贪污进行斗争最激烈的时期，杀戮贪官污吏最多的时期。虽然随杀随犯，不可能根本清除贪污，但是朱元璋下定决心，随犯随杀，甚至严厉到不分轻重都杀，对贪污的减少是起了作用的，对人民有好处，人民是感谢他、支持他的。

原载《历史研究》第三期，1955 年 6 月

1955 年 4 月 14 日

资本主义萌芽问题

关于资本主义萌芽问题，现在学术界还在争论，有许多不同的意见。有的人认为资本主义萌芽很早，有的人认为很晚。所提供的史料的时间性都很不肯定，从八世纪到十六、十七世纪都有。特别是关于《红楼梦》的社会背景的讨论，展开以后更是如此。是在什么情况下产生了《红楼梦》这部作品？它的社会基础是什么？《红楼梦》中的贾宝玉反对科举、尊重妇女的思想是从哪里来的？他骂念书人，骂那些举人、秀才都是禄蠹，说女孩子是水做的，男人是泥做的，这样的思想认识是在什么情况下发生的？对于这一系列的问题提出了各种不同的看法，各有各的论据。而且关于"萌芽"这个词的意义也有不同的理解。比如种树，种子种下去以后，慢慢地露出了头，这叫萌芽；又如泡豆芽菜，把豆子放在水里，长出一点东西，这也叫萌芽。既然只是萌芽，它就不是已经成熟了的东西，还只是那么一点点。假如是整棵的菜，那就不是萌芽；至于开了花、结了果的东西，就更不是萌芽了。所以要把这些情况区别开。可是现在某些讨论中存在这样的问题：将萌芽看成是已经开花结果的东西。这实际上就不是资本主义萌芽，而是资本主义的成熟阶段了，还有人认为中国资本主义早已经成熟了，中国社会早已经进入了资本主义社会。这样一来就发生了一系列的大问题：中国既然早已进入资本主义社会，那么，怎么解释1840年以后中国进入了半殖民地半封建的社会？一百年来我们反对封建主义、反对帝国主义的问题怎么解释？

关于这个问题，我自己有些看法，也不一定成熟，提出来大家讨论。我想，要说明某个时期有某个事物萌芽，必须要有一个界限。这个界限是什么呢？就是要具体地指出一些事实，这些事实是以往的时期所不可能发生和没有发生过的，只有到了这个时候才能发生的。没有这个界限，就会把历史一般化了。试问：这个时期发生过，一百年以前发生过，五百年以前也发生过，这怎么能说明问题？而且这些新发生的东西不应该是个别的。仅仅只在某个时期、某个地区出现的个别的东西能不能说明问题呢？不能说明问题。因为我们的国家这样大，经济发展不平衡，有先进的，有落后的，沿海和内地不同，平原和山区也不同。不要说别的地方，就说北京吧，全市面积有一万七千平方公里，市内和郊区就不同，因此，个别时期所发生的个别的事情也会有所不同。所以作为一个事物的萌芽，必须是这个东西过去没有发生过；现在发生了，而且不是个别的。只有这样看，才比较科学。现在我们根据这个精神来看资本主义萌芽问题。我想把问题局限在十四世纪到十六世纪所发生的主要事件上面，特别是十六世纪中叶这个明朝人自己已感觉到发生巨大变化的时期，着重提出那些在这个时期以前所没有发生，或虽已发生而很不显著，这个时期以后成为比较普遍、比较显著的一些问题。

第一，关于手工工场。在明朝初年的时候，有一个人叫徐一夔，他写了一本书叫《始丰稿》。这本书里面有一篇文章叫《织工对》。这篇文章讲到元末明初，在浙江杭州有许多手工业纺织工场。这些纺织工场的经营方式是怎样的呢？有若干间房子和若干部织机，工人都是雇工，他们不占有生产工具。生产工具是谁的呢？是工场老板的。老板出房子、出机器、出原料，工人出劳动力。工人在劳动以后可以取得若干计日工资，工资随着工人的技术熟练程度不同而有高有低，其中有一些技术水平比较高的，可以得到比一般工人加倍的工资，假如这家工场不能满足他的要求，别的工场可以拿更高的工资把他请去，劳动强度很高，把工人弄得面黄肌瘦。这是元末明初（十四世纪）的情况，当时这样的工场在杭州不止一个。但是能不能说在十四世纪时就已经普遍地有了资本主义萌芽呢？因为只有这一个地区的资料，我看不能。但是从这里可以看出，在十四世纪中期，个别地区已经有了这样相当大的手工工场，老板通过这样的生产手段来剥削雇佣工人的历史事实。这说明当时已经有一部分农村劳动力转化为城市雇佣劳动者。这种情况在十四世纪以前是没有的。

第二，新的商业城市兴起。在讨论中有不少文章笼统地提到明朝有南京、北京、苏州等三十三个新的商业城市，来说明这个时期商业的发展。有三十三个商业城市是不错的，但是时间有问题。因为并不是整个明朝都是这样的情况。事实上，这些城市之所以成为商业城市是在明成祖以后。当明成祖建都北京以后，为了解决粮食的运输问题，把运河挖深、加宽了。这样，通过水运不仅保证了粮食的运输，其他商品的运输也畅通了，因而促进了南北物资的交流。这样，到了宣宗时期（十五世纪中期），沿运河一带的许多城市开始繁荣起来。这时候，由于农业、手工业的发展，国内市场扩大了。这是一方面。另一方面，当时为了保证货物的流通，沿长江、运河及布政使司所在地建立了三十三个钞关。明朝用的货币叫宝钞（纸币）。关于纸币的情况这里不能详细说了，只说明一条，明朝的纸币很不合理，它不兑现，开始拿一张钞票还能换到一些物资，后来就不行了。政府只发钞票，越发越多，超过了实际物资的几百倍。在这种情况下，钞票就贬值了。明朝政府为了提高钞票的信用，采取收回钞票的政策。怎样收回呢？其中一个办法就是增加税额。因此，就在各个商业城市设立了一个机构，叫作"钞关"。一共设立了三十三个钞关。钞关干什么呢？就是向往来的货物收税。纳税时就用钞票交纳。钞关设在商业城市，有三十三个钞关就有三十三个商业城市，这是不错的。但有些人就根据这个数字说整个明朝只有三十三个商业城市，这就不确切了。因为设立钞关是明宣宗时候的事情，宣宗以前没有。而就商业城市来说，在明成祖的时候就不止三十三个，后来又有所增加。因此，不标明确切的时间，以一个时期的情况来概括整个明朝，是不符合当时存在的客观事实的。随着商业城市的增加，商人、手工业工人也增加了，这就形成了一个市民阶层（这个阶层主要是指手工业者、中小商人）。这些人为了保卫他们自己的利益，建立了很多行会，有事情共同商量，采取一致的行动。在这种情况下就发生了明朝末年的市民暴动。这里应该指出：所谓"市民"，这个概念不能乱用。有些人把当时的进士、举人、秀才等官僚都算作市民，这就模糊了阶级界限。这些人都是当时的统治者，不是被统治者。把市民阶层扩大化，混淆统治者与被统治者之间的界限，这是不对的。

第三，倭寇、葡萄牙海盗和沿海通商问题。明朝中叶，以朱纨为中心的一派人反对对外通商，对海盗采取镇压的政策，因而引起沿海地主阶级的反对，形成一个政治上的斗争。在这个斗争中，朱纨最后失败了。这种性质的斗争在以往的历史上是从来没有过的。汉朝、唐朝、宋朝、元朝都有过对外通商，有时还很繁盛，大量的中国人到海外去经商；不但如此，国内有不少地方还住有许多外国商人。在唐朝的时候，广州就有数量众多的蕃商。其中主要是阿拉伯人，他们住的地方叫蕃坊。其他如扬州、长安等地方也住了不少的外国商人，对外通商也很频繁。但是像明朝那样，代表通商利益的官僚地主在政治上形成一种力量，和内地一些反对通商的地主进行斗争，这种斗争并影响到政府的政策，这种情况却是以往的历史上所没有的。为什么明朝会出现这种新的情况呢？因为明朝国内、国外的市场日益扩大，商业资本日益发展，商人地主在政府里有了自己的代言人。商人地主在政治上有了地位，这在历史上是个新问题。关于这个问题，近年来也有人持不同的意见。北京大学有个学生写了一篇文章，说朱纨镇压海盗是爱国的行为。朱纨是个爱国者，这观点是没有问题的，朱纨确实是爱国者，可是不能拿这个来否认当时在政治上存在着不同的意见。当时已经出现了代表沿海通商地主利益的政治活动家，这和朱纨是否爱国是两回事。我们并没有说朱纨不爱国。这点不必争论。问题在于这个时期出现了两种不同的意见：一种意见主张通商，一种意见反对通商，这是历史事实，是过去所没有的。

第四，内地的某些官僚地主也参加商业活动和经营手工工场。这方面的例子很多，大家所熟悉的《游龙戏凤》中的正德皇帝（明武宗），他就开了许多皇店。这是十六世纪初期的事情。嘉靖时有个贵族叫郭勋（《三国演义》最早的刻本是他搞的），在北京开了许多店铺。另外有个外戚叫周瑛，在河西务开店肆做买卖。现在这个地方已经很萧条了。可是在明朝的时候，由于南方的粮食、物资运到北方来都要经过这里，因此是个很繁华的地方。这样的例子举不胜举。在地方上，明朝四品以上的官到处经商。四品有多大呢？知府就是四品。知县是七品。原来明朝有一条规定，禁止四品以上的官员做买卖。但是行不通。事实上官做得越大，买卖也做得越多越大。特别是像苏州这样的地方，很多退休官员开各种各样的铺子，有的发了大财，成了百万富翁。官员经商过去也有，但是在明初还多半是武官，到了明朝中叶这种情况就改变了，不但武官经商，文官也经商；不但小官经商，大官也经商；不但经商，而且还经营手工工场。华亭人徐阶做宰相时，"家中多蓄织妇，岁计所织，与市为贾"。这种现象也是过去没有过的。过去的官僚认为做买卖有失身份，社会上看不起。士、农、工、商，商放在最后。孟子就骂商人是"垄断"，认为他们不劳动，出卖别人生产的东西从中取利，是不道德的事情，有身份的人不干这种事。汉朝以来，各个历史时期都曾不同程度地实行过重农抑商的政策。当时社会上一般是看不起商人的，当然也有个别地区有个别例外的情况。但是到十六世纪以后，这种看法就改变了，不只武官，就连皇帝、贵族、官僚都抢着做买卖，商人的社会地位也提高了。

第五，当时的人对这个时期社会情况变化的总结。十六世纪中期社会经济情况发生的变化，明朝人看得很清楚，有不少人就各方面变化的情况作出了总结。

首先，从社会风俗方面来说。明朝人认为嘉靖以前和嘉靖以后是两个显著不同的时代。有不少著书的人指出了正德、嘉靖以后社会风俗的变化。在嘉靖以前，妇女的服装很朴素；嘉靖以后变了，很华丽，讲究漂亮了。宴会请客，原来一般是四碗菜一碗汤，后来变成六碗、八碗，以至十二碗、十六碗菜。山东《郓城县志》记载在嘉靖以前老百姓很朴素、很老实，嘉靖以后变了，讲排场了，普通老百姓穿衣服向官僚看齐，向知识分子看齐。穷人饭都吃不上，找人家借点钱也要讲排场。总之，从吃饭、娱乐到家庭用具都不像过去了。这个时候，看到一些老实、朴素的人，大家认为不好，耻笑他。《博平县志》讲嘉靖以后过去好的风气没有了，过去乡村里没有酒店，也没有游民，嘉靖中期以后变了，到处都有酒店，二流子很多。当时有一种风气，一个人有名，有字，还要起别号。嘉靖皇帝就有很多别号。不但知识分子起别号，就连乞丐也有别号。

其次，在文化娱乐方面。嘉靖以前唱的歌曲主要是北曲，嘉靖以后南曲流行了，而且唱的歌词主要是讲男女恋爱的。嘉靖以前不大讲究园亭建筑，嘉靖以后，到处修假山、建花园，光南京就有园亭一百多所，苏州有好几十所，北方就更多了，清华园这些地方都是过去的园亭。明朝前期有一条规定，官员禁止嫖娼妓，嘉靖以后，这个纪律不生效了，文人捧妓女成为风气，为她们写诗、写文章，甚至选妓女为状元、榜眼、探花。戏剧方面，过去只有男戏，嘉靖以后就有女戏了。很多做过大官的人写剧本，像《牡丹亭》的作者汤显祖就是一个官。元曲的作者没有一个是高级官员，都是一些下层社会的人，有的在衙门里当一个小办事员，有的做医生；可是明朝戏曲的作者，大部分都是举人、进士，有些还是高级官员。明朝后期盛行赌博，官吏、士人以不会赌博、打纸牌为耻。

再次，从政治方面来看。《明史·循吏传序》提到嘉靖以前一百多年，一方面休养生息，发展生产；另一方面政治上比较清明，好官比较多。譬如大家知道的《十五贯》里面有个况钟，连做十几年的苏州知府，是个好官。另外一个好官是周忱，他做苏州巡抚二十年，在《十五贯》里被刻画坏了，这是不对的。此外，像于谦连做河南、山西巡抚十九年。嘉靖以前，有好些巡抚连任几年甚至十几年的，这是明朝后期所没有的情况。明朝后期好官就少了。做官讲资格，一讲资格就坏事了，只要活得长就可以做大官；相反，真正能给老百姓做点事情的人就到处碰壁。像海瑞就是这样，到处遭到大地主阶级的反对，办不了好事情。明朝后期有个知识分子陈邦彦对吏治的这种变化作了总结，他说：在嘉靖以前，做官的人还讲个名节，做官回到家里，人家问他赚多少钱，他要生气；嘉靖以后发生了根本性的变化，做官等于做买卖，计较做这个官赚钱多还是赚钱少，在这个地方做官赚钱多，另外换一个赚钱少的地方就不愿意去。到富庶的地方去做官，亲友设宴庆贺；如果到穷地方去，大家就叹息。做官和发财连起来了，念书是为了做官，做官是为了发财。当时升官是凭什么呢？一个是凭资格，一个是凭贿赂。当时叫"送礼"。地方官三年期满要进京，朝廷要考核他的成绩。这时就是他"送礼"的时候了。送了礼就可以升官。所谓送上黄米、白米若干担，即指黄金、白银若干两。后来改为送书若干册，书的后面附上金子、银子，叫作"书帕"。所以明朝后期的地方官上任以后先刻书。但是他们又没有什么学问，于是粗制滥造，乱抄一气。

以上这些情况说明，由于整个社会经济的变化，即农业、手工业生产的发展，商业的繁荣，影响到了社会各方面。一些大地主把一部分从土地剥削所得的财产投资于手工业和商业，这样，过去被社会上所歧视的商人的地位就提高了。国家的高级官员有不少人变成了商人。经商成为社会风气。商人赚了钱就奢侈浪费，造成社会上的虚假繁荣现象。封建秩序、封建礼法开始受到冲击，从而在文学艺术方面也出现了反映这种社会生活的作品。

第六，货币经济的发展。在明朝以前，白银已经部分使用，但是还不普遍，还没有作为正式的货币。元朝使用钞票。明朝初年用铜钱，由于老百姓已经有了用钞票的习惯，反而不习惯用铜钱，只好仍然用钞票。但是由于明朝对钞票管理不善，无限制地发行，又不兑现，因而引起通货膨胀，钞价贬值，由一贯钞值银一两贬至只值一两个钱，钞票的经济意义逐渐没有了。钞票不能用，铜钱的重量又太大，短途进行交易还可以，像从南到北的远距离交易，带大量的铜钱就不行，几万、几十万铜钱很重，不方便。在这种情况下白银就日渐流通于市场。白银有它的优点：它的质量不会变，既能分割，化整为零，又能把一些分散的银子铸成一锭，化零为整。白银价值比较高，一两白银可以抵一千钱。因此社会上对白银的需要越来越迫切。

上次讲过，明朝建都北京，粮食主要要从南方运来。四五百万石粮食的运费要由农民负担，运费超过粮食价格的几倍，农民负担很重。所以到明英宗时，逐渐改变了这种办法。有些地方税收开始改折"金花银"，像这个地区应该送四石粮食，现在不要你交粮食了，改交一两银子。政府用一两银子同样可以买到四石粮食。由于国内市场的扩大和税收折银的结果，银子的需要量就大大增加了，原有的银子不够市场上的需要。因此在万历时期就出现了采银的高潮。政府征发许多人，到处开银矿，苛征暴敛，引起国内人民的反对。

通过对外贸易的出超，大量的白银输入了。西班牙人从墨西哥运白银到吕宋，由吕宋转运中国，以换取中国的丝织品和瓷器。到后期，墨西哥的银元也大量流入中国。这样，国内白银数量逐渐增加。所以到万历初年，赋役制度大改变，把原来的田赋制度改为"一条鞭法"，使赋役合一。从此大部分地区的赋税和徭役改折银两。

由于手工业和商业的发展，商品流通的客观需要，远距离的大量的交易需要共同的货币作媒介，因而白银普遍地应用起来了。这种情况也是以往历史上所没有发生过的。

第七，文学作品上的反映。唐朝、宋朝也有传奇小说，里面的主角是些什么人？主要是官僚、士大夫、文人等，写市井人物的作品很少。到明代中叶以后出现了以市井人物为主人公的作品。例如《白蛇传》的故事。在《西湖三塔记》中的三怪是：乌鸡、水獭、白蛇，男主角是将门之后——奚宣赞（岳飞部下的将官奚统制之子）。而《洛阳三怪记》的三怪是：赤斑蛇、白猫精、白鸡精，男主角却是开金银铺的老板潘松了。流传到现在的《白蛇传》只剩下二怪：白蛇和青蛇，男主角则是开生药铺的许仙。故事的主角从将门之后的奚宣赞转变为生药铺的许仙，这一变化是值得我们注意的。

又如《金瓶梅》，是万历二十二年（1594）以后的作品，写嘉靖、万历年间的事。主角西门庆也是开生药铺的。与西门庆来往的篾片、清客都是官僚地主的后人，原来的地位比西门庆高，后来没落了，成为西门庆的门客。以这样一些人物为中心的小说，在过去是没有的。

此外，在"三言""二拍"中，如《卖油郎独占花魁》《倒运汉巧遇洞庭红》等，主角是卖油小贩和偶然发财的穷汉，这也都是当时的社会现实在文艺作品中的具体反映。

第八，明朝后期有了一些替商人说话的政治家。譬如徐光启，他是上海人，是最早接受西洋科学，介绍和传播西洋科学（如物理学、化学、天文学）的一个人。他家里原来是地主，后来兼营商业。他本人中了进士，做过宰相。在他的思想中，反映了保护商人特权的要求，他提出了维护商人利益的具体建议。当时国家财政困难，西北有许多荒地，他就主张政府允许各地的地主阶级招募农民来开垦荒地。开垦荒地多的，除了粮食给他外，还可以允许这个地主家里的子弟有多少人考秀才、多少人上学，给他以政治保证。从他这种主张来看，他是当时从地主转为商人的这一集团在政治上的代表人物。

总的来说，上面所讲的这些问题是明朝以前没有发生过的，或者虽然发生过，但并不显著。当时的人也认识到了嘉靖前和嘉靖后所发生的这种巨大变化。当然，他们还不能理解这叫作资本主义萌芽。从我们今天来看，这个变化是旧的东西改变了，新的东西露出了头。这些例子都可以作为资本主义萌芽来看。但是这些萌芽并没有成长，以后又遭到了压力，因此到鸦片战争以前中国还不能进入资本主义社会。资本主义还处在萌芽状态。

这方面的材料直到现在还是不够完备的，还没有进行认真的研究。上面谈的只是个人的看法，不一定对，更不一定成熟，只供同志们参考。

郑和下西洋

首先说明西洋是指什么地方。明朝时候把现在的南洋地区统称为东洋和西洋。西洋指的是现在的印度半岛、马来半岛、印度尼西亚、婆罗洲等地区；东洋指的菲律宾、日本等地区。在元朝以前已经有了东、西洋之分，为什么有这样的分法呢？因为当时在海上航行要靠针路（指南针），针路分东洋指针和西洋指针，因此在地理名词上就有"东洋"和"西洋"。郑和下西洋指的是什么地方呢？主要是指现在的南洋群岛。

中国人到南洋去的历史很早，并不是从郑和开始的。远在公元以前，秦朝的政治力量已经达到现在的越南地区。到了汉武帝的时候，现在的南洋群岛许多地区已经同汉朝有很多往来。这种往来分两类：一类是官方的，即政府派遣的商船队；一类是民间的商人。可是像郑和这样由国家派遣的船队，一次出去几万人、几十条大船（这些船是当时世界上最大的船，也就是当时世界上最大的海军），不但到了现在南洋群岛的主要国家，而且一直到了非洲。其规模之大，人数之多，范围之广，那是历史上前所未有的，就是明朝以后也没有。这样大规模的航海，在当时世界历史上也没有过。郑和下西洋比哥伦布发现新大陆早87年，比迪亚士发现好望角早83年，比达·伽马发现新航路早93年，比麦哲伦到达菲律宾早116年。比世界上所有著名的航海家的航海活动都早。可以说郑和是历史上最早的、最伟大的、最有成绩的航海家。

　　问题是为什么在十五世纪的前期中国能派出这样大规模的航海舰队，而不是别的时候？这个问题历史记载上有一种说法，说郑和下西洋仅仅是为了寻找建文帝的下落。这种说法是不正确的。上次我们讲到，明成祖从北京打到南京，夺取了他的侄子建文帝的帝位。建文帝是明太祖的孙子，他做了皇帝以后，听信了齐泰、黄子澄等人的意见，要把他的一些叔叔——明太祖封的亲王的力量消灭掉，以加强中央集权。他解除了一些亲王的军事权力，有的被关起来，有的被废为庶人。于是燕王便起兵反抗，打了几年，最后打到南京。历史记载说燕王军队打到南京后，"宫中火起，帝不知所终"。"帝不知所终"这句话是经过了认真研究的，因为当时宫里起了火，把宫里的人都烧死了，烧死的尸首分不清到底是谁。于是就发生了一个建文帝到底死了没有的疑案。假如没有死，他跑出去了的话，那么，他就有可能重新组织军队来推翻明成祖的统治。从当时全国的形势来看是存在这个问题的。因为建文帝是继承他祖父明太祖的，全国各个地方都服从他的指挥。明成祖虽然在军事上取得了胜利，但是并没有把建文帝的整个军事力量摧毁，他的军事力量只是在今天从北京到南京的铁路沿线上，其他地方还是建文帝原来的势力范围。因此明成祖就得考虑建文帝到底还在不在？如果是逃出去了，又逃到了什么地方？他得想办法把建文帝逮住。于是他派了礼部尚书（相当于现在的内务部长）胡濙，名义上是到全国各地去找神仙（当时传说有一个神仙叫张三丰），实际上是去寻找建文帝。前后找了二三十年。《明史·胡濙传》说胡濙每次找了回来都向明成祖报告。最后一次向皇帝报告时，成祖正在军中，胡濙讲的什么别人都听不到，只见他讲了以后明成祖很高兴。历史学家们认为，最后这一次报告，可能是说建文帝已经死了。另外，明成祖又怕建文帝不在国内，跑到国外去了。所以他在派郑和下西洋的时候，要郑和在国外也留心这件事。这是可能的，但这不是郑和下西洋的主要目的。郑和下西洋主要是由于经济上的原因。

这里插一个问题，讲讲明成祖和建文帝之间的斗争说明什么问题。明成祖以后的各代对建文帝的下落一事也非常重视。万历皇帝就曾经同他的老师谈起这个问题，问建文帝到底到哪里去了，为什么经过一百多年还搞不清楚。当时出现了很多有关建文帝的书，这些书讲建文帝是怎么逃出南京的，经过些什么地方，逃到了什么地方。有的书说他到了云南，当了和尚，跟他一起逃走的那些人也都当了和尚。诸如此类的传说越来越多。此外，记载建文帝事迹的书也越来越多。这说明什么问题呢？说明一个政治问题。建文帝在位期间，改变了他祖父明太祖的一些做法。他认为明太祖所定下来的一些制度，现在经过了几十年，应该改变。当时建文帝周围的一些人都是些儒生，缺乏实际斗争经验，他们自己出的一些办法也并不高明。尽管如此，建文帝的这种举动还是得到了不少人的支持。但是明成祖起兵反对他。在明成祖看来，明太祖所规定的一切制度都是尽善尽美的。他不容许建文帝改变祖先的东西。因此，明成祖和建文帝之间的斗争就是保持还是改变明太祖所定的旧制度的斗争。在这个斗争中建文帝失败了。明成祖做了皇帝以后，把建文帝改变了的一些东西又全部恢复过来。一直到明朝灭亡，两百多年都没有变动。

在这种情况下，有不少的知识分子对明成祖的政治感到不满，不满意他的统治。他们通过什么方式来表达这种不满呢？公开反对不行，于是通过对建文帝的怀念来表达。他们肯定建文帝，赞扬建文帝，实际上就是反对明成祖。因此，关于建文帝的传说就越来越多了。现在我们到四川、云南这些地方旅行，到处可以发现所谓建文帝的遗址。这里有一个庙说是建文帝住过的，那里有一个寺院，里头有几棵树，说是建文帝栽的。有没有这样的事情呢？没有。明末清初有个文人叫钱谦益（这个人政治上很糟糕）写了文章专门研究这个问题。当时许多书上都说：当南京被燕兵包围时，城门打不开，建文帝便剃了头发，跟着几个随从的人从下水道的水门跑出去了。钱谦益说这靠不住，南京下水道的水门根本不能通出城去。他当时做南京礼部尚书，对宫殿里的情况是很熟悉的。此外，还有很多不合事实的传说，他都逐条驳斥了。最后他作了这样的解释：假如建文帝真的跑出去了，当时明成祖所统治的地区只是从北京到南京的交通线附近，只要建文帝一号召，全国各地都会响应他，他还可以继续进行斗争。但结果没有这样。这就可以得出一个结论：建文帝是死在宫里了。但当时不能肯定，万一他跑了怎么办？所以就派人去找。我认为这样解释比较说得通。

现在我们继续讲郑和下西洋的问题。如果说郑和下西洋的主要目的是为了找建文帝，那是不合事实的；但也不能说完全没有这方面的动机。因为当时的怀疑不能解决，通过他出去访问，让他注意这个问题是可能的。那么，郑和下西洋的主要目的到底是什么呢？这就是上次所说的，是国内经济发展的必然结果。经过1348年到1368年二十年的战争，经济上受到了很大的破坏。但是经过洪武时期采取的恢复生产、发展生产的措施以后，人口增加了，耕地面积扩大了，粮食、棉花、油料的产量都提高了，人民的生活有了改善，政府的财政税收比以前多了。随之而来，对国外物资的需要也增加了。这种对国外物资需要的增加主要在两个方面：一方面是人民日常生活所需要的物资，主要是香料、染料。香料主要是用在饮食方面作调料，就是把菜做得更好一些，或者使某种菜能收藏得更久。像胡椒就是人民所需要的东西。胡椒从哪里来呢？是从印度来的，一直到现在还是如此。还有其他许多香料也大多是从南洋各岛来的。在南洋有个香料岛，专门出产香料。另一种是染料，为什么对染料的需要这样迫切呢？明朝以前，我们的祖先常用的染料都是草木染料，譬如蓝色是草蓝；或者是矿物染料。这样的染料一方面价钱贵，另一方面又容易退色。进口染料就可以解决这些问题。朝鲜族喜欢穿白衣服，我们国内有些人也喜欢穿白衣服，为什么？原因很简单，因为买不起染料。封建社会里，皇帝穿黄衣服，最高级的官穿红衣服，再下一级的官穿紫衣服、穿蓝衣服，最下等的穿绿衣服。为什么用衣服的颜色来区别呢？也很简单，染料贵。老百姓买不起染料，只好穿白衣服。所以古人说"白衣""白丁"，指的是平民。这些封建礼节都是由物质基础决定的。因此就有向国外去寻找染料的要求。这一类，是人民的日常生活所需要的。另外一类是毫无意义的消费品，主要是珠宝。这是专门供贵族社会特别是宫廷里享受的。有一种宝石叫"猫儿眼"，还有一种叫"祖母绿"，过去谁也不知道是什么样子，只知道是宝石。最近我们在万历皇帝的定陵里发现了这两种东西。这些东西都是从外国买来的。除了珠宝以外，还有一些珍禽异兽。当时的人把一种兽叫作麒麟，实际上就是动物园里的长颈鹿。与对外物资需要增加的同时，由于国内经济的发展，一些可供出口的物资，如绸缎、瓷器（主要是江西瓷，其他地区也有一些）、铁器（主要生产工具）的产量也增加了。

除了经济上的条件以外，还有一个很重要的条件，就是当时中国对外的航海通商已有悠久的历史。从秦朝开始，经过唐朝、南宋到元朝，在这个漫长的时期内，政府的商船队、私人的商船队不断出去。有些私人商船队发了财。到了明朝，由于长期的积累，已经具备了丰富的航海知识和有经验的航海人员。有了这些条件，就出现了从明成祖永乐三年（1405）到他的孙子明宣宗宣德八年（1433）近三十年之间以郑和为首的七次下西洋的事迹。

郑和出去坐的船叫作"宝船"，政府专门设立了制造宝船的机构。这种船有多大呢？大船长四十丈，宽十八丈；中船长三十七丈，宽十五丈。当时在全世界再没有比这更大的船了。一条船可以载多少人呢？根据第一次派出的人数来计算，平均每条船可以坐四百五十人。每次出去多少人呢？有人数最多的军队，此外还有水手、翻译、会计、修船工人、医生等，平均每次出去两万七八千人。这样的规模是了不起的，后来的哥伦布、麦哲伦航海每次不过三四只船，百把人，是不能和这相比的。谁来带领这么多人的航海队呢？明朝政府选择了郑和。因为郑和很勇敢，很有能力。同时，当时南洋的许多国家都是信奉回教的，而郑和也是个回教徒（但他同时也信仰佛教），他的祖父和父亲都曾经朝拜过麦加。回教徒一生最大的愿望就是到麦加去磕一个头，凡是去过麦加的人就称为哈只。选派这样的回教徒到信奉回教的地方去就可以减少隔阂，好办事。在郑和带去的翻译里面也有一些人是回教徒，这些人后来写了一些书，把当时访问的一些国家的情况记载下来了。这些书有的流传到现在。有人问：郑和是云南人，他怎么成了明成祖部下的大官呢？这很简单，洪武十四年（1381）的时候，明太祖派兵打云南，把元朝在云南的残余势力打败了，取得了云南。在战争中俘虏了一些人，郑和就是在这次战争中被俘虏的。他当时还是一个小孩，后来让他做太监，分给了明成祖。他跟明成祖出去打仗时，表现很勇敢，取得了明成祖的信任。因此明成祖让他担负了到南洋各国去访问的任务。

他们第一次出去坐了六十二艘大船，带了很多军队。这里发生了这样的问题：他们既然是到外国去通商、去访问，为什么要带这么多军队？这是因为当时从中国去南洋群岛的航线上有海盗，这些海盗不但抢劫中国商船，而且也抢别的国家到我们这里来做买卖的商船。郑和用强大的军事力量把海盗消灭了，这样就保证了航路的畅通。另外，为了防止外国来侵犯他们，也需要带足够的军事力量。郑和到锡兰的时候，锡兰国王看到中国商船队的物资很多，他就抢劫这些物资。结果郑和把他打败了，并把他俘虏到北京。后来明朝政府又把他放回去，告诉他，只要你今后不再当强盗就行了。可见为了航行的安全，郑和带军队去是必要的。郑和率领的军事力量虽然很强大，用现在的话来说，他带去了好几个师的军队，而当时南洋没有一个地区有这样强大的军事力量。但是郑和的军队只是用于防卫的。他所进行的是和平通商。尽管当时有这样的力量，这样的可能，但是没有占领别人的一寸土地。后来，比郑和晚一百年的西方人到东方来就不同了。他们一手拿商品，一手拿宝剑，把所到的地方都变成他们的殖民地。如葡萄牙人到了南洋以后就占领了南洋的一些岛屿。当然，在我们的历史上个别的时候也有占领别人的土地的事情。但总的来说，我们国家不是好侵略的国家，我们国家没有占领别国的领土，这和西方资本主义国家有本质的不同。根据当时保留下来的记载，可以看出郑和和南洋各国所进行的贸易是平等的，而不是强加于人的。交易双方公平议价，有些书上记载得很具体，说双方把手伸到袖子里摸手指头议价。现在我们国内有些地方还用这种办法。郑和所到的地区都有中国的侨民，有开矿的，有做工的，有做买卖的，各方面的人都有。有的地方甚至是以华侨为中心，华侨在经济上占主导地位。因此郑和每到一个地方都受到欢迎。

郑和每到一个国家，除了把自己带去的大量商品卖给它们外，也从这些国家带一些商品到中国来。从第一次出去以后，他就选择了南洋群岛的一个岛屿作为根据地，贮积很多货物，以此地为中心，分派商船到各地贸易，等各分遣船队都回到此地后，再一同回国。在前后不到三十年的时期中，印度洋沿岸地区他都走到了，最远到达了红海口的亚丁和非洲的木骨都束。木骨都束就是今索马里的首都，现在叫作摩加迪沙。前年摩加迪沙的市长访问北京的时候，我们对他讲："我们的国家五六百年前就有人访问过你们。"他听了很高兴。

通过郑和七次下西洋，中国和南洋的航路畅通了，对外贸易大大地发展了，出国的华侨也就更多了。通过这几十年的对外接触，中国跟南洋这些地区的关系越来越深，来往也越来越多。由于华侨的活动，以及中国的先进生产工具传入这些国家，这样，南洋地区的生产也越来越进步。所以，郑和下西洋的历史事实说明，我们这个国家有这样一个很好的传统：就是不去侵略人家。正因为这样，直到现在，尽管时间过去了五六百年，但是郑和到过的国家，很多地方都有纪念他的历史遗址。因为郑和叫三宝太监，所以很多地方都用三宝来命名。像郑和下西洋这样的事以往历史上是没有的，明朝以后也没有，这是明朝历史上一件很突出的事情。

现在要问：郑和第七次下西洋以后，为什么不去第八次呢？这里有客观的原因，也有主观的原因。客观原因是八十多年以后，欧洲人到东方来进行殖民活动，阻碍了中国和南洋诸国的往来。主观的原因有这几方面：第一，政治上的原因。明成祖死了以后，他的儿子做皇帝。这个短命皇帝很快又死了，再传给下一代，这就是宣宗。宣宗的儿子英宗做皇帝时还是个八九岁的小孩，不懂事。于是宫廷里便由他的祖母当权，政府则由三杨（杨士奇、杨荣、杨溥）掌握。三杨在朝廷里当了二三十年的机要秘书。三个老头加上一个老太太掌握国家大权。这些人和明成祖不一样。明成祖有远大的眼光。他们却认为他多事，你派这么多人出去干什么？家里又不是没吃的、没喝的。不过明成祖在世时他们不敢反对，明成祖一死，他们当了家，就不准派人出去了。第二，组织这样的商队需要一个能代替郑和的人，因为郑和这时已经六十多岁，不能再出去了。第三，经济上的原因。从外国进口的物资都是消费物资，不能进行再生产。无论是香料还是染料，都是消费品，珠宝就更不用说了，更是毫无意义的东西。以我们有用的丝绸、铁器、瓷器来换取珠宝，这样做划不来。虽然能解决沿海一些人的生活问题，但是好处不大，国家开支太多。所以，为了节约国家的财政开支，后来就不派遣商队出国了。正当明朝停止派船出国的时候，欧洲人占领了南洋的香料岛，葡萄牙人占领了我们的澳门。他们是用欺骗手段占领澳门的。开头他们向明朝的地方官说：他们的商船经常到这个地方来，遇到风浪把货物打湿了，要租个地方晒晒货物。最初还给租钱，后来就不给了，慢慢地侵占了这个地方，一直到现在还占领着。①

从欧洲人到东方来占领殖民地以后，中国的形势就改变了。经过清朝几百年，特别是鸦片战争以后，许多帝国主义国家从几个方面包围中国：印度被英国占领了，缅甸被英国占领了，越南被法国占领了，菲律宾先被西班牙占领，后又被美国占领了，东方的日本走上了资本主义道路，向外进行侵略扩张活动。所以近百年的中国，四面被资本主义国家和帝国主义国家所包围，再加上清朝政府的日益腐败，就使中国逐步变成了半殖民地、半封建的国家，进入了半封建、半殖民地的社会。

---

① 澳门已于 1999 年回归。——编者注

明代之农民

一

按照职业的区分，明代的户口有民户、军户、医户、儒户、灶户、僧户、道户、匠户①、阴阳户②、优免户、女户、神帛堂户③、陵户、园户、海户、庙户④……之别。户有户籍户帖：

> 洪武三年（1370）十一月辛亥核民数给以户帖。户部制户籍户帖，各书其户之乡贯丁口名岁，合籍与帖，以字号编为勘合，识以部印，储藏于部，帖给之民。仍令有司岁计其户口之登耗，类为籍册以进，著为令。⑤

户籍藏于户部，户帖给民收执。"父子相承，徭税以定。"⑥令有司各户比对，不合者遣戍，隐匿者斩，男女

---

① 《弘治会典》卷一一。
② 《弘治会典》卷二〇，引《大明令》。
③ 《明史》卷二八一《庞嵩传》。
④ 《明史》卷七八。
⑤ 《明太祖实录》卷五八。
⑥ 《明宣宗实录》卷六九。

田宅，备载于后。^① 若诈冒避免，避重就轻者杖八十，其官司妄准脱免，及变乱版籍者罪同。^② 洪武十四年（1381）改为赋役黄册，以一百十户为一里，推丁粮多者十户为长，余百户为十甲，甲凡十人，岁役里长一人，甲首一人，董一里一甲之事，先后以丁粮多寡为序，凡十年一周曰排年。在城曰坊，近城曰厢，乡都曰里。里编为册，册首总为一图，鳏寡孤独不任役者附十甲后为奇零，僧道给度碟，有田者编册如民科，无田者亦为奇零，每十年有司更定其册，以丁粮增减而升降之。册凡四，一上户部，其三则布政司、府、县各存一焉。上户部者册面黄纸，故谓之黄册。其后黄册只具文，有司征税编徭则自为一册，曰白册云。^③

各色户口中占绝大多数的是民户，民户中占绝大多数的是农民。（也可以说民户即指农民，一小部分的小商也包括在内。曾任官吏的则另称为宦户）其次是军户和匠户。民由有司，军由卫所，匠由工部管理。^④ 农民人数最多，和土地的关系最密切，对国家的担负也最重。他们的生活也最值得我们注意。

农民中的富民和大地主的子弟有特权享受最好的教育，在科举制度下，他们可以利用所受的教育，一经中试便摇身变成儒

---

① 谈迁《枣林杂俎》，《逸典》。

② 《明律四·户一》。

③ 《明史》卷七七《食货志·户口》。

④ 《弘治会典》卷二○。

户，一列仕途，便又变成宦户。退休后又变成乡绅，不再属于民户。或则买官捐监，也可以使一家的身份提高。贫农中也有由子弟的努力而成为儒户、宦户的，不过身份一改，便面目全非，对国家的负担和社会上的待遇便全然不同。他们不但不再属于民户，反而掉转头来自命为上层阶级，去剥削他从前所隶属的集团了。

二

农民的本分是纳赋和力役，明太祖告诉他的百姓说："为吾民者当知其分。田赋力役出以供上者乃其分也。能安其分则保其父母妻子，家昌身裕，为仁义忠孝之民，刑罚何由及哉。"[①] 赋役都以黄册为准，册有丁有田，丁有役，田有租，租曰夏税，曰秋粮，凡二等。丁曰成丁，曰未成丁，凡二等。民始生籍其名曰不成丁，年十六曰成丁，成丁而役，六十而免。役曰里甲，曰均徭，曰杂泛，凡三等。以户计曰甲役，以丁计曰徭役，上命非时曰杂役，皆有力役，有雇役，田租大略以米麦为主，而丝绢与钞次之。[②]

要农民安于本分，使永远不能离开其所耕种的土地，除有黄册登记土地户口外，并设路引的制度，百里内许农民自由通行，百里外即须验引："凡军民等往来但出百里者，即验文引。"[③] 天下要冲去处设立巡检司，专一盘诘无引面生可疑之人。军民无文

① 《明太祖实录》卷一五〇。
② 《明史》卷七八《食货志·赋役》。
③ 《弘治会典》卷一三〇。

引必须擒拿送官，仍许诸人首告，得实者赏，纵容者同罪。[①]　此制在洪武初年即已施行：

> 洪武六年（1373）七月癸亥，常州府吕城巡检司盘获民无路引者送法司论罪。问之，其人以祖母病笃，远出求医急，故无验。上闻之曰："此人情可矜，勿罪。"释之。[②]

于是农民永远被禁乡里，只好硬着头皮为国家尽本分。

田赋和力役只是农民负担的一小部分。除了对国家以外，农民还要对地方官吏、豪绅、地主……尽种种义务，他们要受四重甚至五重的剥削。官吏则巧立名目，肆行科敛，即在开国时严刑重法，也还有此种情形，明太祖极为愤怒，他很生气地训斥一般地方官说：

> 置造上中下三等黄册，朝觐之时，明白开谕，毋得扰动乡村。止将黄册底册就于各府州县官备纸札，于底册内挑选上中下三等以凭差役，庶不亏损小民，所谕甚明。及其归也，仍前着落乡村，巧立名色，团局置造，科敛害民。[③]

[①]　《弘治会典》卷一三〇。
[②]　《明太祖实录》卷八三。
[③]　《大诰》第四四。

科敛之害，甚于虎狼。如折收秋粮，府州县官发放，每米一石官折钞二贯，巧立名色，取要水脚钱一百文，车脚钱三百文，口食钱一百文。库子又要辨验钱一百文，蒲篓钱一百文，竹篓钱一百文，沿江神佛钱一百文。[①] 政府之惩治虽严，而官吏之贪污如故，剥削如故，方震孺整饬吏治疏言：

> 一邑设佐贰二三员，各有职掌。司捕者以捕为外府，收粮者以粮为外府，清军者以军为外府，其刑驱势逼，虽绿林之豪，何以加焉。稍上而有长吏，则有科罚，有羡余，曰吾以备朝京之需，吾以备考满之用，上言之而不讳，下闻之而不惊，虽能自洗刷者固多，而拘于常例者不尽无也。又上之而为郡守方面，岁时则有献，生辰则有贺，不谋而集，相摩而来，寻常之套数不足以献芹，方外之奇珍始足以下点，虽能自洗刷者固多，而拘于常例者不尽无也。萧然而来，捆载而去。夫此捆载者非其携之于家，雨之于天，又非输于神，运于鬼，总皆为百姓之脂膏，又穷百姓卖儿卖女而始得之耳。[②]

其剥削之方法，多用滥刑诛求，英宗时江西按察司佥事夏时言：

---

① 《大诰》第四一。
② 《方孩未集》卷一。

今之守令冒牧民之美名，乏循良之善政，往往贪泉一酌而邪念顿兴，非深文以逞，即钩距是求。或假公营私，或诛求百计。经年置人于犴狱，滥刑恒及于无辜。甚至不任法律而颠倒是非，高下其手者有之，刻薄相尚，而避己小嫌，入人大辟者有之。不贪则酷，不怠则奸，或通吏胥以贾祸，或纵主案以肥家，殃民蠹政，莫敢谁何。①

地方官以下之粮长吏胥，则更变本加厉，横征暴敛，如《续诰》所记嘉定县粮长金仲芳等额外敛钱之十八种名色：

一定舡钱，一包纳运头米钱，一临运钱，一造册钱，一车脚钱，一使用钱，一络麻钱，一铁炭钱，一申明旌善亭钱，一修理仓廒钱，一点舡钱，一馆驿房舍钱，一供状户口钱，一认役钱，一黄粮钱，一修墩钱，一盐票钱，一出由子钱。②

又如粮长邾阿乃起立名色，科扰粮户，至超过正税数倍：

其扰民之计，立名曰舡水脚米，斛面米，装粮饭米，车脚钱，脱夫米，造册钱，粮局知房钱，看米样中米，灯油钱，运黄粮脱夫米，均需钱，棕软蒉钱

---

① 《明英宗实录》卷四〇。
② 《续诰》第二一。

一十二色。通计敛米三万七千石，钞一万一千一百贯。正米止该一万，便做加五收受，尚余二万二千石，钞一万一千一百贯。民无可纳者，以房屋准者有之，变卖牲口准者有之，衣服段匹布帛之类准者亦有之，其锅灶水车农具尽皆准折。①

隶快书役为害尤甚："民之赋税每郡小者不过数万，大者不过数十万，而所以供此辈者不啻倍之。"②

地方豪绅不但享有优免赋役的特权（参看《大公报·史地周刊》《明代仕宦阶级的生活》《晚明之仕宦阶级》二文），并且也创立种种苛税，剥削农民。有征收道路通行税的：

宣德八年（1432）十一月丙午，顺天府尹李庸言："比奉命修筑桥道，而豪势之家，占据要路，私搭小桥，邀阻行人，榷取其利，请行禁革。"上曰："豪势擅利至此，将何所不为。"命行在都察院揭榜禁约。③

有私征商税的：

正统元年（1436）十二月甲申，驸马都尉焦敬令其司副李于文明门外五里建广鲸店，集市井无赖，假牙行

① 《续诰》第四七。
② 吴应箕《楼山堂集》卷一二《江南汰胥役议》。
③ 《明宣宗实录》卷一一七。

名，诈税商贩者，钱积数十千。又于武清县马驹桥遮截磁器鱼枣数车，留店不遣。又令阍者马进于张家湾潞阳闸河诸通商贩处，诈收米八九十石，钞以千计。①

有擅据水利的：

正统八年十二月戊戌，吏部听选官胡秉贤言："臣原籍江西弋阳，县有官陂二所。民田三万余亩借其灌溉。近年被沿改豪强之人，私创碓磨，走泄水利，稍有旱暵，民皆失望。"②

叶盛《水东日记》卷十四亦记：

杭州西湖傍近，编竹节水，可专菱芡之利，而惟时有势力者可得之。故杭人有俗谣云："十里湖光十里笆，编笆都是富豪家，待他十载功名尽，只见湖光不见笆。"

盐粮马草之利亦尽为势豪所占，《明英宗实录》卷一一五记：

九年四月壬辰，敕户部曰："朝廷令人易纳马草、开中盐粮，本期资国便民。比闻各场纳草之人，多系官豪势要，及该管内外官贪图重利，令子侄家人伴当假托

① 《明英宗实录》卷二五。
② 《明英宗实录》卷一一一。

军民，出名承纳。各处所中盐粮，亦系官豪势要之家占中居多，往往挟势将杂糙米上仓，该管官司畏避权势，辄与收受，以致给军多不堪用。及至支盐，又嘱管盐官挽越关支，倍取利息。致无势客商，守支年久不能得者有之，丧赍失业，嗟怨莫伸，其弊不可胜言。"

更有指使家人奴仆，私自抽分的。《明律条例》名例条：

成化十五年（1479）十月二十二日节该，钦奉宪宗皇帝圣旨：管庄佃仆人等占守水陆关隘抽分，掯取财物，挟制把持害人的，都发边卫永远充军，钦此！

地主则勾结官吏，靠损小民，《续诰》第四五：

民间洒派包荒诡寄，移丘换段，这等都是奸顽豪富之家，将次没福受用财赋田产，以自己科差洒派细民。境内本无积年民田，此等豪猾买嘱贪官污吏及造册书算人等，其贪官污吏受豪猾之财，当科粮之际，作包荒名色，征纳小户。书算手受财，将田洒派，移丘换段，作诡寄名色，以此靠损小民。

或隐匿丁粮，避免徭役，一切负担均归小民：

宣德六年（1431）六月庚午，浙江右参议彭璟言："豪富人民每遇编充里役，多隐匿丁粮，规避徭役，质朴之民皆首实。有司贪贿，更不穷究。由是徭役不均，细民失业"。①

或营充职事，使小民受累，《明英宗实录》卷八九记：

> 七年（1442）二月丁酉应天府府尹李敏奏："本府上元、江宁二县富实丁多之家，往往营充钦天监太医院阴阳医生、各公主府坟户、太常光禄二寺厨役及女户者，一户多至一二十丁，俱避差役，负累小民。"

一面以其财力，兼并小农，例如：

> 景泰元年（1450）六月丙申，巡抚直隶工部尚书周忱言："江阴县民周珪本户原置田三百七十二顷，又兼并诱买小民田二百七顷五十余亩，诛求私租，谋杀人命。"②

因之，富者愈富，贫者愈贫。更加以苛捐杂税之搜括，农民至无生路可走，甚至商税派征，其负担者亦为农民：

> 榷税一节，病民滋甚。山右僻在西隅，行商寥寥。所有额派税银四万二千五百两，铺垫等银五千七百余两，百分派于各州府持。于是斗粟半菽有税，沽酒市脂

---

① 《明宣宗实录》卷七九。
② 《明英宗实录》卷一九三。

有税，尺布寸丝有税，羸特蹇卫有税，既非天降而地出，真是头会而箕敛。[①]

负担过重，伶俐富厚点的也跟着一般地主的榜样，诡谋图免，大部分的农民无法可处，只得辗转沟壑，流为盗贼。侯朝宗曾痛论其弊云：

明之百姓，税加之，兵加之，刑加之，役加之，水旱灾祲加之，官吏之食渔加之，豪强之吞并加之，是百姓一而所以加之者七也。于是百姓之富者争出金钱而入学校，百姓之黠者争营巢窟而充吏胥。是加者七而因而诡之者二也。即以赋役之一端言之，百姓方苦其积极而无告而学校则除矣，吏胥则除矣，举天下以是为固然而莫之问也。百姓之争入于学校而争出于吏胥者，亦莫不利其固然而为之矣。约而计之，十人而除一人，则以一人所除更加之九人，百人而除十人，则以十人所除更加之九十人，展转加焉而不可穷，争诡焉而不可禁。天下之学校吏胥渐多而百姓渐少，是始犹以学校吏胥加百姓，而其后遂以百姓加百姓也。彼百姓之无可奈何者，不死于沟壑即相率而为盗贼耳，安得而不乱哉。[②]

除此以外，农民还有两条路可走。第一条大路是当僧道，不

---

① 《石隐园藏稿》卷五《嵩祝陛辞疏》。

② 《壮悔堂文集》正百姓。

过如被发觉，反要吃苦。例如《明太祖实录》卷二二七所记：

> 二十六年五月乙丑，道士仲守纯等一百二十五人请给度牒。礼部审实皆逃民避徭役者。诏隶锦衣卫习工匠。

第二条路是抛弃土地，逃出做"流民"。

三

洪武三年（1370）时曾有一次关于苏州一府地主的统计：

> 先是上问户部天下民孰富，产孰优？户部臣对曰："以田税之多寡较之，惟浙西多富民巨室。以苏州一府计之，民岁输粮一百石以上至四百石者四百九十户。五百石至千石者五十六户。千石至二千石者六户。二千石至三千八百石者二户。计五百五十四户，岁输粮十五万一百八十四石。"①

苏州府在洪武二十六年（1393）时的户口统计是四十九万一千五百一十四户。② 二十年中户口相差大致不会很远。如以此数估计，则五十万户中有地主五百户，地主占全户口千分之一。不过这统计不能适用于别处，苏松财赋占全国三分之一，以照此例

---

① 《明太祖实录》卷四九。
② 《明史》卷四〇《地理志》。

和在全国所纳的田赋比较，和其他各地至少要相差三十倍，即平均要三万户中才有一户地主。

地主有政治势力的保障，即使有水旱兵灾，也和他们不相干。而且愈是碰到灾荒，愈是他们发财的机会。第一是荒数都分配给地主，农民却须照样纳税。王鏊曾说：

> 时值年丰，小民犹且不给，一遇水旱，则流离被道，饿殍塞川，甚可悯也。惟朝廷轸念民穷，亦尝蠲免荒数，冀以宽之。而有司不奉德音，或因之为利，故有卖荒送荒之说。以是荒数多归于豪右，而小民不获沾惠。[1]

而且贫农无田，所种多为佃田，即有恩恤，好处也只落在地主身上，如《明英宗实录》卷五所记：

> 宣德十年五月乙未，行在刑科给事中年富言：江南小民佃富人之田，岁输其租。今诏免灾伤税粮，所蠲特及富室，而小民输租如故。乞命被灾之处，富人田租如例蠲免。从之。

第二是乘农民最困乏时，作高利贷的剥削。法律所许可的利率是百分之三十。[2] 遇到灾荒时，地主便抬高利率，农民只能忍

---

① 《王文恪公集》卷三六《吴中赋税书与巡抚李司空》。

② 《明律九》，《户六》。

痛向其借贷，不能如期偿还，家产人口便为地主所没收，《明英宗实录》卷一六七记：

> 十三年六月甲申，浙江按察使轩輗言："各处豪民私债，倍取利息，至有奴其男女，占其田产者，官府莫敢指叱，小民无由控诉。"

政府虽明知有这种兼并情形，也只能通令私债须等丰收时偿还，期前不得追索。可是结果地主因此索性不肯借贷，政府又不能救济，贫农更是走投无路。只好取消了这禁令，让地主得有自由兼并的机会：

> 景泰二年（1451）八月癸巳，刑部员外郎陈金言：军民私债，例不得追索，俟丰稔归其本息。以此贫民有急，偏叩富室，不能救济。宜听其理取。从之。①

贫农向地主典产，产去而税存：

> 正统元年六月戊戌，湖广辰州府沅陵县奏："本县人民多因赔纳税粮，充军为事贫乏，将本户田产，典借富人钱帛，岁久不能赎，产去税存，衣食艰难。"②

---

① 《明英宗实录》卷二七〇。
② 《明英宗实录》卷一八。

抵押房屋，过期力不能偿，即被没收：

> 正统六年五月甲寅，直隶淮安府知府杨理言："本
> 府贫民以供给繁重，将屋宅典与富民，期三年赎以原
> 本，过期即立契永卖。以是贫民往往趁食在外，莫能招
> 抚。"①

或借以银而偿则以米，取数倍之息，顾炎武记：

> 日见凤翔之民，举债于权要，每银一两，偿米四
> 石。此尚能支持岁月乎？②

于是小地主由加力剥削而成大地主，贫农则失产而为佃农，
佃农不堪压迫，又逃而为流民，《明宣宗实录》卷九四宣德七年
八月辛亥条：

> 苏州田赋素重，其力耕者皆贫民。每岁输纳，粮长
> 里胥率厚取之，不免贷于富家，富家又数倍取利，而农
> 益贫。

《明英宗实录》卷一九三景泰元年六月庚辰条：

---

① 《明英宗实录》卷七九。
② 《亭林文集》卷三《病起与蓟门当事书》。

处州地瘠人贫，其中小民，或因充军当匠而废其世业，或因官吏横征而克其资财，或因豪右兼并而侵渔其地，或因艰苦借贷而倍出其偿。恒产无存，饥寒不免。况富民豪横，无所不至，既夺其产，或不与收粮而征科如旧，或诡寄他户而避其粮差，激民为盗，职此之由。

在京都附近的农民，则田产更有无故被夺的危险。例如弘治时外戚王源占夺民产至二千二百余顷。《明史·王镇传》：

外戚王源赐田，初止二十七顷，乃令其家奴别立四至，占夺民产至二千二百余顷。及贫民赴告，御史刘乔徇情曲奏，致源无忌惮，家奴益横。

正统时诸王所夺人民庄宅田地至三千余顷。[①] 南京中官外戚所占田地六万三千三百五十亩，房屋一千二百二十八间。[②] 边将史昭、丁信广置庄田，各有二十余所，霸占鱼池，侵夺水利。[③] 景泰初顺天、河间等府县地土，多被宦豪朦胧奏讨及私自占据，或为草场，或立庄所，动计数十百顷。间接小民纳粮地亩，多被占夺，岁赔粮草。[④] 夏言奉敕勘报皇庄及功臣国戚田土疏曾极言

① 《明英宗实录》卷七二。
② 《明英宗实录》卷二九。
③ 《明英宗实录》卷一〇三。
④ 《明英宗实录》卷二〇一。

其弊：

> 近年以来，皇亲侯伯凭藉宠昵，奏讨无厌，而朝廷
> 眷顾优隆，赐予无节。其所赐地土多是受人投献，将民
> 间产业夺而有之。如庆阳伯受奸民李政等投献，奏讨庆
> 都、清苑、清河三县地五千四百余顷。如长宁伯受奸民
> 魏忠等投献，奏讨景州、东光等县地一千九百余顷。如
> 指挥佥事沈傅、吴让受奸民马仲名等投献，奏讨沧州静
> 海县地六千五百余顷。以致被害之民，构讼经年，流离
> 失所，甚伤国体，大失群心。①

从天顺以来，又纷纷设立皇庄，至嘉靖初年有皇庄数十所，
占地至三万七千五百九十五顷四十六亩，扰害农民，不可计极，
夏言云：

> 皇庄既立，则有管理之太监，有奏带之旗校，有
> 跟随之名下，每处动至三四十人……擅作威福，肆行武
> 断。其甚不靖者则起盖房屋，则架搭桥梁，则擅立关
> 隘，则出给票帖，则私刻关防。凡民间撑架舟车，牧放
> 牛马，采捕鱼虾螺蚌菱蒲之利，靡不括取。而邻近土地
> 则辗转移筑封堆，包打界至，见亩征银。本土豪猾之
> 民，投为庄头，拨置生事，帮助为恶，多方掊克，获利
> 不赀。输之宫闱者曾无什之一二，而私入囊橐者盖不訾

---

① 《桂洲文集》卷一三。

什八九矣。是以小民脂膏，吮剥无余，繇是人民逃窜而户口消耗，里分减并而粮差愈难。卒致辇毂之下，生理寡遂，闾阎之间，贫苦到骨。①

结果是："公私庄田，逾乡跨邑，小民恒产，岁朘月削。产业既失，税粮犹存，徭役苦于并充，粮草困于重出，饥寒愁苦，日益无聊，辗转流亡，靡所底止。以致强梁者起而为盗贼，柔善者转死于沟壑。其巧黠者或投充势家庄头家人名目，资其势以转为良善之害，或匿入海户、陵户、勇士、校尉等籍，脱免徭役，以重困敦本之人。凡所以蠹民、命脉，竭民膏血者，百孔千疮，不能枚举。"② 这情形是由中央特派调查庄田的官吏所发表，当时的统治阶级也已深知此种举动之不合理，足以引起变乱。然而当这报告书发表以后，外戚陈万言又向皇帝乞得庄田，这庄田的来源还是"夺民田产"：

嘉靖三年，泰和伯陈万言乞武清、东安地各千顷为庄田，诏户部勘闲田给之。给事中张汉卿疏谏，帝竟以八百顷给之。巡抚刘麟、御史任洛复言不宜夺民地。勿听。③

景泰王于嘉靖四十年之国，多请庄田，其他土田湖陂侵入者数

① 《桂洲文集》卷一三。

② 《桂洲文集》卷一三。

③ 《明史》卷三〇〇《陈万言传》。

万顷。① 潞王居京邸时，王店、王庄遍畿内。居藩多请赡田、食盐无不应，田多至四万顷。② 福王之国时，诏赐庄田四万顷，中州腴土不足，取山东、湖广田益之。尺寸皆夺之民间，伴读、承奉诸官假履亩为名，乘传出入，河南北、齐、楚间，所至骚动。③

皇室、中官、外戚、勋臣、地方官吏、豪绅、地主、胥役……这一串统治者重重压迫，重重剥削，他们的财富，他们所享受的骄奢淫逸的生活，不但是由括尽农民身上的血汗所造成，并且也不知牺牲了多少农民的性命，才能换得他们一夕的狂欢。"尺寸皆夺之民间"，农民之血汗尽，性命过于不值钱，只好另打主意。

四

在平时，对政府的负担也使农民喘不过气来。因为在立法时并不曾顾虑到地主和贫农的差别悬殊，使他们一律出同样的力役，结果是地主行无所事，而贫农则破家荡产。此弊自元末以来即有之。王祎说：

> 今州县之地，区别其疆界谓之都，而富民有田往往遍布诸都。税之所入以千百计者，类皆一户一役而止。其斗升之税不能出其都者，亦例与富民同受役。而又富民之田不肯自名其税，假立户名，托称兄弟所分，与子女所受，及在城异乡人之业，飞寄诡窜，以避差徭。故

---

① 《明史》卷一二〇《景王传》。

② 《明史》卷一二〇《潞王传》。

③ 《明史》卷一二〇《福王传》《潞王传》。

富者三岁一役曾不以为多，贫者一日受役，而家已立破，民之所病，莫斯为甚。[①]

至正十年（1350）婺州路始行鱼鳞类姓鼠尾之籍，税之所在，役即随之，甚多田者兼受他都之役而不可辞，少者称其所助而无幸免。[②] 洪武元年（1368）行均工夫之法，田一顷出丁夫一人，不及顷者以他田足之。黄册成后，行里甲法，以上中下三户三等五岁均役。一岁中诸色杂目应役者，编第均之，银力从所便。后法稍弛，编徭役里甲者以户为断，放大户而勾单小，富商大贾免役而土著困，官吏里胥轻重其手而小民益穷蹙。又改行鼠尾册法，论丁粮多少，编次先后，市民商贾家殷足而无田产者听自占以佐银差。可是官府公私所需，仍责坊里长营办，给不能一二，供者或十百。甚至无所给，唯计值年里甲只应夫马饮食，而里甲病。一被佥为上供解户，往往为中官所留难，贡品被挑剔好坏，故意不收，只能就地改买进奉，率至破家倾产。[③] 斗库粮长之役亦使民不聊生，王鏊曾痛陈其弊，他说：

田之税既重，又加以重役，今之所谓均徭者大率以田为定，田多为上户，上户则重，田少则轻，无田又轻，亦不计其资力之如何也。故民惟务逐末而不务力田，避重役也。所谓重役者大约有三：曰解户，解军需

————————

[①] 《王忠文公集》卷六《婺州路均役记》。

[②] 《王忠文公集》卷六《婺州路均役记》。

[③] 《明史》卷七八《食货志》二。

颜料纳之内库者也。曰斗库，供应往来使客及有司之营办者也。曰粮长，督一区之税输之官者也。颜料之入内府亦不为多，而出纳之际，百方难阻，以百作十，以十作一，折阅之数，不免出倍称之息，称贷于京以归，则卖产以偿，此民之重困者一也，使客往来，厨传不绝，其久留地方者日有薪炭溇菜膏油之供，加以馈送之资，游宴之费，罔不取给，此民之重困者二也。太祖患有司之刻民也，使推殷实有行义之家，以民管民，最为良法，昔之为是役者未见其患。顷者朝廷之征求既多，有司之侵牟滋甚，旧惟督粮而已，近又使之运于京，粮长不能自行，奸民代之行，多有侵牟，京仓艰阻，亦且百方，又不免称贷以归。不特此也，贪官又从而侵牟之，公务有急则取之，私家有需则取之，往来应借则取之。而又常例之输，公堂之刻，火耗之刻，官之百需多取于长，长能安不多取于民。及逋租积负，官吏督责如火，则拆屋伐木，鬻田鬻子女，竟不免死于榜掠之下，此民之重困者三也。三役之重，皆起于田，一家当之则一家破，百家当之则百家破，故贫者皆弃其田以转徙，富者尽卖其田以避其役。[1]

在原则上，都应"佥有力之家充之，名曰大户。究之所佥非富民，中人之产，辄为之倾"。[2] 地主富民能和官吏勾结，受

---

① 《王文恪公文集》卷三六《吴中赋税书与巡抚李司空》。
② 《明史》卷七八《食货志》二。

另一集团的保障，中农以下的平民，便只能忍受着破产倾家的苦痛，为国家服务。斗库之害，霍与瑕说得更为明白：

> 慈溪每年于均徭内额编绍兴府余姚县常丰四五仓斗级，每仓四名，每名役银五两，凡遭此役，无不破家，本县徭差内实为上等苦役。据原编常丰四仓斗级某等连名开称，俱为官攒等役剥削科取，每遇斗级上役，仓官先取分例银二十四两，家人取分例银三两，攒典书手各二两，及年烛开仓开印封印猪酒作福猪胙岁造文册歇家包办府县差人饭食，每月买办纸札，迎送新旧官盘费，收粮放粮官并过往官员下程礼物买办家火等项，皆出斗级，每年用百数余两。后浥烂贴补米石，年纳二三百石。[①]

外夷入贡，例于指定地方驻扎，一切支给，俱出里甲。《明英宗实录》卷五八琉球馆臣是其一例：

> 正统四年八月庚寅，巡按福建监察御史成规言：琉球国往来使臣俱于福州停住，馆谷之需，所费不赀。此者通事林惠、郑长所带番梢人从二百余人，除日给廪米之外，其茶盐醢酱等物出于里甲，相沿已有常例。乃故行刁蹬，勒折铜钱，及今未半年，已用铜钱七十九万六千九百有余，按数取足，稍或稽缓，辄

---

① 《霍勉斋集》卷一八《为乞恩痛革仓弊以苏民困事申察院》。

肆詈殴。

政府有特别需要，便行科差，最为贫农之害。凡朝廷科买一物，辄差数人促办。所差之人又各有无赖十数人为之鹰犬，百倍科敛，民被箠楚，不胜其毒，百分之一归官，余皆入于私室。① 给价则十不及一，辗转克减，上下靡费，至于物主所得无几，名称买办，无异白取。② 有时中间又需经过里长的一道剥削，土产或忍痛奉献，非土产则便要破家为朝廷征求：

> 永乐五年（1407）五月甲子，开平卫卒蒋文霆言：今有岁办各色物料，里长所领官钱悉入己，名为和买，其实强取于民，若其土产，尚可措办，非土地所有，须多方征求，以致倾财破产者有之。凡若此者，非止一端。③

洪熙元年（1425）行在都察院右副都御史弋谦告诉皇帝说："一夫耕作，上农不过百亩，中下之农，仅有其半。除夏秋二税，所存无几，苟再分外侵耗，使民不贫而困者寡矣。"④ 可是警告虽然提出，科买却依旧举行，三年后宣宗也警告他的臣下说：

---

① 《明宣宗实录》卷五四。
② 《明宣宗实录》卷四下。
③ 《明成祖实录》卷六七。
④ 《明宣宗实录》卷四下。

比者所司每缘公务，急于科差，贫富困于买办，丁
中之民，服役连年，公家所用，十不二三，民间耗费，
常十数倍。加以郡邑官鲜得人，吏肆为奸，征收不时，
科敛无度，假公营私，弊不胜纪。以致吾民衣食不足，
转徙逃亡。凡百应输，年年逋欠。国家仓庾，月计不
足。①

他们也明知"竭泽而渔"，不是一个办法。可是还是要图享
用，还是要科买，结果是"百姓逃亡，仓廪不足"。

在农民方面，土地分配不均和赋税过重是当时最严重的问
题。例如北直隶的富农与贫农的比较：

正统五年（1440）四月庚子，大理寺右少卿李畛
奏：北直隶洪武永乐时人稀，富家隐藏逃户，辟地多而
纳粮少，故积有余财而愈富，贫家地少而差役繁重，故
典卖田宅，产去税存而愈贫。②

税粮的分配也极不公道，例如归有光所记：

江右田地不相悬，而税入多寡殊绝。如南昌新建
二县仅百里，多山湖，税粮十六万。广信县六，赣州县
十，皆六万。南安四县粮二万。三郡二十县之粮不及两

---

① 《明宣宗实录》卷三九。
② 《明英宗实录》卷六六。

县，盖国初以次削平僭伪，田赋往往因其旧贯。论者谓苏州田不及淮安半，而吴赋十倍淮阴，松、江二县粮与畿内八府百二十七县埒，其不均如此。①

又有官粮、民粮之别，政府希望减轻农民的负担，减轻或免除民粮，结果却适得其反，又予地主以兼并的机会：

> 旧例应天、镇江、太平、宁国、广德四府一州官粮减半征收，民粮全免以致富家多民粮，下户多官粮，富者愈富，贫者愈贫。②

官田粮重，民田粮轻，官田价轻，民田价重，地主利粮轻，贫民利价重，故民田多归地主，官田粮重，贫民不能负担，只能逃税，出做流民，王鏊说：

> 吴中有官田，有民田。官田之税一亩有五斗六斗至七斗者。其外又有加耗，主者不免多收，盖几于一石矣。民田五升以上，似不为重，而加耗愈多，又有多收之弊也。田之肥瘠不甚相远，而一丘之内，咫尺之间，或为官，或为民，轻重悬绝。细民转卖，官田价轻，民田价重，贫者利价之重，伪以官为民，富者利粮之轻，甘受其伪而不疑。久之，民田多归于豪右，官田多留于

---

① 《震川集》卷二五《李公行状》。
② 王恕《王端毅公文集》卷六《石渠老人履历略》。

贫穷。贫者不能供，则散之四方，以逃其税。税无所出，则摊之里甲。故贫穷多流，里甲坐困，去住相牵，同入于困。[①]

于是有"逃民"，有"流民"。

五

逃民和流民的分别，《明史·食货志》说："其人户避徭役者曰逃户，年饥或避兵他徙者曰流民。"其实都是在本地不能生活，忍痛离开朝夕相亲的田地，漂流异地的贫农。

除开上文所引述的一切人为的压迫和剥削外，贫农又受自然的摧残，一有水旱，便不能生活：

> 困穷之民，田多者不过十余亩，少者或六七亩，或二三亩，或无田而佣佃于人。幸无水旱之厄，所获亦不能充数月之食，况复旱涝乘之，欲无饥寒，胡可得乎？[②]

或有疾病，便致流离：

> 农民之中，有一夫一妇受田百亩或四五十亩者，当春夏时耕种之务方殷，或不幸夫病而妇给汤药，农务既废，田亦随荒。及病且愈，则时已过矣。上无以供国

---

① 《王文恪公文集》卷三六《吴中赋税书与巡抚李司空》。
② 《明英宗实录》卷一八六。

赋，下无以养其室家。穷困流离，职此之由。[①]

或不能备牛具种子，无法耕种自己的田土，只好降为佃农，或乞丐度日，到处漂流。《明英宗实录》卷三四记：

> 正统二年（1437）九月癸巳，行在户部主事刘善言：比闻山东、山西、河南、陕西并直隶诸郡县，民贫者无牛具种子耕种，佣丐衣食以度日，父母妻子啼饥号寒者十室八九。有司既不能存恤，而又重征远役，以故举家逃窜。

洪熙元年（1425）闰七月，广西布政使周干奉命到苏、常、嘉、湖等府巡视民瘼。据他的报告，民之逃亡皆由官府弊政困民及粮长弓兵害民所致：

> 如吴江昆山民田亩旧税五升，小民佃种富室田亩，出私租一石，后因没入官，依私租减二斗，是十分而取其八也。拨赐公侯驸马等项田，每亩旧输租一石，后因事故还官，又如私租例尽取之。且十分而取其八，民犹不堪，况尽取之乎？尽取则无以给私家，而必至冻馁，欲不逃亡，不可得矣！又如杭之仁和、海宁，苏之昆山，自永乐十二年以来，海水沦陷官民田一千九百三十余顷，逮今十有余年，犹征其租，田没于海，租从何出？常之

---

① 《明太祖实录》卷二三六。

无锡等县，洪武中没入公侯田庄，其农具水车皆腐朽已尽，如而有司犹责税如故，此民之所以逃也。粮长之设，专以催征税粮。近者常、镇、苏、松、湖、杭等府无籍之徒，营充粮长，专掊克小民以肥私己。征收之时，于各里内置立仓囤，私造大样斗斛而倍量之，有立样米抬斛米之名以巧取之，约收民五倍。却以平斗正数付与小民，运付京仓输纳，缘途费用，所存无几，及其不完，著令赔纳，至有亡身破产者，连年逋欠，倘遇恩免，利归粮长，小民全不沾恩。积习成风，以为得计。巡检之设，从以弓兵，本用盘诘奸细，缉捕盗贼。常、镇、苏、松、嘉、湖、杭等府巡检司弓兵不由府县佥充，多是有力大户令义男家人营谋充当，专一在乡设计害民，占据田产，骗娶子女，及稍有不从，辄加以拒捕私盐之名，各执兵仗，围绕其家，擒获以多桨快船送司监收，挟制官吏，莫敢谁何，必厌其意乃已。不然，即声言起解赴京，中途绝其饮食，或臧害致死。小民畏之，甚于豺虎，此粮长弓兵所以害民而致逃亡之事也。[①]

苏、松、常、镇、嘉、湖、杭一带，是全国财赋中心，农民所受的压迫，从一位政府官吏口中的报告已是如此，其他各地的情形更可想见了。

各地的赋役都有定额，由被禁锢在土地上的农民负责输纳。逃亡的情形一发生，未逃亡或不能逃亡的一部分农民便为

---

① 《明宣宗实录》卷六。

已逃亡的农民负责，尽双重义务。原来的自己所负的一份已觉过重，又加上替人的一份，逼得没有办法，也只好舍弃一切，跟着逃亡。这情形中最先倒霉的是里长，《明成祖实录》卷九九记：

> 永乐七年（1409）十二月丙寅，山西安邑县言："县民逃徙者田土已荒，而税粮尚责里甲赔纳，侵损艰难，请暂停之，以俟招抚复业，然后征纳。"上谕行在户部尚书夏原吉曰："百姓必耕以给租税，既弃业逃徙，则租税无出。若令里甲赔纳，必致破产，破产不足，必又逃徙，租税愈不足矣。"

次之是贫农，例如沅陵县的农民，多因赔纳而破产：

> 正统元年六月戊戌，湖广辰州府沅陵县奏：本县人民因多赔纳税粮，充军为事贫乏，将本户田产典借富人钱帛，岁久不能赎，产去税存，衣食艰难。[①]

清苑、临晋两县的未逃农民，幸得邀特典而暂缓赔纳：

> 正统三年正月辛亥，行在户部奏：直隶清苑县，人民逃移五百九十余户，遗下秋粮六百六十余石，草一万三千四百余束。山西临晋县人民逃移四千五百七十余

---

① 《明英宗实录》卷一八。

户，遗下秋粮三万四千一百四十余石，草六万八千二百九十余束。此二县各称，见存人户该纳粮草，尚且逋欠，若又包纳逃民粮草，愈加困苦，乞暂停征。上以民无食故逃，其无征之税责于不逃之民，是又速其逃也，宜缓其征，逃民其设法招抚。①

可是也只怕把未逃的农民也逼逃，这已逃农民的粮草还是要追征，而未逃的农民追征，只是追征的手续叫地方官办得慢一点而已。

农民逃亡的情形，试再举诸城县的情形作例：

正统十二年（1447）四月戊申，巡按山东监察御史史濡等奏：山东青州府地瘠民贫，差役繁重，频年荒歉，诸城一县逃移者一万三百余户，民食不给，至扫草子削树皮为食。续又逃亡三千五百余家。地亩税粮，动以万计。②

单是一县逃亡的户数已达一万三千八百户。正统十四年据河南右布政使年富的报告，单是陈、颍二州的逃户就不下万余。③ 试再就逃民所到处作一比较，同年五月据巡抚河南山西大理寺少卿于谦的报告，各处百姓递年逃来河南者将及二十万，尚有行勘

---

① 《明英宗实录》卷三八。

② 《明英宗实录》卷一五二。

③ 《明英宗实录》卷一八四。

未尽之数。① 《明史·孙原贞传》也说：

> 景泰五年冬，（原贞）疏言：臣昔官河南，稽诸
> 逃民籍凡二十余万户，悉转徙南阳唐邓襄樊间，群聚
> 谋生。

成化初年荆襄盗起，流民附贼者至百万。项忠用兵平定，先
后招抚流民复业者九十三万余人。② 成化十二年原杰出抚荆襄，
复籍流民，得户十一万三千有奇，口四十三万八千有奇。③

农民离开他的土地以后，同时也离去了登记他的户籍的黄
册。虽然失去了倚以为生历代相传的田地，可是也从此脱离了国
家的约束，不再向国家尽无尽的义务。他可以拣一个荒僻的地
带，重新去开垦，做一个自由的农民。例如河南、湖广等处的客
朋，《明英宗实录》卷一六记：

> 正统元年四月甲子，巡抚陕西行在户部右侍郎李新
> 奏：河南南阳府邓州内乡等州县及附近湖广均州光化等
> 县居民鲜少，郊野荒芜，各处客商有自洪武永乐间潜居
> 于此，娶妻生子成家业者，丛聚乡村号为客朋，不当差
> 役，无所钤辖。

---

① 《明英宗实录》卷一五四。
② 《明史》卷一七八《项忠传》。
③ 《明史》卷一五九《原杰传》。

郧阳一带多山，地界湖广、河南、陕西三省间，又多旷土，山谷阨塞，林菁蒙密，中有草木，可采掘食，正统二年岁饥，民徙入不可禁，聚既多，无所禀约束。① 从此不再有任何压迫，也不再有任何负担，自耕自食，真是农民的理想生活。然而，地主不肯让农民逃走，因为他们感觉到没有人替他们耕种和服役的恐慌。官吏和胥役不肯让农民逃走，因为农民逃了不回来，他们便失去剥削的对象。国家更不肯让农民躲着不受约束，因为他们最需要农民的力量，农民最驯良，最肯对国家尽责任，国家需要他们的血汗来服役，更需要他们用血汗换来的金钱，供皇家和贵族们挥霍。

他们都是农民头上的寄生虫，他们非要农民回来不可。于是有招抚逃民之举。

六

凡逃户，明初督令还本籍复业，赐复一年。老弱不能归及不愿归者，令所在着籍，授田输赋。② 是要责成所在地的官吏勒令逃民回到原籍去，给以一年的休息，第二年起还是照未逃亡前一样生活着。事实上不能强迫回到原籍去的，便令落籍在所逃亡的地方，照常尽百姓的义务，依旧被圈定在一土地的范畴。仍是不堪剥削，依旧逃亡。宣宗时特增府县佐贰官，专抚逃民。《明宣宗实录》卷七七宣德六年（1431）三月丁卯条：

---

① 《明史纪事本末》卷三八《平郧阳盗》。

② 《明史》卷七七《食货志·户口》。

先是巡按贵州监察御史陈斌言："各处复业逃民，有司不能抚绥，仍有逃窜者。乞令户部都察院各遣官同布政司、按察司取勘名数及所逃之处，取回复业。府县仍增除佐贰官一员，专职抚绥。"上命行在户部兵部议。太子太师郭资等议："在外逃民多有复业而再逃者，今当重造籍册，民若逃亡，籍皆虚妄。今拟南北直隶遣御史二员，各布政司府州县皆添设佐贰官一员，专抚逃民。"上曰："凡郡县官俱以抚民为职，何用增设。官多徒为民蠹，其更令吏部拟议以闻。"至是吏部言："河南、山东、山西、湖广、浙江、江西有巡抚侍郎，其府州县七百三十五处已于额外增官一员，凡七百三十五员，宜改为抚民官。其余府州县宜各添设佐贰官一员。"上从之曰："此亦从权，若造册完，取回别用。"于是增除府州县佐贰官三百七十一员。

因为是刚到十年一度重造黄册的期间，质以特别增设抚民官。希望人口土地和册籍一致。可是这种重床叠屋的官制，头痛医头的办法，仍不能阻止农民的再度逃亡。《明英宗实录》卷一八正统元年六月甲寅条：

山西左参政王来言：逃民在各处年久成家，虽累蒙恩诏抚回，奈其田产荒凉，不能耕理，仍复逃去，深负朝廷矜恤之意，请令随处附籍当差。

农民逃亡后在另一地域已开垦成一新家，硬又让他们回到久已荒芜的老家去，自然不能不作第二次的逃亡。同年闰六月戊寅条：

> 巡抚河南山西行在兵部右侍郎于谦言："山西河南旱荒，人民逃移，遗下粮草，见在人户包纳。是以荒芜处所，民愈少而粮不减，丰熟地方，民愈多而粮无增。乞令各处入籍，就纳原籍粮草，庶税无亏欠，国无靠损。"

以此重又下令命逃民占籍于所寓地方。同年十一月庚戌条：

> 先是行在户部奏："各处民流移就食者，因循年久，不思故土。以致本籍田地荒芜，租税逋负。将蠲之则岁入不足，将征之则无从追究。宜令各府县备籍逃去之家并逃来之人，移交互报，审验无异，令归故乡。其有不愿归者，令占籍所寓州县，授以地亩，俾供租税。则国无游食之民，野无荒芜之地矣。"上命下廷臣议。至是佥以为便，从之。

这也只是一个理想的办法，因为经过几十年的流移，册籍早已混乱，无从互报。而且即使册籍具在，也不过是文字上的装饰，和实际情形毫不相干。例如宿州知州王永隆所说造册报部的情形：

> 正统二年二月辛酉，直隶凤阳府宿州知州王永隆

奏："近制各处仓库储蓄及户口田土并岁入岁用之数，俱令岁终造册送行在户部存照。州县唯恐后期，预于八月臆度造报。且八月至岁终，尚有四月，人口岂无消息，费用岂无盈缩，以此数目不清，徒为虚文。"①

正统五年四月又规定逃民抚恤办法：

一、各处抚民官务要将该管逃民设法招抚，安插停当，明见下落。其逃民限半年内赴所在官司首告，回还原籍复业，悉免其罪，仍优免其户下一应杂泛差役二年。有司官吏里老人等并要加意抚恤，不许以公私债负需索扰害，致其失所。其房屋田地，复业之日，悉令退还，不许占据，违者治罪。

二、逃民遗下田地，见在之民或有耕种者，先因州县官吏里老人等，不验所耕多寡，一概逼令全纳逃民粮草，以致民不敢耕，田地荒芜。今后逃户田地，听有力之家尽力耕种，免纳粮草。

三、逃民既皆因贫困不得已流移外境，其户下税粮，有司不恤民难，责令见在里老亲邻人等代纳，其见在之民被累艰苦以致逃走者众。令后逃民遗下该纳粮草，有司即据实申报上司，暂与停征，不许逼令见在人民包纳。若逃民已于各处附籍，明有下落者，即将本户

---

① 《明英宗实录》卷二七。

粮草除豁。违者处以重罪。①

抚民官的派出，目的本在抚辑流亡。可是恰和实际情形相反，恤民之官累设而流亡愈多②，他们不但不能安抚，反加剥削，纵容吏胥里老人等生事扰害。③ 正统十年从张骥言，取回济南等府抚民通判等官。④ 一面又于陈州增设抚民知州，令负责招抚⑤，又置山东东昌府濮州同知、直隶凤阳府颍州府亳县县丞各一员，专管收籍逃户。⑥ 专负抚民的，河南山西巡抚于谦则抚定山东、山西、陕西等处逃民七万余户，居相近者另立乡都里，星散者就地安插。⑦

可是不到一年，又复逃徙，同书卷一四六正统十一年十月乙巳条：

　　河南左布政使饶礼奏："外境逃民占河南者，近遇水旱，又复转徙，甚者聚党为非。"

另一面则虽设官招抚，逃民亦不肯复业。例如景泰三年（1452）五月敕巡抚河南左副都御史王暹所言："河南流民，虽常

---

① 《明英宗实录》卷六六。
② 《明英宗实录》卷八二。
③ 《明英宗实录》卷六六。
④ 《明英宗实录》卷一三三。
⑤ 《明英宗实录》卷一三二。
⑥ 《明英宗实录》卷一三五。
⑦ 《明英宗实录》卷一三四。

招抚，未见有复业者。"①

虽然有黄册，有逃户周知册，可是都只是官样文章，簿上的数目和实际上完全不符。由此发生两种现象，第一是户口和土地的减少；第二是分配不均的尖锐化。成化中（1465—1487）刘大夏上疏言：

> 今四方民穷则竭，逃亡过半。版籍所载，十去四五。今为之计，必须痛减征敛之繁，慎重守令之选，使逃民复业，人户充实，庶几军士可充，营伍可实。②

从户口方面看，王世贞《弇山堂别集》卷十八户口登耗之异条：

> 国家户口登耗之异，有绝不可信者，如洪武十四年（1381）天下承元之乱，杀戮流窜，不减隋氏之末，而户尚有一千六百五十万四千三百六十二，口五千九百八十七万三千三百五。其后休养生息者二十余年，至三十五年（建文四年，1402），而户一千六十二万六千七百七十九，口五千六百三十万一千二十六。计户减二万二千五百八十三，口减三百五十七万二千二百七十九，何也？其明年为永乐元年，则户一千一百四十一万九千八百二十九，口六千六百五十九万八千三百三十七。夫

---

① 《明英宗实录》卷二一六。

② 《刘忠宣公遗集》卷一《处置军伍疏》。

是时靖难之师，连岁不息，长淮以北，鞠为草莽，而户骤增至七十八万九千五十余，口骤增至一千二十九万七千三百十一，又何也？明年户复为九百六十八万五千二十，口复为五千九十五万四百七十，比之三十五年，户却减九十四万一千七百五十九，口减五百三十五万五百五十六，又何也？……自是休养生息者六十年，而为天顺七年，户仅九百三十八万五千一十二，口仅五千六百三十七万二百五十，比于旧有耗而无登者何也？然不一年而户为九百一十万七千二百五，减二十七万七千八百七十二，口为六千四十七万九千三百三十，增四百十二万九千八十，其户口登耗之相反，又何也？成化中户不甚悬绝，二十二年（1486）而口至六千五百四十四万二千六百八十，此盛之极也。二十三年而仅五千二十万七千一百三十四，一年之间而减一千五百二十三万五千五百四十六，又何也？……然则有司之造册，与户部之稽查，皆儿戏耳。

实际上这数目突升突降的古怪，倒并不是儿戏，只是一种虚伪的造作。洪武十四年的户口数，也许是实际上经过调查，永乐元年的数字，只是臣下故意假造，去博得皇帝高兴的趋奉行为。以后流亡渐多，原额十去四五，册籍只是具文，州县官臆度造报，中央也就假装不知道。以此忽升忽降，竟和实际情形毫不相干。在田土数目方面也是同样的可怪，洪武二十六年（1393）时核天下水田，总八百五十万七千六百二十三顷，到弘治十五年（1502）天下土田止剩四百二十三万八千五十八顷，一百零九年间，天下额田已减强半。[①] 户口和土田日渐消减，当然有其他种种原因，不过，农民的逃亡却是一个最重要的因素。逃亡的情形因政治的腐败而更加速度发展，登记人口和土田的黄册制度由之破坏，使农民和土地不相联系。这影响，一方面，慢慢的，统治阶级的基础因之日益动摇；一方面，治安不能维持，农民叛乱接踵而起。在反面，逃民此往彼来，被抛弃的土地为地主所兼并，农民却跑到另一地带去和人争地。土地分配因之愈加不均，地主和贫农的关系也愈趋恶化。在这情形下，从天顺到正德爆发了几次空前的农民叛乱。

作者附识：这原是我预备要写的《明代的农民》一文中的一段札记。因为篇幅的限制，材料未及全盘整理，行文系统未能如意。凌乱破碎之讥，自知不免。阅者谅之。

原载天津《益世报·史学》第十二、十三期
1935 年 10 月 1 日、15 日

---

① 《明史》卷七七《食货志》一。

明代的奴隶和奴变

一　奴隶的来源

元末明初的学者陶宗仪，在所著《辍耕录》卷十七奴婢条，说明这时代的奴隶情形，他指出了几点：第一蒙古、色目人的臧获，男曰奴，女曰婢，总称为驱口，这类人是元初平定诸国所俘到的男女匹配为夫妇，所生的子孙，永为奴婢。第二是由于买卖，由元主转卖与人，立券投税，称为红契买到。第三是陪送，富人嫁女，用奴婢标拨随女出嫁。这三类来源不同，性质一样，在法律上和奴隶对称的是良人，买良为驱，就法律说是被禁止的，因为良人是国家的公民，驱口或奴隶则是私人的财产。

其次，奴隶的婚姻限于同一阶级，奴婢止可自相婚嫁，例不许聘娶良家，除非是良家自愿娶奴隶的女儿，至于奴娶良家妇女，则绝对为法律为社会所不容许。

主奴关系的改变，有一种情形。奴隶发了财，成为富人，主子眼红，故意找出一点小过错，打一顿关起来，到他家席卷财物而去，名为抄估。家倾了，产荡了，依然是奴才。除非是自己识相，自动献出家财以求脱免奴籍，主人出了放良凭执，才能取得自由人的地位。

在法律上，私宰牛马杖一百，打死驱口或奴隶呢，比平人减死一等，杖一百七，奴隶的生命和牛马一样！

奴婢所生的子女叫家生孩儿。

买卖奴隶的红契，据姚燧《牧庵集》十二《浙西廉访副使潘公神道碑》说：凡买卖人口，都要被卖人在契上打手指印，用的是食指，男左女右，以指纹的疏密来判断人的短长壮少。这位潘廉访就曾用指纹学，集合同年龄的十个人的指纹，来昭雪一件良人被抑为奴的冤狱。

买奴的事例，最值得我们注意的是1555年杨继盛的遗嘱，他在被杀前写信给儿子处分后事，有一条说："曲钺，他若守分，到日后亦与他地二十亩，村宅一小所。若是生事，心里要回去，你就和你两个丈人商议告着他。——原是四两银子买的他，放债一年，银一两得利六钱，按着年问他要，不可饶他，恐怕小厮们照样行，你就难管。"

奴隶作为财产处分的实例。小说《今古奇观》"徐老仆义愤成家"是根据《明史》二百九十卷《阿寄传》写的，淳安徐家兄弟三人分家，大哥分得一匹马，二哥分得一条牛，老三被欺侮，分得五十多岁的老奴阿寄，寡妇成天悲哭，以为马可以骑，牛可以耕田，老奴才光会吃饭，老奴才气急了，发愤经商，发了大财，临死时说："老奴牛马之报尽矣！"

二 《大明律》中的奴隶

驱口这一名词在明代似乎不大用了，奴隶的社会地位和生活情形却并不因为朝代之改变而有所不同。

为了维持阶级的尊严，庶民是不许蓄养奴隶的，《明律》四

《户律》一：

> 庶民之家养奴婢者，杖一百，即放一奴婢从良。

良贱绝对不许通婚，《明律》六《户律》一：

> 凡家长与奴娶良人女为妻者，杖八十。女家减一等。不知者不坐，其奴自娶者罪亦如之。家长知情者减二等，因而入籍为婢者杖一百。若妄以奴婢为良人而与良人为夫妻者，杖九十，各离异改正。

奸淫的处刑也不问行为，只问所属阶级，《明律》二十五《刑律》八：

> 凡奴及雇工人奸家长妻女者各斩。妾各减一等，强者亦斩。凡奴奸良人妇女者，加凡奸罪一等。良人奸他人婢者减一等，奴婢相奸者以凡奸论。

殴骂杀伤也是一样，《明律》二十《刑律》三：

> 凡奴婢殴良人等加凡人一等，至笃疾者绞，死者斩。其良人殴伤他人奴婢者减凡人一等，若死及故杀者绞。若奴婢自相殴伤杀者，各依凡斗伤法，相侵财物者不用此律。

凡奴婢殴家长者皆斩，杀者皆凌迟处死，过失杀者绞，伤者杖一百，流三千里。

若奴婢殴旧家长，家长殴旧奴婢者以凡人论。

凡奴婢骂家长者绞。若雇工人骂家长者，杖八十，徒二年。

大体地说来，私人畜养的奴隶愈多，国家的人民就愈少，租税力役的供给就会感觉到困难。因此政府虽然为代表官僚贵族地主的少数集团利益而存在，但是，这少数集团的过分发展将要动摇政府生存的基础时，政府也会和这少数集团争夺人口，发生内部的斗争。例如洪武五年（1372）五月下诏解放过去因战争流亡，因而为人奴隶的大量奴隶。正统十二年（1447）云南鹤庆军民府因为所辖诸州土官，家童庄户，动计千百，不供租赋，放逸为非，要求依照品级，量免数丁，其余悉数编入民籍，俾供徭役。政府议决的方案是四品以上免十六丁，五品六品免十二丁，七品以下递减二丁，其余尽数解放，归入民籍，但是，实际上，这些法令是不会发生效力的，因为庶民不许畜养奴隶，而畜养奴隶的人正是支持政府的这少数官僚贵族地主集团，法令只是为庶民而设，刑不上大夫，这法令当然是落空的。

三　奴隶的生活

明代统治集团畜养奴婢的数量是值得注意的，单就吴宽《匏翁家藏集》的几篇墓志铭说，卷五十七《先世事略》：

> 先母张氏，勤劳内助，开拓产业，僮奴千指，衣食必均。

七十四《承事郎王应详墓表》：

> 家有僮奴千指。

何乔新《何文肃公集》三十一《故承事郎赵孺人董氏墓表》：

> 无锡赵氏族大资厚，僮使千指。

唐顺之《荆川文集》十一《葛母传》：

> 葛翁容庵，游于商贾中，殖其家，僮婢三百余指。

嘉靖时名相徐阶家人多至数千。[1] 至于军人贵族，那更不用说了，洪武时代的凉国公蓝玉蓄庄奴假子数千人[2]，武定侯郭英私养家奴百五十余人。[3]

大量奴隶的畜养，除开少数的家庭奴隶，为供奔走服役的以外，大部分是用来作为生产力量的。用于农业的例子如《匏翁家藏集》五十八《徐南溪传》：

> 徐讷不自安逸，率其僮奴，服劳农事，家用再起。

---

① 于慎行《谷山笔麈》卷五。
② 《明太祖实录》卷二二五。
③ 《明太祖实录》卷一五五。

六十五《封文林郎江西道监察御史王公墓志铭》：

> 吴江王宗吉置田使僮奴隶以养生，久之，囷有余粟。

《何文肃公文集》三十《先伯父稼轩先生墓志铭》：

> 买田一区，帅群僮耕之。

用于商业的例子如《匏翁家藏集》六十一《裕庵汤府君墓志铭》：

> 世勤生殖，有兄弟八人，其仕者曰渭，他皆行货于外，其家出者，率僮奴能协力作居，而收倍蓰之息。

六十二《李君信墓志铭》：

> 益督僮奴治生业，入则量物货，出则置田亩，家卒赖以不堕。

用于工业的如《穀山笔麈》所记：

> 吴人以织作为业，即士大夫家多以纺织求利，其俗勤啬好殖，以故富庶。然而可议者如华亭相（徐阶）在位，多蓄织妇，岁计所织，与市为贾，公仪休之所不为也。

高度的劳动力的剥削，造成这些统治集团大量的财富，奴隶过着牛马一样的生活，在精神上也被当作牛马一样看待。谢肇淛《五杂俎》十四《事部》说，福建长乐奴庶之别极严，为人奴者子孙不许读书应试，违者必群击之。新安之俗，不禁出仕，而禁婚姻。江苏娄县则主仆之分尤严，据《研堂见闻杂记》：

> 吾娄风俗极重主仆，男子入富家为奴，即立身契，终身不敢雁行立。有役呼之，不敢失尺寸。而子孙累世不得脱籍，间有富厚者，以多金赎之，即名赎而终不得与等肩，此制御人奴之律令也。

四 明末的奴变

奴隶在统治集团的政治和军力控制之下，受尽了虐待，受尽了侮辱。然而，一到这集团腐烂了，政治崩溃了，军队解体了，整个社会组织涣散无力了，他们便一哄而起，要索还身契，解放自己和他的家族了。明代末年的奴隶——奴隶解放运动，可以说是历史上最光辉的一件大事。这运动从崇祯十六年到弘光元年（1644—1646），地域从湖北蔓延到江浙。

徐鼒《小腆纪年》卷二：

> 崇祯十六年四月，张献忠连陷麻城。楚士大夫仆隶之盛甲天下，而麻城尤甲于全楚。梅刘田李诸姓家僮不下三四千人，雄张里闾间。寇之将作也，（奴）思齐以民伍为相蔽，听其纠率同党，坎牲为盟为里仁会。诸家兢饰衣冠以夸耀之，其人遂炮烙衣冠，推刃故主，城

中大乱。城外义兵围之，里仁会之人大惧，其渠汤志杀诸生六十人，而推其与己合者曰周文江为主，缒城求救于献忠。献忠自残破后，步卒多降于自成，麾下惟骑士七千人，闻麻城使至，大喜，进兵城下，义兵解围走，献忠遂入麻城，城中降者五万七千人，献忠别立一军名曰新营，改麻城为州，以文江知州事。

次年北都政权覆灭后，嘉定又起奴变，《小腆纪年》卷六：

> 崇祯十七年五月，嘉定华生家客勾合他家奴及群不逞近万人，突起劫杀，各缚其主而数之，倨坐索身契。苏松巡抚祁彪佳捕斩数人，余尽掩诣狱，令曰，有原主来者得免死，于是诸奴搏颡行匄原主以免。

金堡《徧行堂集》卷六《朱它园传》：

> 东南故家奴树党叛主，所在横行。翁家蓁奴谋乘宗祠长至之祀，围而焚之。翁即从山中，归预祭毕，门外剑戟林立，翁久以恩信孚诸健儿，里无赖闻声辄敛手。至是出叱之去，群奴尽靡，翁密语当涂，诛其首恶，主仆之分始明。

虽然被地方政府用军力压服，可是这运动还是在继续发展，《研堂见闻杂记》记1646年娄县的情形：

乙酉乱，奴中有黠者，倡为索契之说，以鼎革故，奴例何得如初。一呼千应，各至主门，立逼身契。主人捧纸待，稍后时即举火焚屋，间有缚主人者。虽最相得受恩，此时各易面孔为虎狼，老拳恶声相加。凡小奚佃婢在主人所者，立即扶出，不得缓半刻。其大家不习井臼事者，不得不自举火。自城及镇及各村，而东村尤甚，鸣锣聚众，每日有数千人，鼓噪而行，群夫至家，主人落魄，焚劫杀掠，反掌间耳，如是数日而势稍定。

到建州政权在各地奠定以后，这些旧地主官僚和资本家又得到新主人的荫庇了，他们替新主人镇压人民，维持秩序，搜括财富，征发劳役，自然，所得到的报酬是财产的尊重和奴隶的控制。

一部分人民的厄运，又因大清帝国的成立，而延续了将近三百年。

原载《灯下集》

记大明通行宝钞

元末钞以无本滥发而废不能用，转而用钱，而钱之弊亦日甚，官使一百文民用八十文，或六十文，或四十文，吴越各不同，湖州嘉兴每贯仍旧百文，平江五十四文，杭州二十文，法不归一，民不便用。又钱质薄劣，易于损坏[①]。钞钱俱不能用，遂一退而为古代之物物交易。

明太祖初起，即于应天置宝源局铸钱，制凡数变。时乏铜鼓铸，有司责民纳私铸钱，毁器皿输官，民颇苦之。而商贾沿元旧习，便用钞，亦苦于钱之不便转运。钱法既绌，于是又转而承元之钞法，以为元代用钞百四十年，其制可因也。顾仅承其制度之表面而忽其本根：元钞法之通以有金银或丝为钞本，各路无钞本者不降新钞；以印造有定额，量全国课程收入之金银及倒换昏钞数为额，俭而不溢，故钞尝重；以有放有收，丁赋课程皆收钞，钞之用同于金银；以随时可兑换，钞换金银，金银换钞，以昏钞可倒换新钞；以钞与金银并行，虚实相权。且各地行用库之颁发钞本也，以行用库原有金银为本，新钞备人民之购取，金银则备人民之换折，故出入均有备，钞之信用借以维持。其坏也以无钞本，以滥发，以发而不收，以不能兑换，以昏钞不能倒换新钞。

---

① 孔齐《至正直记》卷一。

明太祖及其谋议诸臣生于元代钞法沮坏之世，数典忘祖，以为钞法固如是耳，于是无本、无额、有出无入之不兑现钞乃复现于明代。行用库之钞本成为无本之钞，不数年而法坏。又为剜肉补疮之计，禁金银，禁铜钱，立户口食盐钞法、课程赃罚输钞法、赎罪法、商税法、钞关法等法令，欲以重钞，而钞终于无用。

　　洪武七年（1374）初置宝钞提举司，下设钞纸印钞二局、宝钞行用二库①。八年三月始诏中书省造大明宝钞，取桑穰为钞料，其制方高一尺，广六寸，质青色，外为龙纹花栏，横题其额曰"大明通行宝钞"，其内上两旁复为篆文八字曰"大明宝钞，天下通行"。中图钱贯，十串为一贯，其下云"中书省奏准印造大明宝钞，与铜钱通行使用，伪造者斩，告捕者赏银二十五两，仍给犯人财产"。②若五百文则书钞文为五串，余如其制而递减之。其等凡六，曰一贯、曰五百文、四百文、三百文、二百文、一百文。每钞一贯准钱千文，银一两；四贯准黄金一两。十三年废中书省，乃以造钞属户部，而改宝钞文中书省为户部，与旧钞兼行。二十二年（1389）更造小钞，自十文至五十文。③建文四年（1420）十一月，户部尚书夏原吉言："宝钞提举司钞版岁久篆文销乏，且皆洪武年号，明年改元永乐，宜并更之。"成祖曰："板岁久当易则易，不必改洪武为永乐，盖朕所遵用皆太祖成宪，虽永用洪武可也。"④自是终明世皆用洪武年号云。

---

① 《明史》卷七二《职官志》。

② 《大明会典》中书省作户部，二十五两作二百五十两。

③ 《大明会典》卷三一《钞法》，《明史》卷八一《食货志·钱钞》。

④ 《明成祖实录》卷一四。

宝钞颁发时，即诏禁民间不得以金银物货交易，违者治罪，告发者就以其物给赏，若有以金银易钞者听。凡商税课钱钞兼收，钱十之三，钞十之七，一百文以下则止用铜钱。[①] 钞昏烂者许就各地行用库纳工墨值易新钞。寻罢在外行用库。洪武十三年五月户部言："行用库收换昏钞之法，本以便民，然民多缘法为奸诈，每以堪用之钞，辄来易换者。自今钞虽破软而贯怕分明，非挑描剜补者，民间贸易及官收课程并听行使。果系贯伯昏烂，方许入库易换，工墨直则量收如旧。在京一季，在外半年送部，部官会同监察御史覆视，有伪妄欺弊者罪如律，仍追钞偿官。但在外行用库裁革已久，令宜复置。凡军民倒钞，令军分卫所，民分坊厢，轮日收换，乡民商旅各以户帖路引为验。"于是复置各地行用库。[②] 七月罢宝钞提举司。[③] 十五年置户部宝钞广源库、广惠库，入则广源掌之，出则广惠掌之。在外卫所军士月盐均给钞。各盐场给工本钞。[④] 十八年十二月命户部凡天下有司官禄米以钞代给之，每钞二贯五百文代米一石。[⑤] 时钞值低落，二十三年十月太祖谕户部尚书赵勉曰："近闻两浙市民有以钞一贯折钱二百五十文者，此甚非便。尔等与工部议，凡两浙市肆之民，令其纳铜送京师铸钱，相兼行使，凡钞一贯准钱一千文，榜示天下知之。"[⑥] 二十四年八月复命户部申明钞法。时民间凡钞昏烂者，商贾贸易

---

① 《大明会典》卷三一《钞法》。

② 《明太祖实录》卷一三一。

③ 《明太祖实录》卷一三二。

④ 《明史》卷八一《食货志·钱钞》。

⑤ 《明太祖实录》卷一七六。

⑥ 《明太祖实录》卷二○五。

率多高其值以折抑之，比于新钞增加至倍。又诸处税务河泊所每收商税课程，吏胥为奸利，皆取新钞，及至输库，辄易以昏烂者。由是钞法益滞不行，虽禁约屡申而弊害滋甚。太祖因谓户部臣曰："钞法之行，本以便民交易，虽或昏烂，然均为一贯，何得至于抑折不行，使民损赍失望。今当申明其禁，但字贯可验真伪，即通行无阻。且以钞之弊者，揭示于税务河泊所，令视之为法，有故阻者罪之。"① 二十五年设宝钞行用库于东市，凡三库，库给钞三万锭为钞本，倒收旧钞送内府。二十六年令：凡印造大明宝钞典历代铜钱相兼行使，每钞一贯准铜钱一千文。其宝钞提举司每岁于三月内兴工印造，十月内住工。其所造钞锭，本司具印信长单及关领勘合，将实进钞锭照数填写送内府库收贮，以备赏赐支用。其合用桑穰数目，本部每岁预为会计，行移浙江、山东、河南、北平及直隶、淮安等府出产去处，依例官给价钞收买。②二十七年八月诏禁用铜钱。时两浙之民重钱轻钞，多行折使，至有以钱百六十文折钞一贯者，福建、两广、江西诸处大率皆然。由是物价涌贵，而钞法益坏不行。于是令悉收其钱归官，依数换钞，敢有私自行使及埋藏毁弃铜钱者罪之。③ 并罢宝钞行用库。④三十年三月，以杭州诸郡商贾，不论货物贵贱，一以金银定价，由是钞法阻滞，公私病之，因禁民间无以金银交易。⑤ 时法繁禁

---

① 《明太祖实录》卷二一一。

② 《大明会典》卷三一《钞法》。

③ 《明太祖实录》卷二三四。

④ 《大明会典》卷三一《钞法》。

⑤ 《明太祖实录》卷二五一。

严，奸民因造伪钞以牟利，数起大狱，句容杨馒头伪钞事觉，捕获到官，自京师至句容九十里间，所枭之尸相望云。①

成祖即位后，复严金银交易之禁：犯者准奸恶论；有能首捕者，以所交易金银充赏；其两相交易而一人自首者免坐，赏与首捕同。② 二年（1404）正月诏，自今有犯交易银两者，免死徙家兴州屯戍。③ 八月，都察院左都御使陈瑛言："比岁钞法不通，皆缘朝廷出钞太多，收敛无法，以致物重钞轻。今莫若暂行户口食盐之法，以天下通计，人民不下一千万户，官军不下二百万家，若是大口月食盐二斤，纳钞二贯，小口一斤，纳钞一贯，约以一户五口计，可收五千余万锭，行之数月，钞必可重。"户部会群臣会议，皆以为便。但大口令月食盐一斤，纳钞一贯，小口月食盐半斤，纳钞五百文，可以行久。从之。④ 五年（1407）于京城设官库，令民以金银倒换官钞，在外则于州县倒换。令各处税粮课程赃罚俱准折收钞，米每石三十贯，小麦豆每石二十五贯，大麦每石一十五贯，青稞荞麦每石一十贯，丝每斤四十贯，棉每斤二十五贯，大绢每匹五十贯，小绢每匹三十贯，小苎布每匹二十贯，大苎布每匹二十五贯，大棉布每匹三十贯，小棉布每匹二十五贯，金每两四百贯，银每两八十贯，茶每斤一贯，盐每大引一百贯，芦柴每束三贯，其有该载不尽之物，但照彼中时价折收。⑤ 准之洪武初颁钞时之物价，

---

① 《大诰·伪钞第四八》。

② 《明成祖实录》卷一八永乐元年四月丙寅条。

③ 《明成祖实录》卷二七。

④ 《明成祖实录》卷三三。

⑤ 《大明会典》卷三一《钞法》。

盖不啻贬值百倍矣。七年设北京宝钞提举司，十七年四月又申严交易金银之禁。[①] 十九年三殿灾，求直言，邹缉上疏言时政，谓"民间至伐桑枣以供薪，剥桑皮以为楮，加之官吏横征，日甚一日，如前岁买办颜料，本非土产，动科千百，民相率敛钞购之他所，大青一斤价至万六千贯"。[②] 二十年又令盐官许军民人等纳旧钞支盐，发南京抽分场积薪龙江提举司竹木鬻之军民收其钞，应天岁办芦柴征钞十之八。[③] 九月成祖谕户部都察院臣曰："昔太祖时钞法流通，故物贱钞贵，交易甚便。令市井交易，唯用新钞，稍昏软辄不用，致物价腾踊，其榜谕之。如仍踵前弊，坐以大辟，家仍罚钞徙边。如有倚法强市人物，亦治罪不宥。"[④] 先是成祖在北京，或奏南京钞法为豪民沮坏，遣邝埜廉视，众谓将起大狱，埜执一二市豪归奏曰："市人闻令震惧，钞法通矣。"事遂已。[⑤] 然钞法实未尝通也。

仁宗监国，诏令笞杖定等输钞赎罪。[⑥] 及即位，以钞不行，询户部尚书夏原吉，原吉言："钞多则轻，少则重。民间钞不行，缘散多敛少，宜为法敛之。请市肆门摊诸税度量轻重加其课程。钞入官，官取昏软者悉毁之。自今官钞宜少出，民间得钞难，则自然重矣。"乃下令曰："所增门摊课程，钞法通即复旧，金银布帛交易者亦暂禁止。"[⑦] 永乐二十二年（1424）十月革两

---

① 《大明会典》卷三一《钞法》。
② 《明史》卷一六四《邹缉传》。
③ 《明史》卷八一《食货志·钱钞》。
④ 《明成祖实录》卷一二四。
⑤ 《明史》卷一六七《邝埜传》。
⑥ 《明仁宗实录》永乐二十二年十月癸卯。
⑦ 《明史》卷八一《食货志·钱钞》。

京户部行用库。① 洪熙元年（1425）议改钞法，夏时力言其扰市肆，无裨国用。疏留中。钞果大沮，民多犯禁。议竟寝。② 宣宗即位，兴州左屯卫军士范济年八十余矣，诣阙言：元因唐飞钱、宋会子交子之旧，"造中统交钞，以丝为本，银五十两，易丝钞一百两。后又造中统钞，一贯同交钞一两，二贯同白金一两。久而物重钞轻，公私俱弊。更造至元钞颁行天下，中统钞通行如故，率至元钞一贯当中统钞五贯，子母相权，官民通用，务在新者无冗，旧者无废。又令民间以昏钞赴平准库倒换，商贾欲图轻便，以中统钞五贯赴库换至元钞一贯。又其法日造万锭，计官吏俸给，内府供用，诸王岁赐出支若干，天下日收税课若干，各银场窑冶日该课程若干，计民间所存贮者万无百焉，以此愈久，新旧行之无厌，由计虑之得其宜也。自辛卯（1351）兵起，天下瓜分，藩镇各据疆土，农事尽废，而楮币无所施矣……我国家混一天下，物阜民安……太祖皇帝命大臣权天下财物之轻重，造大明通行宝钞，一贯准银一两，民欢趋之，华夷诸国，莫不奉行，迄今五十余年，其法少弊，亦由物重钞轻所致……伏祈陛下断自宸衷，谋之勋旧，询之大臣，重造宝钞，一准洪武初制，务使新旧兼行。取元日所造之数而损益之，审国家之用而经度之。每季印造几何，内府供用几何，给赐几何，天下课税日收几何，官吏俸给几何，以此出入之数，每加较量用之不奢，取之适宜，俾钞罕而物广，钞重而物轻，则钞法流通，永永无弊。又其要在严伪造之条，凡伪造者必坐及亲邻里甲。又必开倒钞库，专收昏烂不堪

---

① 《明史》卷八《仁宗纪》。

② 《明史》卷一六一《夏时传》。

行使之钞，辨其真伪，每贯取工墨五分，随解各于上司。又或一季或一月，在内都察院五府户部刑部委官，在外巡按监察御史三司官府县官，公同以不堪之钞烧毁，实为官民两便"。① 时不能用，民卒轻钞。至宣德初（1426）米一石用钞五十贯，乃弛布帛米麦交易之禁。府县卫所仓粮积至十五年以上者盐粮悉收钞，秋粮亦折钞三分。② 又严钞法之禁，时行在户部奏："比者民间交易，唯用金银，钞滞不行，请严禁约。"因命行在都察院揭榜禁之，凡以金银交易及藏匿货物、高抬价值者，皆罚钞。③ 凡官员军民人等赦后赃罚亏欠，俱令纳钞，金每两八千贯，银二千贯，犯笞刑罪每二十赎钞一千贯。④ 三年六月诏停造新钞，已造完者悉收库不许放支，其在库旧钞委官选拣堪用者备赏赍，不堪者烧毁。立阻滞钞法罪，有不用钞一贯者，罚纳千贯，亲邻里老旗甲知情不首，依犯者一贯罚百贯。其关闭店铺潜自贸易及抬高物价之人，罚钞万贯。知情不首罚千贯。⑤ 十一月复申用银之禁，凡交易银一钱者，买者卖者皆罚钞一千贯，一两者罚钞一万贯，仍各追免罪钞一万贯。⑥ 四年正月行在户部以钞法不通，皆由客商积货不税，市肆鬻卖者沮挠所致，奏请依洪武中增税事例，凡顺天、应天、苏、松、镇江、淮安、常州、扬州、仪真、杭州、嘉兴、湖州、福州、建宁、武昌、荆州、南昌、吉安、临江、清

---

① 《明宣宗实录》卷五，《明史》卷一六四《范济传》。

② 《明史》卷八一《食货志·钱钞》。

③ 《明宣宗实录》卷一九。

④ 《明宣宗实录》卷二二。

⑤ 《明宣宗实录》卷四三。

⑥ 《明宣宗实录》卷四八。

江、广州、开封、济南、济宁、德州、临清、桂林、太原、平阳、蒲州、成都、重庆、沪州共三十三府州县，商贾所集之处，市镇店肆门摊税课增旧五倍，俟钞法通悉复旧。① 时巨富商民并权贵之家，率以昏烂之钞中盐，一人动计千引，及支盐发卖，专要金银，钞法由是愈滞。② 六月立塌坊等项纳钞例：一、南北二京公侯驸马伯都督尚书侍郎都御史及内官内使与凡官员军民有蔬菜果园，不分官给私置，但种蔬果货卖者，量其地亩棵株，蔬地每亩月纳旧钞三百贯，果每十株岁纳钞一百贯。其塌坊车房店舍停塌客商货物者，每间月纳钞五百贯。二、驴骡车受雇装载物货，或出或入，每辆纳钞二百贯，委监察御史、锦衣卫、兵马司各一员于各城门外巡督监收。三、船只受雇装载，计其载料之多少，路之远近，自南京至淮安，淮安至徐州，徐州至济宁，济宁至临清，临清至通州，俱每一百料纳钞一百贯。其北京直抵南京，南京直抵北京者，每百料纳钞五百贯。委廉干御史及户部官于沿河人烟辏集处监收。③ 钞关之设自此始。六年二月以江西各府县征纳户口食盐钞，有司但依黄册所编丁口征收，有死亡无从征者，有老疾贫难及居深山穷谷无钞纳者，有将男女典雇易钞者，小民无所告诉。诏令有司开除亡故老疾及山谷之民，止令城中墟镇及商贾之家纳钞。④ 七年三月诏湖广、广西、浙江商税鱼课办纳银两者，自宣德七年为始，皆折收钞，每银一两纳钞一百

---

① 《明宣宗实录》卷五〇。

② 《明宣宗实录》卷五五。

③ 《明宣宗实录》卷五五。

④ 《明宣宗实录》卷七六。

贯。^①

宣德十年（1435）正月，英宗即位大赦诏：各处诸色课程旧折收金银者，今后均照例收钞。^② 十二月广西梧州府知府李本奏：

> "律载宝钞与铜钱相兼行使。今广西、广东交易用铜钱，即问违禁，民多不便。乞照律条，听其相兼行使。"从之。^③ 正统元年（1436）三月，少保兼户部尚书黄福言："宝钞本与铜钱兼使，洪武间银一两当钞三五贯，今银一两当钞千余贯，钞法之坏，莫甚于此。宜量出官银，差官于南北二京各司府州人烟辏集处，照彼时值倒换旧钞，年终解京，俟旧钞既少，然后量出新钞换银解京。"^④ 时钞一贯仅值银一厘，较国初已贬值千倍，福议以银换钞，紧缩旧钞之流通额，提高钞之信用，实救时唯一良法，顾朝廷重于出银，竟不能用也。会副都御史周铨、江西巡抚赵新请于不通舟楫地方，田赋折收金银，户部尚书黄福、胡濙共主之，于是定制米麦一石折银二钱五分。南畿、浙江、江西、湖广、福建、广东、广西米麦共四百余万石，折银百余万两入内承运库，谓之金花银，其后概行于天下。^⑤ 遂减诸纳钞

---

① 《明宣宗实录》卷八八。
② 《明英宗实录》卷一。
③ 《明英宗实录》卷一二。
④ 《明英宗实录》卷一五。
⑤ 《明史》卷七八《食货志·赋役》。

者，而以米银钱当钞。弛用银之禁，朝野率皆用银，其小者乃用钱，唯折官俸用钞。钞壅不行。^① 四年六月以民纳盐钞而盐课司十年五年无盐支给，诏减半收钞以苏民力。塌房及车辆亦减半征收。^② 五年十一月刑部都察院大理寺议："洪武初年定律之时，钞贵物贱，所以枉法赃至一百二十贯者免绞充军。即今钞贱物贵，令后文职官吏人等受枉法赃比律该绞者，有禄人估钞八百贯之上，无禄人估钞一千二百贯之上，俱发北方边卫充军。其受赃不及前数者，照见行例发落。"从之。^③ 七年六月，诏灾伤处人民愿折钞者，每石折钞一百贯解京缴纳。^④ 八年七月敕免各城门军民人等驴驮柴米等物出入者钞贯。^⑤ 十三年五月免在京菜户纳钞。仍戒今后有沮滞钞法者，今有司于所犯人每贯追一万贯入官，全家发戍边远。^⑥ 仍禁使铜钱。时钞既不行，而市廛仍以铜钱交易，每钞一贯折铜钱二文。因出榜禁约，令锦衣卫五城兵马司巡视，有以铜钱交易者，擒治其罪，十倍罚之。^⑦

---

① 《明史》卷八一《食货志·钱钞》。

② 《明英宗实录》卷五四。

③ 《明英宗实录》卷七二。

④ 《明英宗实录》卷九三。

⑤ 《明英宗实录》卷一〇六。

⑥ 《明英宗实录》卷一六六。

⑦ 《明英宗实录》卷一六六。

　　景帝景泰三年（1452）六月，命在京文武官吏俸钞俱准时值给银，每五百贯给一两，以钞法不通，故欲少出以为贵之也。[①] 天顺中弛用钱之禁。宪宗令内外课程钱钞兼收，官俸军饷亦兼支钱钞。是时钞一贯不能值钱一文，而计钞征之民，则每贯征银二分五厘，民以大困。孝宗弘治元年（1488）京城税课司、顺天、山东、河南户口食盐俱收钞，各钞关俱钱钞兼收。[②] 弘治六年各关钱钞折银，钱七文折银一分，钞一贯折银三厘。[③] 自后率沿以为例，钞唯用于官府，以给俸饷，得者全无所用，民间亦视如废纸，盖名存实亡，徒以祖制仍存其名义而已。[④] 计太祖时赐钞千贯则为银千两，金二百五十两，永乐中千贯犹作银十二两，金二两五钱。及弘治时赐钞千贯，仅银三两余矣。于是上议者，请"仿古三币之法，以银为上币，钞为中币，钱为下币，以中下二币为公私通用之具，而一准上币以权之焉。盖自国初以来有银禁，恐其或阁钞钱也。而钱之用不出于闽、广。宣德以来，钱始行于西北。自天顺以来，钞之用益微，必欲如宝钞属镪之行，一贯准钱一千，银一两，复初制之旧，非用严刑不可也。然严刑亦非盛世所宜有。今日制用之法，莫若以银与钱钞相权而行，每银一分易钱十文，新钞每贯亦十文，四角完全未甚折者每贯五文，中折者三文，昏烂而有一贯字者一文，通诏天下，以为定制。而严立擅自加减之罪，虽物生有丰敛，货殖有贵贱，而银

---

① 《明英宗实录》卷二一八。

② 《明史》卷八一《食货志·钱钞》。

③ 《大明会典》卷三五《钞关》。

④ 陆容《菽园杂记》卷一〇，《明史》卷八一《食货志·钱钞》。

与钱钞交易之数一定而永不可易矣"，孝宗不听。正德中，以内库钞匮乏，无以给赐，复令天下钞关征解本色。[①] 十年（1515）钱宁私遣使至浙鬻钞三万块，每块勒索银三两（钞一块千贯），已敛银二万四千两，有司征价，急于星火，输银之吏，络绎于途。时宁方贵幸用事，以废纸摊索民间现银，地方不敢抗。于是左布政使方良永上疏极论之曰："四方盗甫息，疮痍未瘳，浙东西雨雹。宁厮养贱流，假义子名，跻公侯之列，赐予无算，纳贿不货，乃敢攫取民财，戕邦本，有司奉行，急于诏旨，胥吏缘为奸，椎肤剥髓，民不堪命。镇守太监王堂、刘璟畏宁威，受役使。臣何敢爱一死，不以闻。乞陛下下宁诏狱，明正典刑，并治其党以谢百姓。"宁惧，留疏不下，谋遣校尉捕假势鬻钞者以自饰于帝，而请以钞直还之民，阴召还前所遣使。宁初欲散钞遍天下，先行之浙江、山东，山东为巡抚赵璜所格，而良永白发其奸，宁自是不敢鬻钞矣。[②] 世宗嘉靖初，御史魏有本上言："国初关税全征钞贯，嗣后改令钱钞兼收。迩年以来，钞法不通，钱法亦弊，而关税仍收钱钞，无益于国，有损于民。以收钞言之，每钞一张为一贯，每千张为一块，时价每块值银八钱，官价每块准银三两，是官以三两之银，反易八钱之钞，此则上损国用。以收钱言之，各处低钱盛行，好钱难得，官价银一钱，值好钱七十文，时价每银一钱，易好钱不过三十文，是小民费银二钱以上，充一钱之数，此则下损民财。每银约一万两内，五千收钞，该钞将二千块，计用大柜五百方。又五千两收钱，该钱四千串，用柜

---

① 傅维鳞《明书》卷八一《食货志·钞法》。

②《明史》卷二〇一《方良永传》，《明臣奏议》卷一四《方良永劾朱宁书》。

四百方。而水陆脚价进纳，犹难计议。"疏入，命钱钞留各地方，而内库用银，则钱钞皆不入矣。① 嘉靖四年（1525）复令宣课分司收税，钞一贯折银三厘，钱七文折银一分。是时钞久不行，钱亦大壅，益专用银矣。② 天启时（1621—1627）给事中惠世扬复请造钞行用。③ 思宗崇祯八年四月，给事中何楷亦以为请。④ 十六年六月召见桐城诸生蒋臣于中左门，臣言钞法申世扬说，其言曰："经费之条，银钱钞三分用之，纳钱银买钞者，以九钱七分为一金，民间不用以违法论。岁造三千万贯，一贯价一两，岁可得银三千万两，不出五年，天下之金钱尽归内帑矣。"给事中马嘉植疏争之，不听。擢臣为户部司务，侍郎王鳌永、尚书倪元璐力主之。条议有十便十妙之说：一、造之之费省；二、行之之途广；三、赍之也轻；四、藏之也简；五、无成色之好丑；六、无称兑之轻重；七、革银匠之奸偷；八、杜盗贼之窥伺；九、钱不用而用钞，其铜可铸军器；十、钞法大行，民间货买可不用银，银不用而专用钞，天下之银竟可尽实内帑。帝大喜，特设内宝钞局，即刻造钞，立发仪制司所藏乡会中式朱墨二卷，与直省优劣科岁试卷，为钞质之赍本；押工部收领，限日搭厂，拨官选匠计工。如有阻其事者，法同十恶。辅臣蒋德璟言："百姓虽愚，谁肯以一金买一纸。"帝不听。昼夜督造，募商发卖，无一人应者。又因局官言，取桑穰二百万斤于畿辅、山东、河南、浙江，

---

① 《明书》卷八一《食货志·钞法》。

② 《明书》卷八一《食货志·钞法》。

③ 《明书》卷八一《食货志·钞法》。

④ 《崇祯长编》。

德璟力争，帝留其揭不下。工部查二祖时典故，造钞工料纸六皮四，皮者桦皮也，产于辽东。有纸无皮，无从起工。乃令工部召商，工部仍以库洗为辞。正拟议间，得"流寇"渡河息，事遂已。次年而北都墟，明社覆。①

与钞法有关者，除户口、食盐、钞关、商税以外，较重要者尚有俸给及赎法二事。

明代官员俸给，按正从品级分别规定，自正一品岁俸米一千四十四石至从九品六十石有差。俸给有本色折色，本色给米，折色则有银布胡椒苏木之类。洪武十三年（1380）定内外文武官岁给禄米俸钞之制。②永乐元年（1403）令在京文武官一品二品四分支米，六分支钞；三品四品米钞中半兼支；五品六品六分米，四分钞；七品八品八分米，二分钞。每米一石折钞十贯。宣德八年定每俸米一石折钞十五贯；折俸布一匹折钞二百贯，嘉靖七年改定为折银三钱。如正一品岁该俸一千四十四石，内本色俸三百三十一石二斗，折色俸七百一十二石八斗。本色俸内除支来一十二石外，折银俸二百六十六石，折绢俸五十三石二斗，共该银二百四两八钱二分。折色俸内折布俸三百五十六石四斗，该银一十两六钱九分二厘，折钞俸三百五十六石四斗，该本色钞七千一百二十八贯。总计正一品官岁得俸给全额为米一十二石，银二百十五两五钱一分二厘，钞七千一百二十八贯。正七品官岁该俸九十石，内本色俸五十四石，折色俸三十六石。本色俸内除

①《明史》卷二五一《蒋德璟传》，计六奇《明季北略》卷一九《蒋臣奏行钞法》《捣钱造钞》，花村看行侍者《谈往·捣钱造钞》。

②《明史》卷八二《食货志·俸饷》。

支米一十二石外，折银俸三十五石，折绢俸七石，共该银二十六两九钱五分。折色俸内折布俸一十八石，该银五钱四分，折钞俸一十八石，该本色钞三百六十贯。总计正七品官岁得俸给全额为米一十二石，银二十七两四钱九分，钞三百六十贯。在外文武官俸，洪武二十六年（1393）定每米一石折钞二贯五百文，宣德八年（1433）增为十五贯，正统六年（1441）又增为二十五贯 ①，成化七年（1471）从户部尚书杨鼎请，以甲字库所积之绵布，以时估计之，阔白布一匹可准钞二百贯，请以布折米，仍视折钞例，每十贯一石。先是折俸钞米一石钞二十五贯，渐减至十贯，是时钞法不行，钞一贯值二三钱，是米一石仅值钱二三十文，至是又折以布，布一匹时估不过二三百钱，而折米二十石，则是米一石仅值十四五钱也。自古百官俸禄之薄，未有如此者，后遂为常例。②

赎罪之法以纳钞为本。永乐十一年令死罪情轻者斩罪赎钞八千贯，绞罪及榜例死罪六千贯，流徒杖笞纳钞有差。宣德二年（1427）定笞杖罪囚每十赎钞二十贯，徒流罪名每徒一等折杖二十，三流并折杖一百四十，其所罚钞悉加笞杖所定。景泰元年（1450）增为二百贯，每十以二百贯递加，至笞五十为千贯；杖六十千八百贯，每十以三百贯递加，至杖百为三千贯。天顺五年（1461）令罪囚纳钞，每笞十钞二百贯，余四笞递加百五十贯；至杖六十增为千四百五十贯，余杖各递加

---

① 《大明会典》卷三九《俸给》。

② 《明宪宗实录》成化七年十月丁丑条，《日知录》卷一二《俸禄》条引《明史》卷八二《食货志·俸饷》。

二百贯。弘治十四年（1501）定折收银钱之制，每杖百应钞二千二百五十贯，折银一两，每十以二百贯递减，至杖六十为银六钱；笞五十应减为钞八百贯，折银五钱，每十以百五十贯递减，至笞二十为银二钱，笞十为钞二百贯，折银一钱。正德二年（1507）定钱钞兼收之制，如杖一百应钞二千二百五十贯者，收钞千一百二十五贯，钱三百五十文。嘉靖七年（1528）更定凡收赎者每钞一贯折银一分二厘五毫，如笞一十赎钞六百文，则折银七厘五毫，以罪重轻递加折收赎。此有明一代赎罪钞法之大概也。然罪无一定，而钞法则日久日轻，赎罪钞数因亦随之递增，至弘治而钞竟不可用，遂开准钞折银之例，赎法步钞法之变而变，终则实纳银而犹存折钞之名，则以祖制不敢废也。①

元承金制，铸银五十两为一锭。元钞从银，故亦以五十贯或五十两为一锭，钞二锭值银一锭，钞二贯或二两值银一两。②明钞则以钱相权，钞一贯值钱千文，银一两，四贯为金一两。钱五贯或五千文为一锭。《明史·食货志》云，嘉靖三十二年（1553）铸洪武至正德九号钱，每号百万锭，嘉靖钱千万锭，一锭五千文。万历五年（1577）张居正疏言："工部题议制钱二万锭，该钱一万万文。"③天启时户部尚书侯恂言："收钱每五千文为一锭。"④以明代后期之史实推之，则明初之钱锭亦必为五千

---

① 《明史》卷九三《刑法志·赎刑》。
② 详《元代之钞法六·释锭》。
③ 《张文忠公集》奏疏八《请停止输钱内库供赏疏》。
④ 孙承泽《春明梦余录》卷三八。

文可决也。因之钞亦以五贯为一锭。王世贞曰："钞一锭为五贯，贯直白金一两。"[1] 顾炎武记漳州府田赋亦云"钞五贯为一锭"，可证也。[2] 钞锭之上为块，每钞一张为一贯，每千张即千贯为一块，见嘉靖初御史魏有本《论钞法疏》，详前文。

　　　　　　原载《人文科学学报》二卷一期，1943 年

　　　　　　1943 年 4 月 19 日于昆明瑞云巷三号

---

① 《弇山堂别集》卷一四。

② 《天下郡国利病书》卷九三。

《明史》小评

在官修之正史中，自来学者多推崇《明史》，以为"近代诸史自欧阳公《五代史》外，《辽史》简略，《宋史》繁芜，《元史》草率，唯《金史》行文雅洁，叙事简括，稍为可观；然未有如《明史》之完善者"[①]。理由是（一）修史时间极长，从康熙十八年至乾隆四年，历时凡六十年[②]；（二）纂修者多系一时专门学者，如朱彝尊、毛奇龄、汤斌、吴志伊、汪琬、万斯同、姜宸英、刘献廷、李清等——遗老如黄宗羲，顾炎武虽被罗致而不就，但亦与有相当关系[③]；（三）立传存大体[④]；（四）去前朝未远，故事原委，多得其真[⑤]；（五）事详文简。

反面的批评以为《明史》不能算尽善尽美，因为（一）清帝钳禁太甚，致事多失实；（二）因学派门户之偏见，致颠倒失实；（三）搜访之漏落；（四）明清关系多失真相[⑥]；（五）弘光迄永历

---

① 赵翼《廿二史札记》卷三一《明史》。

② 赵翼《廿二史札记》卷三一《明史》。清修《明史》起顺治二年，未几罢。至康熙十八年始开馆重修，规模极大。

③《鲒埼亭集》卷一一《梨洲先生神道碑文》，卷一二《亭林先生神道表》。

④《廿二史札记》卷三一，《明史》立传多存大体。

⑤《廿二史札记》卷三一，《明史》条。

⑥ 参看孟森《清朝前纪》及故宫博物院《明清史料》。

之终，事多失实。[①]

其他褒扬的和贬责的批评，百数十年来聚讼纷纭，而大要不过如上二说。关于《明史》本身的评价和缺失，在这篇短文中我们不能一一详论。我在此所要指出的是《明史》不是一部完好可读的史籍。我们纵不能把它重新改造，至少也应该用清儒治学的精神，替它再逐一校勘一遍，补缺正误，方不致贻误学者。

《明史》因修纂时间过长，从顺治二年数起有九十五年，如从康熙再开史局数起也有六十几年。中间不知道更换了多少总裁，多少批纂修。不由一手始终其事，所以纪传志表，往往抵牾。并且卷帙过多，替它逐一审校一过也不是一件容易的事。我们如将一切明代史籍，清人传述，和汤斌、尤侗、汪琬、朱彝尊、杨椿、毛奇龄一班人所撰的史稿，黄宗羲、全祖望、王夫之一班人所撰的诗文集，和《明史》一一互校，便可发现《明史》有若干部分有脱文断句，有若干部分有讹字误文，有若干部分重复，有若干部分漏落。这些小问题向来不被人注意，粗心一下读过去也就算了。可是我们如要可信的史实，要利用这些史料时，便非先费一番工夫，做几次辛苦的校读工作不可。

为要引起一般学者对这一小问题的兴趣，以下试约略举出几条《明史》中较为显著的错误，作为例证。

（一）脱文

卷二八五《赵埙传》附《乌斯道传》："傅恕字如心，鄞人，与同郡乌斯道、郑真皆有文名……斯道字继善，慈溪人……子缉

---

① 《国学论丛》一卷四期，陈守实《明史抉微》。

亦善诗文，洪武四年举乡试第一，授临淮教谕，入见赐之宴，赋诗称旨，除广信教授，自号荥阳外史。"这一段小传，我们如不参校旁书，便一辈子也不会明白它的错误，以为荥阳外史即是乌缉的别号，"子缉"下一段都是乌缉的传文了。但试一检王鸿绪《明史稿》①的传文，乌缉又作乌熙，"子缉亦善诗文"下"洪武四年举乡试第一"上有"真字千之"四字。这样一来，"洪武四年"以下一段便都成为郑真的小传，和乌氏父子毫不相干了。按张时彻《宁波府志·文学传·乌斯道传》："子熙光，字缉之，为国子监丞，亦以诗文擅名。"《慈溪县志·文苑传》所载完全相同。由此可知斯道子名熙光，字缉之，《明史》作名缉固然错了，《明史稿》作名熙也不能算不错。《明史稿》"真字千之"四字是承上文"与同郡乌斯道、郑真皆有文名"说的。《明史》疏忽，落此四字，便张冠李戴②，闹了笑话。

（二）错误

卷三《太祖本纪》三："十五年十一月戊午置殿阁大学士，以邵质、吴伯宗、宋纳、吴沉为之。"故宫出版乾隆四十二年重纂《明史本纪》文同。按宋纳即宋讷，纳为讷之讹文。卷一三七有《吴讷传》。《吴伯宗吴沉传》同见卷一三七。王鸿绪《明史

---

① 《明史稿》五百卷原出万斯同手，殁后为王鸿绪所盗，攘为己撰。见全祖望《鲒埼亭集》，钱大昕《潜研堂集》，魏源《古微堂集》诸书。

② 郑真字千之号荥阳外史的证据，是《四库总目》《荥阳外史集》七十卷（两淮盐政采进本）——明郑真撰。真字千之，鄞县人，成化《四明郡志》称其研究六经，尤长于《春秋》。吴澄尝策以治道十二事，皆经史之隽永，真答之无凝滞。洪武四年乡试第一，授临淮教谕，升广信府教授。

稿·本纪》三只说："十一月戊午仿宋制置殿阁学士。"邵质不见《明史》及其他诸书，竟不知他到底是什么人。考王氏《明史稿·太祖本纪》的撰人是汤斌。检《拟明史稿》卷三："戊午初置殿阁学士，以礼部尚书刘仲质为华盖殿大学士，翰林学士宋讷为文渊阁大学士，检讨吴伯宗为武英殿大学士，典籍吴沉为东阁大学士。"据此，邵质原作刘仲质。证以《明史》卷一百十一《七卿年表》，"洪武十五年二月壬戌刘仲质任礼部尚书，十一月改大学士"，再考北平图书馆所藏《太祖高皇帝实录》，"洪武十五年十一月始仿宋殿阁之制，置大学士官，同拜命者宋讷、吴伯宗、吴沉、刘仲质四人"，都足证明《明史本纪》所说的邵质实即刘仲质。《仲质传》附见《明史》卷一三六《崔亮传》：

> 刘仲质字文质，分宜人。洪武初以宜春训导荐入京，擢翰林典籍，奉命校正《春秋本末》。十五年拜礼部尚书……是年冬改华盖殿大学士，帝为亲制诰文。

刘、仲、邵三字毫无瓜葛，这断不能委为当时手民之误。并且有《七卿年表》的本证在，我们实在想不出错误的由来。

（三）事误

卷一三六《陶安传》："安坐事谪知桐城，移知饶州。陈友定兵攻城，安召吏民谕以顺逆，婴城固守。援兵至，败去。"按《陶安传》出汪琬手，陈友定兵攻城一事，《汪氏传家集钝翁续稿》卷三八《陶安传》作"信州盗萧明攻饶安"。汤斌《拟明史稿》卷一，《太祖本纪》一："至正二十五年冬十月癸丑，信州贼萧明犯饶州，知府陶安败之。"这一件事，《明史本纪》削去不书。考当时情势，陈友定据有八闽后，只有一次派兵攻明方的处州，被胡深打败，从此就关门自守，自顾还来不及，哪儿还有能力来向外发展，并且是越浙攻饶！朱国祯《开国臣传》亦作"信州贼萧明攻饶安"，就是汪琬撰史稿的根据。《明史》改作陈友定，显然是一个严重的错误。

（四）重出

郑定事迹见卷二八六《林鸿传》："郑定字孟宣，尝为陈友定记室。友定败，浮海亡交广间，久之还居长乐，洪武中征授延平府训导，历国子助教。"卷一二四《陈友定传》又说："郑定字孟宣，好击剑，为友定记室。及败，浮海人交广间，久之还居长乐。洪武末累官至国子助教。"这两篇传文相差不过几个字，并出朱彝尊《曝书亭集》卷六三《林鸿传》，不过省去历延平府训导下"历齐府纪善"五字而已。

（五）矛盾

胡惟庸得罪被杀，党案牵连十几年，被杀的武官文臣知识分子富豪平民有好几万，是明初一件大事。不过他的获罪之由，却传闻异辞，莫衷一是。[①]《明史》卷三二四《外国·占城传》以为"洪武十二年贡使至都，中书不以时奏。帝切责丞相胡惟庸汪广洋，二人遂获罪"。卷三二二《日本传》又以为"先是胡惟庸谋逆，欲借日本为助，乃厚结宁波卫指挥林贤，佯奏贤罪，谪居

---

① 作者另撰有《胡惟庸党案考》一文，可参看。

日本，令交通其君臣，寻奏复贤职，遣使召之。密致书其王借兵助己。贤还，其王遣僧如瑶率兵卒四百余人诈称人贡，且献巨烛，藏火药刀剑其中，既至而惟庸败，计不行，帝亦未知其狡谋也。越数年，其事始露，乃族贤而怒日本特甚，决意绝之，专意以防海为务"。这就是说，胡惟庸的罪状是谋反。其实，细按当时的记载，便可知这一段史迹出于太祖亲定的《大诰》，一面之词，不可信。况且遍查日本史乘和僧徒传记，就根本没有如瑶这个人。胡惟庸在十二年九月下狱，次年正月处刑。在这短时期中也不能做出这些布置。日本来华商舶，据日方记载和《名山藏》《吾学编》《皇明驭倭录》诸书，他们大多是海贼，好就做买卖，不好就沿海抢掠，带军器以防海贼为名，不算是一件违禁的事，用不着把它藏在大烛中。并且南京是当时首都，大都督府所在，四百多日本人也不济事！胡惟庸即使太笨，也不致笨到这个地步。卷三〇八《胡惟庸传》又说："惟庸既死，其反状犹未尽露，至十八年李存义为人首告，免死安置崇明。十九年十月林贤狱成，惟庸通倭事始著。二十一年蓝玉征沙漠，获封绩……讯得其状，逆谋益大著。"据此则通倭、通虏、谋反三事都发见在惟庸死后的几年中。那么，所谓胡党的罪案，到底是一些什么呢？又如封绩，《明史》说他是"故元遗臣"，其实，据当时的口供《昭示奸党录》所载，他不过是一个不识字的奴才，连北方都从来没有去过。一生没做过官，硬安排他是遗老，明史馆的纂修官未免太"神经过敏"了吧！

（六）简失

卷二八六《林鸿传》："王偁字孟敭。父翰，仕元抗节死，俨方九岁，父友吴海抚教之。洪武中领乡荐，入国学，陈情养母。母殁，庐墓六年。永乐初用荐授翰林检讨，与修大典，学博才雄，最为解缙所重。后坐累谪交阯，复以缙事连及，系死狱中。"——详说王俨的事迹，于他父亲的事只以一语了之。在卷一二四《陈友定传》又附有王翰的小传："王翰字用文，仕元为潮州路总管。友定败，为黄冠，栖永泰山中者十载。太祖闻其贤，强起之，自刎死。有子俨知名。"——述王翰事详细，于他的儿子王俨，也只带及一语。按这两传都出朱彝尊手。见《曝书亭集》卷六三《王俨传》，《王翰传》附及。《明史》把它分开来，以翰为元臣仕闽，故附《陈友定传》。以俨有文名，故附入《文苑·林鸿传》中。互为详略，煞费苦心。可是我们如细读朱氏原传，则似《明史》务为简略，颇失史意。如原传"俨中洪武二十三年乡试"，《明史》简作"洪武中领乡荐"，把一肯定的史实简成模糊，简得没有道理。原传"留永福山中为道士者十年"，《明史》作"为黄冠，栖永泰山中者十载"，把道士译成黄冠，把年译成载，雅是雅了，可是有什么大道理呢！并且《明史》还把这一句改错了。《林鸿传》中明说"永福王俨"，参以原传，我们知道王俨以其父入闽故，所以占籍永福，则永泰山中为永福山中之讹明甚。

（七）互异

关于海盗刘香的下落，《明史》卷二六五《施邦曜传》和卷二六〇《熊文灿传》不同。《施传》说："刘香李魁奇横海上，邦曜絷香母诱之，香就禽。"《文灿传》则以为"郑芝龙合广东兵击香于田尾远洋，香胁（洪）云蒸止兵，云蒸大呼曰：'我矢死报国，急击勿失!'遂遇害。香势蹙，自焚溺死"。

（八）缺漏

关于两次纂修《元史》的纂修官，《明史》卷二八五《赵壎传》说："三年重开史局，仍以宋濂、王祎为总裁，征四方文学士朱右、贝琼、朱廉、王彝、张孟兼、高逊志、李懋、李汶、张宣、张简、杜寅、殷弼、俞寅及壎为纂修官。先后纂修三十人，两局并与者壎一人而已。"按二年修《元史》之纂修官，据同传为汪克宽、胡翰、宋僖、陶凯、陈基、曾鲁、高启、赵访、张文海、徐尊生、黄篪、王锜、傅著、谢徽、傅恕、赵壎十六人。合三年之纂修官十四人为三十人。可是赵壎以一人而参与前后两次史局，实际上只能算是一人。所以两次的纂修官的总数，据《明史》只有二十九人，和三十人之数不合。

按所缺一人为王廉，朱彝尊《曝书亭集》卷六二有传："王廉字希阳，青田人，侨居上虞，洪武二年用学士危素荐授翰林编修，明年与修《元史》。又明年偕典籍牛谅使安南还，改工部员外郎。固辞，出为渑池县丞。十四年擢陕右左布政使。无子，卒葬杭州之西山。"大约是当时馆臣不留心，偶然忘了王廉的名字，又无法凑成三十人，便把赵壎算成两人，抵三十人的数额了。

（九）偏据

卷二八五《戴良传》："太祖初定金华，命（良）与胡翰等十二人会食省中，日二人更番讲经史，陈治道。明年用良为学正，与宋濂叶仪辈训诸生。太祖既旋师，良忽弃官逸去。元顺帝用荐者言，授良江北行省儒学提举。良见时事不可为，避地吴中，依张士诚。久之，见士诚将败，挈家泛海抵登莱，欲间行归扩廓军。道梗，寓昌乐数年，洪武六年始南还，变姓名隐四明山，太祖物色得之。十五年召至京师，试以文，命居会同馆，日给大官膳，欲官之，以老疾固辞，忤旨。明年四月暴卒，盖自裁也。"此出黄存吾《闲中录》。《曝书亭集》卷六三《良传》与之多异。"元末以荐授淮南江北等处行中书省儒学提举。时太祖兵已定浙东，良乃避地吴中。久之挈家浮海至胶州，欲投扩廓军前，不得达，侨居昌乐。洪武六年变姓名隐四明山。十五年征入京……"这样说是戴良在洪武十五年前不但没有做过明朝的官，并且也没有见过太祖，始终是元遗臣。十五年后被征，强迫他投降做官，所以自杀明志。全祖望《九灵先生山房记》也力辩其仕明之诬，说良在十五年前和明绝无关系。竹垞谢山诸熟明代掌故，所说都有根据。《明史》却偏信一家之说，引为信史，这种不阙疑不求真的态度，实不足取。

（十）字讹

卷二八三《湛若水传》："湛氏门人最著者永丰李怀，德安何迁……怀字汝德，南京太仆少卿。"按李怀，黄宗羲《明儒学案》卷三八作吕怀，"号巾石，嘉靖壬辰进士，著有《律吕古义》《历考》《庙议》诸书"。《明史》卷二八二《唐伯元传》："伯元受业于永丰吕怀。"卷二〇八《洪垣传》又附有吕怀小传："吕怀，广信永丰人，亦若水高弟子，由庶吉士授兵科给事中，改春坊左司直郎，历右中允，掌南京翰林院事，每言王氏之良知与湛氏之礼认天理同旨，其要在变化气质，作《心统图说》以明之，终南京太仆少卿。"这样，《湛若水传》中之"李怀"可信为即《洪垣传》

中之"吕怀"，李为吕之讹。揆以《明史》传中涉及另外一人，
如这人有专传时，即以"自有传"了之，不更述其字号籍贯行历
之例，这也不能不说是重传了。

原载《图书评论》第一卷第九期

1933 年 5 月

《明史》中的小说

《明史》所包括的时代从洪武元年到崇祯十七年（1368—1644），三百年。《明史》的纂修时期是从顺治二年到乾隆四年（1645—1739），前后约共百年。因此在研究《明史》的时候，我们应当知道这书所记载的是从十四世纪后半期到十七世纪上半期的史事，它的纂修人的时代却属于十七、十八两个世纪。历史的目的是求真。纂修人所采录的当然是他们所认为真确无疑的史料。以此就《明史》的史料而论，所记载的是十四世纪到十七世纪的社会史料，同时却也表明了十七、十八两个世纪的人对于同一时代思想的态度。

从小说演进的历史来看，秦汉间属于神话与传说时代（今所见汉人小说皆属伪托），六朝则多言鬼神及志怪，唐宋产生传奇文，题材多取材于男女间情事及通常生活，宋人又喜言怪异，元明间有讲史起，明人又喜谈神魔及人情小说，清代则流行讽刺、人情、狭邪、侠义、公案、谴责小说。大抵由非人而至人，又由人而至非人，恰如波涛起伏，随时代而异其趋向。若就史书而论，则除记人类活动外，实亦兼收志怪、鬼神诸非人的记载。虽数量有多寡不同之别，以大旨论，则在史书中，人与非人的记载，两千年来实有平行的趋势。且两者每互纠而不可分。

先就非人的鬼神、志怪而论，自秦汉间到我们所叙述的时代，甚至一直到我们自己所处的时代实属同一信仰时期。这信仰是"天人合一"，天地一大宇宙，人身一小宇宙，天人互相感应，最好的人的能耐就是"能明天人之际"。稍后鬼神果报之说输入，又和天人合一说混杂，形成一种奇怪的非驴非马式的信仰。例如名人或恶人的出生，必和天上的星辰或神祇有关。《明史》卷一四一《景清传》：

> 一日早朝，（景）清衣绯怀刃入。先是日者奏异星赤色犯帝座甚急，成祖故疑清。及朝，清独着绯。命搜之，得所藏刃。

景清上应天上赤色异星，成祖则在天上亦有帝座。帝座下应人王，非人事所能挠，即所谓天命。卷二九九《周颠传》：

> 太祖将征友谅，问曰："此行可乎？"对曰："可。"曰："彼已称帝，克之不亦难乎？"颠仰首示天，正容曰："天上无他座。"

若不应天象，即使成了大事，登了宝座，也还是为鬼神所不容，卷三〇九《李自成传》：

> 自成谓真得天命，牛金星率贼众三表劝进，乃从之，令撰登极仪，诹吉日。及自成升御座，忽见白衣人长数丈，手剑怒视，座下龙爪𪘁俱动，自成恐，亟下。铸金玺及永昌钱皆不就。

若名臣伟人则多为紫衣神降生，卷一八三《倪岳传》：

> 倪岳，上元人。父谦奉命祀北岳，母梦绯衣人入室，生岳，遂以为名。

卷二八三《薛瑄传》：

> 薛瑄，河津人。母齐梦一紫衣人谒见，已而生瑄。

或梦日而生，卷二八六《李梦阳传》：

> 李梦阳，庆阳人。母梦日堕怀而生，故名梦阳。

或梦星而生，卷三〇九《李自成传》：

> 李自成，米脂人。父守忠，无子，祷于华山，梦神告曰："以破军星为若子。"已，生自成。

或梦神而生，卷三〇〇《李伟传》：

> 李伟，神宗生母李太后父也。儿时嬉里中，有羽士过之，惊语人曰："此儿骨相，当位极人臣。"嘉靖中，伟梦空中五色彩辇，旌幢鼓吹导之下寝所，已而生太后。

在李太后未出生前，她的父亲尚是孩子的时候已具必生太后的贵相。

卷一九五《王守仁传》：

> 守仁娠十四月而生，祖母梦神人自云中送儿下，因
> 名云，五岁不能言。异人拊之，更名守仁，乃言。

无心中说破异征，便被罚做哑子，若不遇见异人，也许明朝后期的历史要换一个样子了。

韩文是文彦博转生，卷一八六本传：

> 生时父梦紫衣人抱送文彦博至于家，故名之曰文。

史可法则是文天祥转生，卷二七四本传：

> 祖应元举于乡，官黄州知府，有惠政。语其子从质
> 曰："我家必昌。"从质妻尹氏有身，梦文天祥入其舍，
> 生可法，以孝闻。

其生平亦约略相似。名臣伟人不但在未生前即已注定，并且即使在死时也必表现有异征。如王恕、雍泰死时均有雷霆之声，卷一八二《王恕传》：

> 正德三年四月卒，年九十三。平居食啖兼人。卒
> 之日少减，闭户独坐，忽有声若雷，白气弥漫，瞰之
> 瞑矣。

卷一八六《雍泰传》：

> 谨诛，复官致仕。年八十卒。卒时榻下有声若霆者。

杨爵则因名属鸟类，其先祖杨震曾有一段大鸟的故事。故其死时亦有大鸟之异。卷二〇九《杨爵传》：

> 一日晨起，大鸟集于舍。爵曰："伯起之祥至矣！"果三日而卒。

或则死后为神，卷一四〇《道同传》：

> （同条朱亮祖不法事奏之）未至，亮祖先劾同讪傲无礼状，帝不知其由，遂使使诛同，会同奏亦至，帝悟，以为同职甚卑而敢斥言大臣不法事，其人骨鲠可用，复使使宥之，两使者同日抵番禺，后使者甫到，则同已死矣。县民悼惜之，或刻木为主，祀于家，卜之辄验，遂传同为神云。

卷一六一《周新传》：

> （纪纲诬奏周新）后帝若见人绯衣立日中，曰"臣周新已为神，为陛下治奸贪吏"云。

若忠臣之死，则异征更多。小至蝇蚋，亦知此尸为忠臣而不敢近，且有烈风异云之异。卷二八九《孙燧传》：

> 燧生有异质，两目烁烁夜有光。死之日，天忽阴惨，烈风骤起，凡数日，城中民大恐，走收两（燧与许逵）尸，尸未变，黑云蔽之，蝇蚋无近者。

卷一四二《陈彦回传》：

> 张彦方龙泉人。应诏勤王，帅所部抵湖口被执，械至乐平斩之。枭其首谯楼，当暑月一蝇不集，经旬面如生，邑人窃葬之清白堂。

无知如犬虎，亦知对忠臣表敬意，卷二六三《朱之冯传》载野犬独不食其尸：

> 贼至城下，总兵王承允开门入之，讹言贼不杀人，且免徭赋，则举城哗然皆喜，结彩焚香以迎。左右欲拥之冯出走，之冯斥之，乃南向叩头草遗表劝帝收入心励士节，自缢而死。贼弃尸濠中，濠旁犬日食人尸，独之冯无损也。

卷二七九《严起恒传》记虎负其尸出水且为营葬：

> 孙可望将贺九仪怒，格杀起恒，投尸于江，时顺治

八年二月也。起恒既死，尸流十余里，泊沙诸间，虎负之登崖，葬于山麓。

贺逢圣之死，且有神守其尸，卷二六四本传：

> 贼陷武昌，执逢圣，叱曰："我朝廷大臣，若曹敢无礼！"贼麾使去，遂投墩子湖死也。贼来自夏，去以秋云。大吏望衍以祭，有神梦于湖之人，我守贺相殊苦，汝受而视之，有黑子在其左手，其征是。觉而异之，俟于湖，赫然而尸出，验之果是，盖沉之百有七十日，面如生，以冬十一月壬子殓，大吏挥泪而葬之。

黄观妻及颜容暄之死，均有血影石之异。卷一四三《黄观传》：

> 初，观妻投水时，呕血石上，成小影，阴雨则见，相传为大士像。僧舁至庵中，翁氏见梦曰："我黄状元妻也。"比明，沃以水，影愈明，有愁惨状。后移至观祠，名翁夫人血影石，今尚存。

卷二九二《尹梦鳌传》：

> 凤阳知府颜容暄囚服匿于狱，释囚获之，容暄大骂，贼杖杀之，血浸石阶，宛如其像，涤之不灭，士民乃取石立家，建祠奉祀。

即忠臣所书墨迹，亦复显示灵异。卷二九五《王励精传》：

> 王励精官崇庆知州，十七年张献忠陷成都，州人惊
> 窜。励精朝服北面拜，又西向拜父母。从容操笔书文天
> 祥"成仁取义"四语于壁，登楼缚利刃柱间，而置火药
> 楼下，危坐以俟，俄闻贼骑渡江，即命举火，火发，触
> 刃贯胸而死。贼叹其忠，葬敛之。其墨迹久逾新，涤之
> 不灭。后二十余年，州人建祠奉祀，祀甫毕，壁即颓，
> 远近叹异。

忠臣之尸虽火亦不焚，卷二九二《王焘传》：

> 王焘官随州知州。十年正月大贼奄至，且守且战，
> 相持二十余日，无大风雪，守者多散。焘知必败，入署
> 整冠带自经，贼焚其署，火独不及焘死所，尸直立不
> 仆，贼望见骇走。已，觅州印，得之焘所立尺土下。

凡事皆有前定，生固有所自来，即生平遭遇及死法皆早已注
定，不能强求或避免。如陆完事败谪戍福建靖海卫，其戍所已早
见于梦中，卷一八七本传：

> 初完尝梦至一山曰大武，及抵戍所，有山如其名，
> 叹曰："吾戍已久定，何所逃乎？"竟卒于戍所。

卷二九四《卢学古传》记朱士完之死节，已先见梦于其初举

乡试时：

> 有朱士完者，潜江举人。乡试揭榜夕，梦墨帜堕其墓门，粉书"乱世忠臣"四字。至是贼破承天，长驱陷潜江，士完被执，械送襄阳，道由泗港，啮指血书已尽节处，遂自经。贼所过焚毁，士完所题壁独存。

关永杰亦同，卷二九三本传：

> 状貌奇伟，类世人所绘壮缪侯像。崇祯四年会试入都，与侪辈游壮缪祠，有道士前曰："昨梦神告，吾后人当有登第者，后且继我忠义，可语之。"永杰愕然颇自喜，已果登第，后官睢陈兵备佥事。陈州破，格杀数贼，身中贼刃而死。

人生不但完全被命定，无丝毫人的自由，而也在被祖宗的枯骨所束缚，人之所以为人，只在"听天由"。如卷二六二《汪乔年传》记李自成祖墓事：

> 初，汪乔年之抚陕西也，奉诏发自成先家。米脂令边大受，河间静海（按当作任丘，《任丘县志》边大受作边大绶）举人，健令也。调得其族人为县吏者，掠之，言："去县二百里曰李氏村，乱山中十六家环而葬，中其始祖也。相传，穴仙人所定，圹中铁灯檠，铁灯不灭李氏兴。"如其言发之，蝼蚁数石，火光荧荧然，斲

棺，骨青黑，被体黄毛，脑后穴大如钱，赤蛇盘，三四寸，角而飞，高丈许，咋咋吞日光者六七，反而伏。乔年函其颅骨腊蛇以闻，焚其余，杂以秽，弃之。

人能穷天人之变，明天人之际，即能前知。因为人身即一小宇宙，天之风云雷雨，即人之咳喘喜怒，人可由表情而探知其内心及举动，天亦可由其表情以究其意向。即数百年后事亦可预知，卷三〇记诸葛亮预言张献忠之死：

成都东门外镇江桥回澜塔，万历中布政余一龙所修也。张献忠破蜀毁之，穿地取砖，得古碑，上有篆书云："修塔余一龙，拆塔张献忠，岁逢甲乙丙，此地血流红，妖运终川北，毒气播川东，吹箫不用竹，一箭贯当胸。汉元兴元年，丞相诸葛孔明记。"清兵西征，献忠被射而死，时肃王为将。

程济预言燕兵叛变月日和祭碑除名，卷一四三《牛景先传》：

程济朝邑人，有道术。惠帝即位，济上书言某月日北方兵起，帝谓非所宜言，逮至将杀之。济大呼曰："陛下幸囚臣，臣言不验，死未晚。"乃下之狱，已而燕兵起，释之。

徐州之捷，诸将树碑纪功，济一夜往祭，人莫测。后燕王过徐，见碑大怒，趣左右椎之，再椎，遽曰："止，为我录文来。"

已，按碑行诛，无得免者。而济名适在榱脱处。

刘基且能预知飞炮及否，趣太祖易船。卷一二八本传：

> 太祖自将救洪都，与陈友谅大战鄱阳湖，一日数十
> 接。太祖坐胡床督战，基侍侧，忽跃起大呼，趣太祖更
> 舟，太祖仓卒徙别舸，坐未定，飞炮击旧所御舟立碎，
> 友谅乘高见之大喜，而太祖舟更进，汉军皆失色。

周颠能预知风时，多著灵异，明太祖是一个佛门弟子，也替他写一篇《周颠仙传》来张扬其事。卷二九九本传：

> 太祖携之行，舟次安庆，无风，遣使问之，曰：
> "行则有风。"遂命牵舟进，须臾风大作，直抵小孤。

宇宙形成的元素是金木水火土五行，相生相胜。如能明白这五个元素的生胜之理，也就可以决定未来的事和求得所需要的事。例如《刘基传》说：

> 时湖中相持三日未决，基请移军湖口扼之，以金木
> 相犯日决胜，友谅走死。

大旱则决滞狱即可以致雨（同上）：

> 大旱，请决滞狱，即命基平反，雨随注。

卷一八〇《汪奎传》：

汪舜民官福建按察使，岁旱，祷不应，躬莅临福州狱，释枉击轻罪者，所部有司皆清狱，遂大雨。

通常的方法是祈祷于神。卷二八一《汤绍恩传》：

汤绍恩官绍兴知府。岁大旱，徒步祷烈日中，雨即降。

《丁积传》：

官新会知县。岁大旱，筑坛圭峰顶，昕夕伏坛下者八日，雨大澍，而积遂得疾以卒。

卷二六七《马从聘传》：

耿荫楼天启中任临淄知县，久旱，囚服暴烈日中，哭于坛，雨立澍。摄寿光，祷雨如临淄。

卷一六二《杨瑄传》：

山东旱饥盗起，改盛颐为左都御史往抚。颐至，露祷，大雨霑溉，槁禾复苏。

卷一八一《方克勤传》：

> 永嘉侯朱亮祖尝率舟师赴北平。水涸，役夫五千浚河，克勤不能止，泣祷于神，天忽大雨，水深树尺，舟遂达，民以为神。

清官祈雨最灵，一求就下，成为求雨专家。卷二六三《蔡懋德传》：

> 官井陉兵备。旱，懋德祷即雨，他乡争迎以祷，又辄雨。

卷二九一《彦胤绍传》：

> 陈三接知河间县，岁旱饥，人相食。三接至，雨即降。

也有用威吓当时城隍神的手段以致雨者，卷二五九《熊廷弼传》：

> 岁大旱，廷弼行部金州，祷城隍神，约七日雨，不雨毁其庙。及至广宁，逾三日，大书白牌封剑，使使往斩之，未至，风雷大作，雨如注，辽人以为神。

卷三六六《王章传》：

出按甘肃，两河旱。章檄城隍神："御史受钱或戕害人，神殛御史毋虐民。神血食兹土，不能请上帝苏一方，当奏天子易尔位。"檄焚，雨大注。

在遇到他们所认为不能解决的事，如水灾、蝗灾、虎灾、瘟疾等情形的时候，唯一的方法也只是向神祈祷，求神恩惠。如卷二六一《邱民仰传》：

官东安知县。河啮，岁旱蝗，为文祭祷，河他徙，蝗亦尽。

一祷之力，竟能使河徙故道，真是太便宜的事！卷二八一《谢子襄传》：

子襄治处州，声绩益著。郡有虎患，岁旱蝗，祷于神，大雨二日，蝗尽死，虎亦遁去。

《汤绍恩传》：

绍恩遍行水道，至三江口，见两山对峙，喜曰："此下必有石根，余其于此建闸乎？"募善水者探之，果有石脉横亘两山间，遂兴工，先投以铁石，继以笼盛鳖屑沉之，工未半，潮冲荡不能就，怨谤烦兴，绍思不为动，祷于海神，潮不至者累日。工遂竣。

日照民江伯儿祷神求疗母疾，甚至杀子以祀。卷二九六《沈德四传》：

> 日照民江伯儿母疾，割肋肉以疗，不愈，祷岱岳神；母疾瘳，愿杀子以祀，巳果瘳，竟杀其三岁儿。

在神祇中也有像《史记》所描写的那种游侠一流的人物，见了忠臣孝子节妇一流人遭了不幸时，便自动地出来帮忙。卷二八九《花云传》：

> 云被执，妻郜赴水死，侍儿孙瘗毕，抱其三岁儿行，被掠至九江。孙夜投渔家，脱簪珥属养之，乃汉兵败，孙复窃儿走渡江、遇债军，夺舟弃江中，浮断木入苇洲，采莲实哺儿，七日不死，夜半有老父雷老挈之行，逾年达太祖所，抱儿拜泣，太祖亦泣，置儿膝上曰："将种也。"赐雷老衣，忽不见。

卷三○二《李孝妇传》的神僧，也是成功不居和雷老同一行径：

> 李孝妇名中姑，适江西桂廷凤。姑邓患痰疾将不起，妇涕泣忧悼，闻有言乳肉可疗者，心识之。一日煮药，献香祷灶神，自割一乳，昏仆于地，气已绝，廷凤呼药不至，出现见血流满地，大惊呼救，倾骇城市，邑令长皆诣其庐，命巫治，俄有僧踵门曰："以室中蕲艾

傅之，即愈。"如其言，果苏，比求僧不复见矣。乃取乳和药奉姑，姑竟获全。

神或从梦中指示，做义务医生，卷二九四《徐学颜传》：

> 母疾，祷于天，请以身代。夜梦神从授药，旦识其形色广觅之，得荆沥，疾遂愈。

或指示窖藏，使节妇不致饿死。卷三〇二《玉亭县君传》：

> 万历二十一年河南大饥，宗禄久缺，纺织三日，不得一餐，母子相持恸哭。夜分梦神语曰："汝节行上闻于天，当有以相助。"晨兴，母子述所梦皆符，颇怪之。其子曰：取屋后土作坯，易粟。其日掘土得钱数百，自是每掘辄得钱。一日，舍旁地陷，得石炭一窖，取以供爨，延两月余，官俸亦至。

或指示孝子以父兄所在，使得完聚。卷二九七《赵重华传》：

> 七岁时，父廷瑞游江湖间久不返，重华长谒郡守请路引，榜其背曰万里寻亲……且行且乞，遇一老僧呼问其故，笑曰："汝父客无锡南禅寺中。"语讫忽不见，重华急趋至寺，果其父，出路引示之，相与恸哭，留数日乃还云南。

《丘绪传》：

绪生母黄，为嫡余所逐，不相闻已二十年。一夕，梦人告曰："若母在台州金鳌寺前。"辗转追寻，卒得母迎归，备极孝养。（节录）

王原之寻得其父，则靠神祠一梦，得人解释：

正德中父珣以家贫役重逃去，既娶，号泣辞母去，遍历山东南北，去来者数年。一日渡海至田横岛，假寐神祠中，梦至一寺，当午炊莎和肉羹食之。一老父至，惊觉，原告之梦，请占之，老父曰："若何为者。"曰："寻父。"老父曰："午者，正南位也，莎根附子，肉和之，附子脍也。求诸南方，父子其会乎。"原喜谢去，而南逾洺漳至辉县带山，有寺曰梦觉，原心动，入访之，其父果在。

黄玺之寻得其兄，亦靠神示：

兄伯震商十年不归。玺出求之，经行万里不得踪迹，最后至衡州，祷南岳庙，梦神人授以"缠绵盗贼际，狼狈江汉行"二句，一书生告之曰："此杜甫《春陵行》诗也。春陵今道州，曷往寻之。"玺从其言，果得伯震以归。

孝肃皇后之寻得失去之弟，系由伽蓝神梦示，且与英宗同时梦见。卷三〇〇《周能传》：

> 先是孝肃有弟吉祥，儿时出游去为僧，家人莫知所在，孝肃亦若忘之。一日梦伽蓝神来言："后弟今在某所。"英宗亦同时梦。旦遣小黄门以梦中言物色，得之报国寺伽蓝殿中。

施邦曜之作兽吻，亦由神示。卷二六五本传：

> 魏忠贤欲困之，使拆北堂，期五日，适大风拔屋，免谯责。又使作兽吻，仿嘉靖间制，莫考，梦神告之，发地得吻，嘉靖旧物也。忠贤不能难。

遇有人间不平事时，天亦表示意见，如卷三〇七《门达传》：

> 逯杲所遣校尉诬宁府弋阳王奠槛母子乱。帝遣官往勘，事已白。靖王奠槛等亦言无左验。帝怒责杲，杲执如初，帝竟赐奠槛母子死。方异尸出，大雷雨，平地水数尺，人咸以为冤。

有时且采积极行动，卷三〇二《马氏传》：

> 马氏年十六归诸生刘濂，十七而寡，翁家甚贫，利其再适，必欲夺其志……阴纳沈氏聘，其姑诱与俱出，

令女奴抱持纳沉舟，妇投河不得，疾呼天救我，须臾风
雨昼晦，疾雷击舟，欲覆者数四，沈惧，乃旋舟还之。

甚至为人复仇，卷三〇一《姚孝女传》：

> 招远有孝女不知其姓。父采石南山，为蟒所吞。女
> 哭之，愿见父尸同死，俄倾大雷电击蟒堕女前，腹裂见
> 父尸，女负土掩，触石而死。

鬼的灵异也不下于神，死后的性情完全和生前无异，且能附
身人体和人对话。卷一六五《毛吉传》是一个好例子：

> 方吉出军时，赍千金犒，委驿丞余文司出入，已用
> 十之三。吉既死，文悯其家贫，以所余金授吉仆，使持
> 归治丧。是夜，仆妇忽坐中堂作吉语，顾左右曰："请
> 夏宪长来。"举家大惊，走告按察使夏埙，埙至，起揖
> 曰："吉受国恩，不幸死于贼。今余文以所遗官银付吉
> 家，虽无文簿可考，吉负垢地下矣。愿亟还官，无污
> 我。"言毕仆地，顷之始苏。于是归金于官。

亦能报生前之仇，卷一七三《范广传》：

> 广与石亨、张轨不相能。及英宗复辟，亨、轨恃
> 夺门功，诬广党附于谦，谋立外藩，遂下狱论死。明年
> 春轨早朝还，途中为拱揖状，左右怪问之，曰"范广过

也"。遂得疾不能睡，痛楚月余而死。

卷一六二《尹昌隆传》：

吕震数陷昌隆，谷王谋反事发，以王前奏昌隆为长史，坐以同谋，诏公卿杂问，昌隆辩不已，震折之，狱具，置极刑死，夷其族。后震病且死，号呼尹相，言见昌隆守欲杀之云。

《刘球传》：

球下诏狱，（王振）属指挥马顺杀球，顺深夜携一小校持刀至球所，球方卧，起立大呼太祖太宗，颈断，体犹植，遂支解之，瘗狱户下。顺有子病久，忽起捽顺发，拳且击之曰："老贼，令尔他日祸逾我，我刘球也。"顺惊悸，俄而子死，小校亦死。球死数年，英宗北狩，振被杀，朝士立击顺，毙之。

《列女传二》记蔡烈女死后拘凶人自首事：

蔡烈女，少孤，与祖母居，一日祖母出，有逐仆为僧者来乞食，挑之不从，挟以刃，女徒手搏之，受伤十余处，骂不绝，宛转死灶下，贼遁去。官行验，忽来首优，官怪问故，贼曰："女拘我至此。"遂抵罪。

《列女传三》又记刘烈女死后报仇的直事：

> 刘烈女，钱塘人。少字吴嘉谏。邻富儿张阿官屡窥之，一夕缘梯入，女呼父母共执之，将讼官，张之从子倡言刘女诲淫，缚人取财，人多信之。女呼告父曰："贼污我名，不可活矣。我当诉帝求直耳。"即自缢，盛暑待验，暴日下无尸气。嘉谏初惑人言不哭，徐察之，知其诬也，伏尸大恸，女目忽开，流血泪数行，若对泣者。张延讼师丁二执前说，女傅魂于二曰："若以笔污我，我先杀汝。"二立死。时江涛震吼，岸土裂崩数十丈，人以为女冤所致，有司遂杖杀阿官及从子。

子孙有危祸时，其祖宗之鬼不能挽回，聚哭暗中，卷一八八《蒋钦传》：

> 钦复草疏劾刘瑾，方属草时，灯下微闻鬼声，钦念疏上且掇奇祸，此殆先人之灵欲吾寝此奏耳。因整衣冠立曰："果先人，盍厉声以告。"言未已，声出壁间，益凄怆，钦叹曰："业已委身，义不得顾私，使缄默负国，为先人羞，不孝孰甚。"复坐奋笔曰："死即死，此稿不可易也。"声遂止。

卷一八九《何遵传》：

> 林公黼夜草疏时，闻暗中泣叹声，不顾。

或指示出自己死处，使其子孙得以觅骨安葬。卷一三四《王溥传》：

初溥未仕时，奉母叶氏避兵贵溪，遇乱与母相失，凡十八年。尝梦母若告以所在。至是从容言于帝，请归省坟墓，许之，且命礼官具祭物。溥率士卒之贵溪，求不得，昼夜号泣。居人吴海言：夫人为贼逼，投井中死矣。溥求得井，有鼠自井出，投溥怀中，旋复入井，汲井索之，母尸在焉，哀呼不自胜，乃具棺敛，即其地以葬。

卷二八五《丁鹤年传》：

丁鹤年，回族人。至正壬辰武昌被兵，鹤年年十八，奉母走镇江，母殁，盐酪不入口者五年。避地四明……及海内大定，牒请还武昌，而生母已道阻前死，瘗东村废宅中，鹤年恸哭行求。母告以梦，乃啮血沁骨，敛而葬焉。

卷二九六《李德成传》：

幼丧父。元末，年十二，随母避寇至河滨，寇骑迫，母投河死。德成长，娶妇王氏，抟土为父母像，与妻朝夕事之。方严冬大雪，冰坚至河底，德成梦母曰："我处冰下，寒不得出。"觉而大恸，旦与妻徒跣行三百

里抵河滨，卧冰七日，冰果融数十丈，恍惚若见其母，
而他处坚冻如故。久之乃归。

在幼稚的农业社会中，农人不敢有什么奢望。他们唯一的安
慰只是在一个安定的环境中能本分地过活着。只要能活，吃苦也
是本分。在积极方面，他们唯一的希望是能使农产品丰收，不遭
什么天灾人患的困厄，因此一遇到旱灾、水灾，地方上的父母官
唯一的办法便是把这责任交给神。只要地方官真能像样地玩一套
求神许愿的把戏，机会碰得巧，灵，这一方的老百姓得救，这一
地方官也就成了理想的好官，"万家生佛"。居多是神道不给面
子，不灵，这一方的老百姓就遭了殃，只好吃草根树皮捧着肚子
过日子，反正老天爷要这样，活该挨饿，没办法。在消极方面，
老百姓唯一的希望是能过平平安安的日子。一遭了不幸的事，非
得打官司不可的时候，他们需要一个像包龙图那样的清官，能一
是一，二是二，把案子断清楚，只要不受冤，不吃亏，也就心满
意足，愿意这好官永远不离开。在官的方面，碰到没办法的旱、
水灾，唯一的办法是求神，在碰到没办法的疑案的时候，唯一的
办法也是求神，或者找一个兆头去猜谜。反正判错了案子，大不
了丢官，碰巧判准，还可以得一个好名声。求神，又不费脑力，
又省事，又显得勤劳，又对老百姓的脾胃，真是一个做官的好
办法。

老百姓理想的好官是清官，是包龙图，因此能判案能求神的
好官也特别多，下面所引的一些就是那时代的公案。能判案的官
分两级，第一级是人官，用一切人事所及的方法去察情，观色，
分析，研究，决定所受理案件的是非。第二级是神官。人官所认

为办不了的事，才去请教神官。例如卷二八九《黄宏传》：

> 知万安县。民好讼，讼辄祷于神。宏毁其祠曰："令在，何祷也。"讼至辄片言折之。

民不祷于人官而先祷于神官，这是越诉。人官所能解决的公案不应诉于神官。人官判案的方法有凭主观的方法，察情观色以定罪人之是非者，如卷一四〇《王观传》：

> 杨卓……官广东行省员外郎。田家妇独行山中，遇伐木卒，欲乱之，妇不从，被杀。官拷同役卒二十人，皆引服。卓曰："卒人众，必善恶异也，可尽抵罪乎！"列二十人庭下，熟视久之，指两卒曰："杀人者汝也。"两卒大惊，服罪。

卷一五〇《刘季篪传》：

> 河南逆旅朱、赵二人异室寝，赵被杀，有司疑朱杀之，考掠诬服。季篪独曰："是非夙仇，且其装无可利。"缓其狱，竟得杀赵者。

卷一五八《章敞传》：

> 山西盗发，捕逮数百人。敞察其冤，留词色异者一人，余悉遣生。明日讯之，留者盗，余非也。

卷一五九《刘孜传》：

> 邢宥出巡福建。民十人被诬为盗，当刑呼冤，宥为
> 缓之，果得真盗。

《杨继宗传》：

> 善辨疑狱。河间获盗，遣里民张文、郭礼送京师。
> 盗逸，文谓礼曰：“吾二人并当死，汝母老，鲜兄弟，
> 以我代盗，庶全汝母子命。”礼泣谢，从之。文桎梏诣
> 部，继宗察非盗，竟辨出之。

雍泰刚廉强直，亦以折狱名。卷一八六本传：

> 民妾亡去，妾父讼其夫密杀女匿尸湖石下。泰诘
> 曰：“彼密杀汝女，汝何以知匿所？且此非两月尸，必
> 汝杀他人女，冀得赂耳。”一考而服。

和谢士元的辨田券，都是应用科学的考证方法。卷一七二
《张瓒传》：

> 谢士元长东人。天顺七年擢建昌知府。地多盗为
> 军将所庇。士元以他事持军将，奸发辄得。民怀券讼田
> 宅，士元叱曰：“伪也，券今式，而所讼乃二十年事。”
> 民惊服，讼为衰止。

客观地凭物证人证的综合结果以决是非。卷一五○《刘季篪传》：

> 民有为盗所引者，逮至，盗已死，乃召盗妻子使识之，听其辞，诬也，释之。
>
> 扬州民家，盗夜入杀人，遗刀尸旁，刀有记识，其邻家也，官捕鞫之，邻曰："失此刀久矣。"不胜掠，诬服。季篪使人怀刀就其里潜察之，一童子识曰："此吾家物。"盗乃得。

《虞谦传》：

> 严本官大理寺正。苏州卫卒十余人夜劫客舟于河西务，一卒死，惧事觉，诬邻舟解囚人为盗，其侣往救见杀，皆诬服。本疑之曰："解人与囚同舟，为盗，囚必知之。"按验果得实，遂抵卒罪。

卷一五八《鲁穆传》：

> 漳民周允文无子，以侄为后，晚而妾生子，因析产与侄，属以妾子。允文死，侄言儿非叔子，逐去，尽夺其资。妾诉之。穆召县父老及周宗族密置妾子群儿中，咸指儿类允文，遂归其产。民呼"鲁铁面"。

卷一六一《周新传》：

（浙江）冤民系久，闻新至，喜曰："我得生矣！"至果雪之。初，新入境，群蚋迎马头，迹得死人榛中，身系小木印。新验印，知死者故布商，密令广市布，视印文合者捕鞫之，尽获诸盗……一商暮归，恐遇劫，藏金丛祠石下，归以语其妻。旦往求金不得，诉于新。新召商妻讯之，果商妻有所私。商骤归，所私尚匿妻所，闻商语，夜取之。妻与所私皆论死。其他发奸摘伏，皆此类也。

周忱、戚贤则均以机警决狱，卷二〇八《戚贤传》：

归安县有萧总管庙，报赛无虚日。会久旱，贤祷不验，沉木偶于河。居数日，舟过其地，木偶跃入舟，舟中人皆惊，贤徐笑曰："是特未焚耳。"趣焚之，潜令健隶入岸旁社，诫之曰："水中人出，械以来。"已，果获数人。盖奸民慕善泅者为之也。

卷一五三《周忱传》：

性机警，尝阴为册记阴晴风雨。或言某日江中遇风失米，忱言是日江中无风。其人惊服。有奸民故乱其旧案尝之，忱曰："汝以某时就我决事，我为汝断理，敢相绐耶。"

人官如能不畏豪强，替百姓申冤理枉，则往往因此知名。卷一七七《李秉传》：

> 官延平推官。沙县豪诬良民为盗而淫其室，秉捕
> 治豪，豪诬秉坐下狱。副使侯轨直之，论豪如法。由是
> 知名。

卷一八一《张淳传》：

> 授永康知县。吏民素多奸黠，连告罢七令。淳至，
> 日夜阅案牍，讼者数千人，剖决如流，吏民大骇，服，
> 讼浸减。凡赴控者，淳即示审期，两造如期至，片晷分
> 析无留滞，乡民裹饭一包即可毕讼，因呼为"张一包"，
> 谓其敏断如包拯也。

《明史》告诉我们张淳捕盗的两个著例：

> 巨盗卢十八剽库金，十余年不获。御史以属淳，淳
> 刻期三月必得盗，而请御史月下数十檄。及檄累下，
> 淳阳笑曰："盗遁久矣，安从捕！"寝不行。吏某妇与
> 十八通，吏颇为耳目，闻淳言以告十八，十八意自安。
> 淳乃令他役诈告吏负金，系吏狱，密召吏责以通盗死
> 罪，复教之请以妇代系，而己生营赀以偿。十八闻，亟
> 往视妇，因醉而擒之。及报御史，仅两月耳。

久之，以治行第一赴召去永，甫就车，顾其下曰："某盗已

事，去此数里，可为我缚来。"如言迹之，盗正濯足于河，系至，盗伏辜。永人骇其事，谓有神告，淳曰："此盗捕之急则遁，今闻吾去乃归耳。以理卜，何神之有！"

其最为社会及后人所乐道者是人官的微行，人官变服装成一种职业人的模样，私自下乡去探案，察访。卷二八一《周济传》：

> 正统初，擢御史，大同镇守中官以骄横闻，敕济往廉之。济变服负薪入其宅，尽得不法状还报，帝大嘉之。

周新的微行入狱一事，尤为后来公案小说所本，卷一六一本传：

> 新微服行部，忤县令，令欲拷治之，闻廉使且至，系之狱。新从狱中询诸囚，得令贪污状，告狱吏曰："我按察使也。"令惊谢罪，劾罢之。

周忱久抚江南，亦以微行民间为人著称，卷一五三本传：

> 既久任江南，与吏民相习若家人父子。每行村落，屏去驺从，与农夫饷妇相对，从容问所疾苦，为之商略处置……暇时以匹马往来江上，见者不知其为巡抚也。

次之是神官的决狱，有几种不同的方式。第一种方式是人官不能解决，因而乞灵于神，卷一六一《张昺传》记虎来伏罪事：

寡妇唯一子，为虎所噬，诉于昺。昺期五日，乃斋戒祀城隍神。及期，二虎伏庭下，昺叱曰："孰伤吾民，法当死。无罪者去。"一虎起敛尾去，一虎伏不动，昺射杀之，以畀节妇，一县称神。

卷二八一《李骥传》记狼来伏罪：

有嫠妇子啮死，诉于骥，骥祷城隍神，深自咎责。明旦，狼死于其所。

《谢子襄传》记城隍神获盗事：

有盗窃官钞，子襄檄城隍神。盗方阅钞密室，忽疾风卷堕市中，盗即伏望。

又记黄信中事亦同：

盗杀一家三人，狱久不决，信中祷于神，得真盗，远近称之。

卷二三四《马经纶传》记神遣蝴蝶指示真盗：

林培为新化知县。民有死于盗者不得，祷于神，随蝴蝶所至获盗，时惊为神。

卷二三三《谢延赞传》：

> 谢相为东安知县。奸人杀四人弃其尸，狱三年不决，相祷于神，得尸所在，狱遂成。

《张昺传》所记邪神妖巫数事尤怪异：

> 昺性刚明，善治狱，有嫁女者，及婿门而失女，互以讼于官，不能决。昺行邑界，见大树妨稼，欲伐之，民言树有神巢其巅，昺不听，率众往伐，有衣冠三人拜道左，昺叱之，忽不见，比伐树，血流出树间，昺怒，手斧之，卒仆其树，巢中堕二妇人，言狂风吹至楼上，其一即前所嫁女也。

妖巫不怕刑笞，只有官印能治他：

> 有巫能隐形，淫人妇女，昺执巫痛杖之，无所苦，已，并巫失去。昺驰缚以归，印巫背鞭之，立死。

卷一六〇《石璞传》又记猜谜获盗事：

> 璞善断疑狱。民娶妇，三日归宁，失之，妇翁讼婿杀女，诬服论死。璞祷于神，梦神示以麦字。璞曰："麦者两人夹一人也。"比明，械囚趣行刑，未出，一童子窥门屏间，捕入则道士徒也。叱曰："尔师令尔侦

事乎?"童子首实，果二道士匿妇槁麦中，立捕，论如法。

第二种方式是神或鬼先示以征象，如旋风大旱，或动物如蛇蛙之属代死者诉冤，因而祷神，为之平反。卷一八五《黄绂传》：

> 官四川左参政。按部崇庆，旋风起舆前不得行，绂曰："此必有冤，吾当为理。"风遂散。至州，祷城隍神，梦若有言州西寺者。寺去州四十里，倚山为巢，后临巨塘，僧夜杀人沉之塘下，分其赀。且多藏妇女于窟中。绂发吏兵围之，穷诘，得其状，诛僧毁其寺。

卷二〇二《王时中传》：

> 官鄢陵知县。尝出郊，旋风拥马首，时中曰："冤气也。"迹得尸眢井，乃妇与所私者杀之，遂伏辜。

卷一六一《周新传》：

> 一日视事，旋风吹叶堕案前，叶异他树，询左右，独一僧寺有之。寺去城远，新意僧杀人，发树果见妇人尸，鞫实殛僧。

决狱失当，则天必示变，卷一六一《张昺传》：

铅山俗，妇人夫死辄嫁，有病未死，先受聘供汤药者。暠欲变其俗，令寡妇皆具牒受判，署二木。曰"羞"，嫁者跪之；曰"节"，不嫁者跪之。民傅四妻祝誓死守，舅姑绐令跪"羞"木下，暠判从之，祝投后园池中死。邑大旱，暠梦妇人泣拜，觉而识其里居姓氏，往诘其状，及启土，貌如生，暠哭之恸曰："杀妇者吾也。"为文以祭，改葬焉，天遂大雨。

蛇虽然是一种讨厌的爬虫，也能替死人诉冤。卷二八一《叶宗人传》：

尝视事，有蛇升阶，若有所诉。宗人曰："尔有冤乎？吾为尔理。"蛇即出，遣隶尾之，入饼肆炉下，发之得僵尸。盖肆主杀而瘗之也。邑民以为神。

卷二八九《熊鼎传》记蛙诉冤事：

宁海民陈德仲支解黎异，异妻屡诉不得直。鼎一日览牒，有青蛙立案上，鼎曰："蛙非黎异乎？果异，止弗动。"蛙果弗动。乃逮德仲鞫实，立正其罪。

马能报仇，卷二八九《王祯传》：

祯官夔州通判，成化二年荆襄石和尚流劫至巫山，督盗同知王某者怯不救，祯面数之，即代勒所部兵民……击散之。还甫三日，贼复劫大昌，祯趣同知行，不应，指挥曹能、柴成与同知比，激祯……往，伪许相左右。祯上马挟二人与俱，夹水阵。既渡，两人见贼即走，祯被围……死。所乘马奔归，血淋漓，毛尽赤……子广鬻马为归赀，王同知得马不偿直。椟既行，马夜半哀鸣。同知起视之，马骤前啮项，捣其胸，翼日呕血死。人称为义马。

石能作怪，卷二八一《王源传》：

> 西湖山上有大石为怪，源命凿之，果获石骷髅，怪遂息。乃琢为碑大书："潮州知府王源除怪石。"

天人合一，人心不但能通于天心，且能通于禽兽及一切自然界象征。最著名的例是孝子的感应，如章溢、蔡毅中、王俊、石鼐、谢用诸传所记的反风却水却虎诸异迹。卷一二八《章溢传》：

> 父殁未葬，火焚其庐，溢搏颡顑天，火至柩所而灭。

卷二九七《谢用传》：

> 用居丧以孝闻。邻人失火延数十家，将至用舍，风反火息。

《王俊传》：

> 母卒，俊扶榇还葬，刈草莱为芰舍，寝处茔侧。野火延爇将及，俊叩首痛哭，火及茔树而止。

> 杨敬母殁，枢在堂，邻家失火，烈焰甚迫，敬抚枢哀号，风止火灭。

《石蒯传》：

> 父殁，庐墓初成。天大雨，山水骤涨，蒯仰天号哭，水将及墓，忽分两道去，墓获全。

精诚所至，即使是六月也能结冰，卷二一六《蔡毅中传》：

> 方母病，盛夏思冰，盂水忽冻。

虎亦能知礼不犯，卷一五〇《师逵传》：

> 少孤，事母至孝。年十三，母疾，思藤花菜，遂出城南二十余里求之，及归，夜二鼓，遇虎，逵惊呼天，虎舍之去，母疾寻愈。

卷二九六《谢定住传》：

> 年十二，家失牛，母抱幼子追逐，定住随母后，虎

跃出噬其母，定住奋前击之，虎逸去。取弟抱之，扶母行，虎复追啮母颈，定住再击之，虎复去。行数步，虎还啮母足，定住复取石击虎乃舍去。母子三人并全。

最惨的莫如割臂割肝去治尊长的疾病，因为在这混杂的天人合一论下生活着的老实人，以为天人相通，在遭了人力所不能治疗的痼疾时候，忍死割肉或能引起天和神的同情心，赐以神迹的痊愈。并且他们也真相信人身上的紧要部分和致死部分的肝、心等有疗疾的神秘功效。打开史书的孝义传一看，所记载的差不多全是这一类残酷非人的记载。在此举两个例，卷三〇一《杨泰奴传》：

张氏姑病，医百方不效，一方士至其门曰："人肝可疗。"张割左胁下得膜如絮，以手探之没腕，取肝二寸许，无少痛，作羹以进，姑病遂瘳。

卷三〇二《倪氏传》：

姑鼻患疽垂毙，躬为吮治不愈。乃夜焚香告天，割左臂肉以进，姑啖之愈，远近称孝妇。

初刊于《文学》第二卷第十号
1934 年

《金瓶梅》的著作时代及其社会背景

要知道《金瓶梅》这部书的社会背景，我们不能不先考定它的产生时代。同时，要考定它的产生时代，我们不能不把一切关于《金瓶梅》的附会传说肃清，还它一个本来面目。

《金瓶梅》是一部现实主义作品，所集中描写的是作者所处时代的市井社会的奢靡淫荡的生活。它细致生动的白描技术和汪洋恣肆的气势，在未有刻本以前，即已为当时的文人学士所叹赏惊诧。但因为作者敢对于性生活作无忌惮的大胆的叙述，便使社会上一般假道学先生感觉到逼胁而予以摈斥，甚至怕把它刻板行世会有堕落地狱的危险，但终之不能不佩服它的艺术的成就。另一方面一般神经过敏的人又自作聪明地替它解脱，以为这书是"别有寄托"，替它捏造成一串可歌可泣悲壮凄烈的故事。

无论批评者的观点怎样，《金瓶梅》的作者，三百年来都公认为王世贞而无异词。他们的根据是：

一、沈德符的话：说这书是嘉靖中某大名士作的。这一位某先生，经过几度的附会，就被指实为王世贞。

二、因为书中所写的蔡京父子，相当于当时的严嵩父子。王家和严家有仇，所以王世贞写这部书的目的是（甲）报仇，（乙）讽刺。

三、是据本书的艺术和才气立论的。他们先有了一个"苦孝说"的主观之见，以为像这样的作品非王世贞不能写。现在我们不管这些理由是否合理，且把他们所乐道的故事审查一下，看是王世贞作的不是。

一 《金瓶梅》的故事

《金瓶梅》的作者虽然已被一般道学家肯定为王世贞（他们以为这样一来，会使读者饶恕它的"猥亵"描写），但是他为什么要写这书？书中的对象是谁？却众说纷纭，把它归纳起来不外是：

甲、复仇说 对象（1）严世蕃

（2）唐顺之

乙、讽刺说 对象——严氏父子

为什么《金瓶梅》会和唐顺之发生关系呢？这里面又包含着另外一个故事——《清明上河图》的故事。

（一）《清明上河图》和唐荆川

《寒花盦随笔》：

"'世传《金瓶梅》一书为王弇州（世贞）先生手笔，用以讥严世蕃者。书中西门庆即世蕃之化身，世蕃亦名庆，西门亦名庆，世蕃号东楼，此书即以西门对之。'或谓此书为一孝子所作，所以复其父仇者。盖孝子所识一巨公实杀孝子父，图报累累皆不济。后忽侦知巨公观书时必以指染沫，翻其书业。孝子乃以三年之力，经营此书。书成黏毒药于纸角，觇巨公外出时，使人持书叫卖于市，曰天下第一奇书，巨公于车中闻之，即索观，车行及其第，书已观讫，啧啧叹赏，呼卖者问其值，卖者竟不见，巨公顿悟为所算，急自营救已不及，毒发遂死。'今按二说皆是，孝子即凤洲（世贞号）也，巨公为唐荆川（顺之），凤洲之父忬死于严氏，实荆川赞之也。姚平仲《纲鉴絜要》载杀巡抚王忬事，注谓'忬有古画，严嵩索之，忬不与，易以摹本。有识画者为辨其赝。嵩怒，诬以失误军机杀之'。但未记识画人姓名，有知其事者谓识画人即荆川，古画者《清明上河图》也。

"凤洲既抱终天之恨，誓有以报荆川，数遣人往刺之，荆川防护甚备。一夜，读书静室，有客自后握其发将加刃，荆川曰：'余不逃死，然须留遗书嘱家人。'其人立以俟，荆川书数行，笔头脱落，以管就烛，佯为治笔，管即毒弩，火热机发，镞贯刺客喉而毙。凤洲大失望！

"后遇于朝房，荆川曰：'不见凤洲久，必有所著。'答以《金瓶梅》，实凤洲无所撰，姑以诳语应耳。荆川索之急，凤洲归，广召梓工，旋撰旋刊，以毒水濡墨刷印，奉之荆川。荆川阅书甚急，墨浓纸黏，卒不可揭，乃屡以纸润口津揭书，书尽毒发而死。

"或传此书为毒死东楼者。不知东楼自正法，毒死者实荆川也。彼谓以三年之力成书，及巨公索观于车中云云，又传闻异词耳。"

这是说王忬进赝书于严嵩，为唐顺之识破，致陷忬于法。世贞图报仇，进《金瓶梅》毒死顺之。刘廷玑的《在园杂志》也提到此事，不过把《清明上河图》换成《辋川真迹》，把识画人换成汤裱褙，并且说明顺之先和王忬有宿怨。他说："明太仓王思质（忬）家藏右丞所写《辋川真迹》，严世蕃闻而索之。思质爱惜世宝，予以抚本。世蕃之裱工汤姓者，向在思质门下，曾识此图，因于世蕃前陈其真赝，世蕃衔之而未发也。会思质总督蓟辽军务，武进唐应德（顺之）以兵部郎官奉命巡边，严嵩筋之内阁，微有不满思质之言，应德颔之。至思质军，欲行军中驰道，思质以己兼兵部堂衔难之，应德怫然，遂参思质军政废弛，虚糜国帑，累累数千言。先以稿呈世蕃，世蕃从中主持之，逮思质至京弃市。"

到了清人的《缺名笔记》又把这故事变动一下：

《金瓶梅》为旧说部中四大奇书之一，相传出王世贞手，为报复严氏之《督亢图》。或谓系唐荆川事。荆川任江右巡抚时有所周纳，狱成，罹大辟以死。其子百计求报，而不得间。会荆川解职归，遍阅奇书，渐叹观止。乃急草此书，渍砒于纸以进，盖审知荆川读书时必逐页用纸黏舌，以次披览也。荆川得书后，览一夜而毕，蓦觉舌木强涩，镜之黑矣。心知被毒，呼其子曰："人将谋我，我死，非至亲不得入吾室。"逾时遂卒。

旋有白衣冠者呼天抢地以至，蒲伏于其子之前，谓

曾受大恩于荆川，愿及未盖棺前一亲其颜色。鉴其诚许
之入，伏尸而哭，哭已再拜而出。及殓则一臂不知所
往，始悟来者即著书之人，因其父受缳首之辱，进鸩不
足，更残其支体以为报也。

（二）汤裱褙

识画人在另一传说中，又变成非大儒名臣的当时著名装潢
家汤裱褙。这一说最早的要算沈德符的《野获编》，他和世贞同
一时代，他的祖、父又都和王家世交，所以后人都偏重这一说。
《野获编补遗》卷二《伪画致祸》：

> 严分宜（嵩）势炽时，以诸珍宝盈溢，遂及书画
> 骨董雅事。时鄢懋卿以总醵使江淮，胡宗宪、赵文华以
> 督兵使吴越，各承奉意旨，搜取古玩，不遗余力。时传
> 闻有《清明上河图》手卷，宋张择端画，在故相王文恪
> （鏊）胄君家，其家巨万，难以阿堵动。乃托苏人汤臣者
> 往图之，汤以善装潢知名，客严门下，亦与娄江王思质
> 中丞往还，乃说王购之。王时镇蓟门，即命汤善价求市，
> 既不可得，遂嘱苏人黄彪摹真本应命，黄亦画家高手也。
>
> 严氏既得此卷，珍为异宝，用以为诸画压卷，置酒
> 会诸贵人赏玩之。有妒王中丞者知其事，直发为赝本。
> 严世蕃大惭怒，顿恨中丞，谓有意绐之，祸本自此成。
> 或云即汤姓怨弇州伯仲自露始末，不知然否？

这一说是《清明上河图》本非王忬家物，由汤裱褙托王忬

想法不成功，才用摹本代替，末了还是汤裱褙自发其覆。顾公燮《消夏闲记摘抄》作"《金瓶梅》缘起王凤洲报父仇"一则即根据此说加详，不过又把王鏊家藏一节改成王忬家藏，把严氏致败之由，附会为世蕃病足，把《金瓶梅》的著作目的改为讥刺严氏了：

太仓王忬家藏《清明上河图》，化工之笔也。严世蕃强索之，忬不忍舍，乃觅名手摹赝者以献。先是忬巡抚两浙，遇裱工汤姓流落不偶，携之归，装潢书画，旋荐之世蕃。当献画时，汤在侧谓世蕃曰："此图某所目睹，是卷非真者，试观麻雀小脚而踏二瓦角，即此便知其伪矣。"世蕃恚甚，而亦鄙汤之为人，不复重用。

会俺答入寇大同，忬方总督蓟、辽，鄢懋卿嗾御史方辂劾忬御边无术，遂见杀。后范长白公允临作《一捧雪》传奇，改名为《莫怀古》，盖戒人勿怀古董也。

忬子凤洲（世贞）痛父冤死，图报无由。一日偶谒世蕃，世蕃问坊间有好看小说否？答曰有，又问何名，仓促之间，凤洲见金瓶中供梅，遂以《金瓶梅》答之，但字迹漫灭，容钞正送览。退而构思数日，借《水浒传》西门庆故事为蓝本，缘世蕃居西门，乳名庆，暗讥其闺门淫放，而世蕃不知，观之大悦。把玩不置。

相传世蕃最喜修脚，凤洲重赂修工，乘世蕃专心阅书，故意微伤脚迹，阴擦烂药，后渐溃腐，不能入直，独其父嵩在阁，年衰迟钝，票本批拟，不称上旨，宠日以衰。御史邹应龙等乘机劾奏，以至于败。

徐树丕的《识小录》又以为汤裱褙之证画为伪，系受贿不及之故，把张择端的时代由宋升至唐代，画的内容也改为汴人掷骰：

> 汤裱褙善鉴古，人以古玩赂严世蕃必先贿之，世蕃令辨其真伪，其得贿者必曰真也。吴中一都御史偶得唐张择端《清明上河图》临本馈世蕃而贿不及汤。汤直言其伪，世蕃大怒，后御史竟陷大辟。而汤则先以诓谝遣戍矣。
>
> 余闻之先人曰《清明上河图》皆寸马豆人，中有四人樗蒲，五子皆六而一犹旋转，其人张口呼六，汤裱褙曰："汴人呼六当撮口，而令张口是采闽音也。"以是识其伪。此与东坡所说略同，疑好事者伪为之。近有《一捧雪》传奇亦此类也，特甚世蕃之恶耳。

（三）况叔祺及其他

梁章钜《浪迹丛谈》记此事引王襄《广汇》之说，即本《识小录》所载，所异的是不把识画人的名字标出，他又以为王忬之致祸是由于一诗一画：

> 王襄《广汇》："严世蕃常索古画于王忬，云值千金，忬有临幅绝类真者以献。乃有精于识画者往来忬家有所求，世贞斥之。其人知忬所献画非真迹也，密以语

世蕃。会大同有虏警，巡按方辂劾忏失机，世蕃遂告嵩票本论死。"

又孙之𫘧《二申野录注》："后世蕃受刑，弇州兄弟赎得其一体，熟而荐之父灵，大恸，两人对食，毕而后已。诗画贻祸，一至于此，又有小人交构其间，酿成尤烈也。"

按所云诗者谓杨椒山（继盛）死，弇州以诗吊之，刑部员外郎况叔祺录以示嵩，所云画者即《清明上河图》也。

综合以上诸说，归纳起来是：

1.《金瓶梅》为王世贞作，用意（甲）讥刺严氏，（乙）作对严氏复仇的《督亢图》，（丙）对荆川复仇。

2. 唐荆川谮杀王忬，忬子世贞作《金瓶梅》，荆川于车中阅之中毒卒。

3. 世贞先行刺荆川不遂，后荆川向其索书，遂撰《金瓶梅》以毒之。

4. 唐、王结怨之由是荆川识《清明上河图》为伪，以致王忬被刑。

5.《金瓶梅》为某孝子报父仇作，荆川因以被毒。

6. 汤裱褙识王忬所献《辋川真迹》为伪，唐顺之行边与王忬忤，两事交攻，王忬以死。

7.《清明上河图》为王鏊家物，世蕃门客汤臣求之不遂，托王忬想法也不成功，王忬只得拿摹本应命，汤裱褙又自发其覆，遂肇大祸。

8. 严世蕃强索《清明上河图》于王忬，忬以赝本献，为旧所提携汤姓者识破。

9. 世蕃向世贞索小说，世贞撰《金瓶梅》以讥其闺门淫放，而世蕃不知。

10. 世贞赂修工烂世蕃脚，不能入直，严氏因败。

11. 王忬献画于世蕃，而贿不及汤裱褙，因被指为伪，致陷大辟。

12. 王忬致祸之由为《清明上河图》及世贞吊杨继盛诗触怒严氏。

以上一些五花八门的故事，看起来似乎很多，其实包含着两个有联系的故事——《清明上河图》和《金瓶梅》。

二 王忬的被杀与《清明上河图》

按《明史》卷二〇四《王忬传》：

嘉靖三十六年（1557）部臣言："蓟镇额兵多缺，宜察补。"乃遣郎中唐顺之往核。还奏额兵九万有奇，今惟五万七千，又皆羸老，忬与……等俱宜按治……三十八年二月，把都儿、辛爱数部屯会州挟朵颜为乡导……由潘家口入渡滦河……京师大震。御史王渐、方辂遂劾忬及……罪，帝大怒……切责忬令停俸自效。至五月辂复劾忬失策者三，可罪者四，遂命逮忬及……下诏狱……明年冬竟死西市。忬才本通敏，其骤拜都御史及屡更督抚也，皆帝特简，所建请无不从。为总督，数以败闻，由是渐失宠。既有言不练主兵者，帝益大恚，谓忬怠事负我。嵩雅不悦忬，而忬子世贞复用口语积失欢于嵩子世蕃，严氏客又数以世贞家琐事构于嵩父子，杨继盛之死，世贞又经纪其丧，嵩父子大恨，滦河变闻，遂得行其计。

当事急时，世贞"与弟世懋日蒲伏嵩门涕泣求贷，嵩阴持忬狱，而时为谩语以宽之。两人又日囚服跽道旁，遮诸贵人舆搏颡乞救，诸贵人畏嵩，不敢言"[1]。

王忬死后，一般人有说他"死非其罪"的，也有人说他是"于法应诛"的，他的功罪我们姑且不管，要之，他之死于严氏父子之手，却是一件不可否认的事实。

我们要判断以上所记述的故事是否可靠，先要研求王忬和严氏父子结仇的因素，关于这一点最好拿王世贞自己的话来说明。

《弇州山人四部稿》卷一二三《上太傅李公书》：

> ……至于严氏所以切齿于先人者有三：其一，乙卯冬仲芳兄（杨继盛）且论报，世贞不自揣，托所知向严氏解救不遂，已见其嫂代死疏辞懑，少为笔削。就义之后，躬视含殓，经纪其丧。为奸人某某（按即指况叔祺）文饰以媚严氏。先人闻报，弹指唾骂，亦为所诇。其二，杨某为严氏报仇曲杀沈铄，奸罪万状，先人以比壤之故，心不能平，间有指斥。渠误谓青琐之抨，先人

---

① 《明史》卷二八七《王世贞传》。

预力，必欲报之而后已。其三，严氏与今元老相公（徐阶）方水火，时先人偶辱见收葭莩之末。渠复大疑有所弃就，奸人从中构牢不可解。以故练兵一事，于拟票内一则曰大不如前，一则曰一卒不练，所以阴夺先帝（嘉靖帝）之心而中伤先人者深矣。预报贼耗，则曰王某恐吓朝廷，多费军饷。虏贼既退，则曰将士欲战，王某不肯。兹谤既腾，虽使曾参为子，慈母有不投杼者哉！

以上三个原因是（1）关于杨继盛，（2）关于沈炼，（3）关于徐阶，都看不出有什么书画肇祸之说。试再到旁的地方找去，《明史》卷二八七《王世贞传》说：

> 奸人阎姓者犯法，匿锦衣都督陆炳家，世贞搜得之。炳介严嵩以请，不许。杨继盛下吏，时进汤药。其妻讼夫冤，为代草。既死，复棺殓之。嵩大恨。吏部两拟提学，皆不用。用为青州兵备副使。父忬以滦河失事，嵩构之论死。

沈德符《野获编》卷八《严相处王弇州》：

> 王弇州为曹郎，故与分宜父子善。然第因乃翁思质（忬）方总督蓟、辽，姑示密以防其忮，而心甚薄之。每与严世蕃宴饮，辄出恶谑侮之，已不能堪。会王弟敬美继登第，分宜呼诸孙切责以"不克负荷"诃诮之，世蕃益恨望，日谮于父前，分宜遂欲以长史处之，赖徐华

亭（阶）力救得免，弇州德之入骨。后分宜因唐荆川阅
边之疏讥切思质，再入鄢剑泉（懋卿）之赞决，遂置思
质重辟。

这是说王忬之得祸，是由于世贞之不肯趋奉严氏和谑毒世
蕃，可用以和《明史》相印证。所谓恶谑，丁元荐《西山日记》
曾载有一则：

王元美先生善谑，一日与分宜胄子饮，客不任酒，
胄子即举杯虐之，至淋漓巾帻。先生以巨觥代客报世
蕃，世蕃辞以伤风不胜杯杓，先生杂以诙谐曰："爹居
相位，怎说出伤风？"旁观者快之。

也和《清明上河图》之说渺不相涉。

现在我们来推究《清明上河图》的内容和它的流传经过，考
察它为什么会和王家发生关系，衍成如此一连串故事的由来。

《清明上河图》到底是一幅怎样的画呢？李东阳《怀麓堂集》
卷九《题清明上河图》一诗描写得很清楚详细：

宋家汴都全盛时，四方玉帛梯航随，清明上河俗所
尚，顷城士女携童儿。城中万屋翚甍起，百货千商集成
蚁，花棚柳市围春风，雾阁云窗粲朝绮。芳原细草飞轻
尘，驰者若飙行若云，红桥影落浪花里，揿舵撇篷俱有
神。笙声在楼游在野，亦有驱牛种田者，眼中苦乐各有
情，纵使丹青未堪写！翰林画史张择端，研朱吮墨镂心

肝，细穷毫发伙千万，直与造化争雕镌。图成进入缉熙
殿，御笔题签标卷面，天津一夜杜鹃啼，倏忽春光几回
变。朔风卷地天雨沙，此图此景复谁家？家藏私印屡易
主，赢得风流后代夸。姓名不入《宣和谱》，翰墨流传
藉吾祖，独从忧乐感兴衰，空吊环州一抔土！丰亨豫大
纷彼徒，当时谁进流民图？乾坤仰意不极，世事荣枯无
代无！

关于这图的沿革，钱谦益《牧斋初学集》卷八五《记清明上
河图卷》：

> 嘉禾谭梁生携《清明上河图》过长安邸中，云此张
> 择端真本也……此卷向在李长沙家，流传吴中，卒为袁
> 州所钩致，袁州籍没后已归御府，今何自复流传人间？
> 书之以求正于博雅君子。天启二年壬戌五月晦日。

按长沙即李东阳，袁州即严嵩。据此可知这图的收藏经
过是：

> 1. 李东阳家藏。
> 2. 流传吴中。
> 3. 归严氏。
> 4. 籍没入御府。

一百年中流离南北，换了四个主人，可惜不知道在吴中的

收藏家是谁。推测当分宜籍没时，官中必有簿录，因此翻出《胜朝遗事》所收的文嘉《钤山堂书画记》，果然有详细的记载，在《名画部·宋》有：

张择端《清明上河图》。图藏宜兴徐文靖（徐溥）家，后归西涯李氏（东阳），李归陈湖陆氏，陆氏子负官缗，质于昆山顾氏，有人以一千二百金得之。然所画皆舟车城郭桥梁市廛之景，亦宋之寻常画耳，无高古气也。

按田艺蘅《留青日札》严嵩条记嘉靖四十四年（1565）八月抄没清单有：

石刻法帖三百五十八册轴，古今名画刻丝纳纱纸金绣手卷册共三千二百零一轴。内有……宋张择端《清明上河图》……乃苏州陆氏物，以千二百金购之，才得其赝本，卒破数十家。其祸皆成于王彪、汤九、张四辈，可谓尤物害民。

这一条记载极关重要，它所告诉我们的是：

1.《清明上河图》乃苏州陆氏物。

2. 其人以千二百金问购，才得赝本，卒破数十家。

3. 诸家记载中之汤裱褙或汤生行九，其同恶为严氏鹰犬者有王彪、张四诸人。

考陈湖距吴县三十里，属苏州。田氏所记的苏州陆氏当即为文氏所记之陈湖陆氏无疑。第二点所指明的也和文氏所记吻合。由苏州陆氏的渊源，据《钤山堂书画记》："陆氏子负官缗，质于昆山顾氏。"两书所说相同，当属可信。所谓昆山顾氏，考《昆新两县合志》卷二○《顾梦圭传》：

> 顾懋宏字靖甫，初名寿，一字茂俭，潜孙，梦圭子。十三补诸生，才高气豪，以口过被祸下狱，事白而家壁立。依从父梦羽蕲州官舍，用蕲籍再为诸生。寻东还，游太学，举万历戊子乡荐。授休宁教谕，迁南国子学录，终莒州知州。自劾免。筑室东郊外，植梅数十株吟啸以老。

按梦圭为嘉靖癸未（1523）进士，官至江西布政使。他家世代做官，为昆山大族。其子懋宏十三补诸生。嘉靖四十一年（1562）五月严嵩事败下狱，四十四年三月严世蕃伏诛，严氏当国时代恰和懋宏世代相当，由此可知传中所消"以口过被祸下狱，事白而家壁立"一段隐约的记载，即指《清明上河图》事，和文田两家所记相合。

这样，这图的沿革可列如下：

1. 宜兴徐氏。
2. 西涯李氏。
3. 陈湖陆氏。
4. 昆山顾氏。

5. 袁州严氏。

6. 内府。

在上引的史料中，最可注意的是《钤山堂书画记》。因为文嘉家和王世贞家是世交，他本人也是世贞好友之一。他在嘉靖四十四年（1565）应何宾涯之召检阅籍没入官的严氏书画，到隆庆二年（1568）整理所记录成功这一卷书。时世贞适新起用由河南按察副使擢浙江布政使司左参政分守湖州。假如王氏果和此图有关系，并有如此悲惨的故事包含在内，他决不应故没不言！

在以上所引证的《清明上河图》的经历过程中，很显明安插不下王忬或王世贞的一个位置。那么，这图到底是怎样才和王家在传说中发生关系的呢？按《弇州山人四部稿续稿》卷一六八《清明上河图别本跋》：

张择端《清明上河图》有真赝本，余均获寓目。真本人物身车桥道宫室皆细于发，而绝老劲有力，初落墨相家，寻籍入天府为穆庙所爱，饰以丹青。

赝本乃吴人黄彪造，或云得择端稿本加删润，然与真本殊不相类，而亦自工致可念，所乏腕指间力耳，令在家弟（世懋）所。此卷以为择端稿本，似未见择端本者。其所云于禁烟光景亦不似，第笔势遒逸惊人，虽小麁率，要非近代人所能办，盖与择端同时画院祗候，各图汴河之胜，而有甲乙者也。吾乡好事人遂定为真稿本，而谒彭孔嘉小楷，李文正公记，文徵仲苏书，吴文定公跋，其张著、杨准二跋，则寿承、休承以小行代

之，岂惟出蓝！而最后王禄之、陆子傅题字尤精楚。陆
于逗漏处，毫发贬驳殆尽，然不能断其非择端笔也。使
画家有黄长睿那得尔？

其第二跋云：

按择端在宣政间不甚著，陶九畴纂《图绘宝鉴》，
搜括殆尽，而亦不载其人。昔人谓逊功帝以丹青自负，
诸祗候有所画，皆取上旨裁定。画成进御，或少增损。
上时时草创下诸祗候补景设色，皆称御笔，以故不得自
显见。然是时马贲、周曾、郭思、郭信之流，亦不致泯
然如择端也。而《清明上河》一图，历四百年而大显，
至劳权相出死构，再损千金之值而后得，嘻！亦已甚
矣。择端他图余见之殊不称，附笔于此。

可知此图确有真赝本，其赝本之一确曾为世贞爱弟世懋所
藏，这图确曾有一段悲惨的故事："至劳权相出死构，再损千金
之值而后得。"这两跋都成于万历三年（1575）以后，所记的是
上文所举的昆山顾氏的事，和王家毫不相干。这一悲剧的主人公
是顾懋宏，构祸的是汤九或汤裱褙，权相是严氏父子。

由以上的论证，我们知道一切关于王家和《清明上河图》的
记载，都是任意捏造，牵强附会。无论他所说的是《辋川真迹》，
是《清明上河图》，是黄彪的临本，是王鏊家藏本，还是王忬所
藏的，都是无中生有。事实的根据一去，当然唐顺之或汤裱褙甚
至第三人的行谮或指证的传说，都一起跟着不存在了。

但是，像沈德符、顾公燮、刘廷玑、梁章钜等人，在当时都是很有名望的学者，沈德符和王世贞是同一时代的人，为什么他们都会捕风捉影，因讹承讹呢？

这原因据我的推测，以为是：

> 一是看不清《四部稿》两跋的原意，误会所谓"权相出死力构"是指他的家事，因此而附会成一串故事。二是信任《野获编》作者的时代和他与王家的世交关系，以为他所说的话一定可靠，而靡然风从，群相应和。三是故事本身的悲壮动人，同情被害人的遭遇，辗转传述，甚或替它装头补尾，虽悖"求真之谛"亦所不惜。
>
> 次之因为照例每个不幸的故事中，都有一位丑角在场，汤裱褙是当时的名装潢家，和王、严两家都有来往，所以顺手把他拉入做一点缀。
>
> 识画人的另一传说是唐顺之，因为他曾有疏参王忬的事迹，王忬之死他多少应负一点责任。到了范允临的时候，似乎又因为唐顺之到底是一代大儒，不好任意得罪，所以在他的剧本——《一捧雪》传奇中仍旧替回了汤裱褙。几百年来，这剧本到处上演，剧情的凄烈悲壮，深深地感动了千万的人，于是汤裱褙便永远留在这剧本中做一位挨骂的该死丑角。

三 《金瓶梅》非王世贞所作

最早提到《金瓶梅》的，是袁宏道的《觞政》：

> 凡《六经》《语孟》所言饮式，皆酒经也。其下则
> 汝阳王《甘露经酒谱》……为内典……传奇则《水浒传》
> 《金瓶梅》为逸典……①

袁宏道写此文时，《金瓶梅》尚未有刻本，已极见重于文人，拿它和《水浒》并列了。可惜袁宏道只给了我们一个艺术价值的暗示，而没提出它的著者和其他事情。稍后沈德符的《野获编》卷二五《金瓶梅》所说的就详细多了，沈德符说：

> 袁中郎《觞政》以《金瓶梅》配《水浒传》为外
> 典，予恨未得见。丙午（1606）遇中郎京邸，问曾有全
> 帙否？曰第睹数卷甚奇快，今惟麻城刘延白承禧家有
> 全本，盖从其妻家徐文贞录得者。又三年小修（袁中
> 道，宏道弟）上公车，已携有其书，因与借抄挈归。吴
> 友冯犹龙见之惊喜，怂恿书坊以重价购刻。马仲良时榷
> 吴关，亦劝予应梓人之求，可以疗饥。予曰："此等书
> 必遂有人板行，但一刻则家传户到，坏人心术，他日阎
> 罗究诘始祸，何辞置对？吾岂以刀锥博泥犁哉！"仲良
> 大以为然，遂固箧之。未几时而吴中悬之国门矣。然原
> 本实少五十三回至五十七回。遍觅不得。有陋儒补以入
> 刻，无论肤浅鄙俚，时作吴语，即前后血脉，亦绝不贯
> 串，一见知其赝作矣。
> 　　闻此为嘉靖间大名士手笔，指斥时事，如蔡京父子

---

① 《袁中郎全集》卷一四，十之《掌故》。

则指分宜，林灵素则指陶仲文，朱勔则指陆炳，其他各有所属云。

关于有刻本前后的情形和书中所影射的人物，他都讲到了，单单我们所认为最重要的著者，他却只含糊地说了"嘉靖间大名士"了事，这六个字的含义是：

> 1. 作者是嘉靖时人。
> 2. 作者是大名士。
> 3. 《金瓶梅》是嘉靖时的作品。

几条嘉靖时代若干大名士都可适用的规限，更不妙的是他指这书是"指斥时事"的，平常无缘无故的人要指斥时事干什么呢？所以顾公燮等人便因这一线索推断是王世贞的作品，牵连滋蔓，造成上述一些故事。康熙乙亥（1696）刻的《金瓶梅》谢颐作的序便说：

> 《金瓶梅》一书传为凤洲门人之作也。或云即出凤洲手。然洋洋洒洒一百回内，其细针密线，每令观者望洋而叹。

到了《寒花盦随笔》《缺名笔记》一些人的时代，便索性把或字去掉。一直到近人蒋瑞藻《小说考证》还认定是弇州之作而不疑：

《金瓶梅》之出于王世贞手不疑也。景倩距弇州时
代不远，当知其详。乃断名士二字了之，岂以其诲淫故
为贤者讳欤！

其实一切关于《金瓶梅》的故事，都只是故事而已，都不可
信。应该根据真实史料，把一切荒谬无理的传说，一起踢开，还
给《金瓶梅》以一个原来的面目。

第一，我们要解决一个问题，要先抓住它的要害点，关于
《清明上河图》在上文已经证明和王家无关。次之就是这一切故
事的焦点——作《金瓶梅》的缘起和《金瓶梅》的对象严世蕃或
唐荆川之被毒或被刺。因为这书据说是作者来毒严氏或唐氏的，
如两人并未被毒或无被毒之可能时，这一说当然不攻自破。

甲，严世蕃是正法死的，并未被毒，这一点《寒花盒随笔》
的作者倒能辨别清楚。顾公燮便不高明了，他以为王忬死后世贞
还去谒见世蕃，世蕃索阅小说，因作《金瓶梅》以讥刺之。其实
王忬被刑在嘉靖三十九年（1560）十月初一日，殁后世贞兄弟即
扶枢返里，十一月二十七日到家，自后世贞即屏居里门，到隆庆
二年（1568）始起为河南按察副使。另一方面严嵩于四十一年五
月罢相，世蕃也随即被刑。王忬死后世贞方痛恨严氏父子之不
暇，何能腼颜往谒贼父之仇？而且世贞于父死后即返里屏居，中
间无一日停滞，南北相隔，又何能与世蕃相见？即使可能，世蕃
已被放逐，不久即死，亦何能见？如说此书之目的专在讽刺，则
严氏既倒，公论已明，亦何所用其讽刺？且《四部稿》中不乏抨
责严氏之作，亦何庸与此洋洋百万言之大作以事此无谓之讽刺？

再次，顾氏说严氏之败是由世贞贿修工烂世蕃脚使不能入直

致然的，此说亦属无稽，据《明史》卷三〇八《严嵩传》所言：

> 嵩虽警敏，能先意揣帝指，然帝所下手诏语多不可晓，惟世蕃一览了然，答语无不中。及嵩妻欧阳氏死，世蕃当护丧归，嵩请留侍京邸，帝许之，然自是不得入直所代嵩票拟，而日纵淫乐于家。嵩受诏多不能答，遣使持问世蕃，值其方耽女乐，不以时答，中使相继促嵩，嵩不得已自为之，往往失旨。所进青词又多假手他人不能工，以是积失帝欢。

则世蕃之不能入直是因母丧，嵩之败是因世蕃之不代票拟，也和王世贞根本无关。

乙，关于唐顺之，按《明史》卷二〇五："顺之出为淮扬巡抚，兵败力疾过焦山，三十九年春卒。"王忬死在是年十月，顺之比王忬早死半年，世贞何能预写《金瓶梅》报仇？世贞以先一年冬从山东弃官省父于京狱，时顺之已出官淮扬，二人何能相见于朝房？顺之比王忬早死半年，世贞又安能遣人行刺于顺之死后？

第二，"嘉靖中大名士"是一句空洞的话，假使可以把它牵就为王世贞，那么，又为什么不能把它归到曾著有杂剧四种的天都外臣汪道昆？为什么不是以杂剧和文采著名的屠赤水、王百谷或张凤翼？那时的名士很多，又为什么不是所谓前七子、广五子、后五子、续五子以及其他的山人墨客？我们有什么反证说他们不是"嘉靖间的大名士"？

第三，再退一步承认王世贞有作《金瓶梅》的可能（自然，他不是不能作）。但是问题是他是江苏太仓人，并且是土著，有什么保证可以断定他不"时作吴语"？《金瓶梅》用的是山东的方言，王世贞虽曾在山东做过三年官（1557—1559），但是能有证据说他在这三年中，曾学会了，甚至能和土著一样地使用当地的方言吗？假使不能，又有什么根据使他变成《金瓶梅》的作者呢？

前人中也曾有人断定王世贞绝不是《金瓶梅》的作者，清礼亲王昭梿就是其中的一个，他说：

> 《金瓶梅》其淫亵不待言。至叙宋代事，除《水浒》所有外，俱不能得其要领。以宋、明二代官名羼杂其间，最属可笑。是人尚未见商辂《宋元通鉴》者，无论宋元正史！弇州山人何至谫陋若是，必为赝作无疑也。①

作小说虽不一定要事事根据史实，不过假如是一个史学名家作的小说，纵使下笔十分不经意，也不至于荒谬到如昭梿所讥。王世贞在当时学者中堪称博雅，时人多以有史识史才许之，他自身亦以此自负。且毕生从事著述，卷帙甚富，多为后来修史及研究明代掌故者所取材。假使是他作的，真的如昭梿所说："何至谫陋若是！"不过昭梿以为《金瓶梅》是赝作，这却错了。因为以《金瓶梅》为王世贞作的都是后来一般的传说，在《金瓶梅》的本文中除掉应用历史上的背景来描写当时的市井社会奢侈放纵的生活以外，也丝毫找不出有作者的什么本身的暗示存在着。作

---

① 《啸亭续录》卷二。

者既未冒王世贞的名字，来增高他著述的声价，说他是赝作，岂非无的放矢。

四 《金瓶梅》是万历中期的作品

小说在过去时代是不登大雅之堂的，尤其是"猥亵"的作品。因此小说的作者姓名往往因不敢署名，而致埋没不彰。更有若干小说不但不敢署名，还故意淆乱书中史实，极力避免含有时代性的叙述，使人不能捉摸这一作品的著作时代。《金瓶梅》就是这样的一个作品。

但是，一个作家要故意避免含有时代性的记述，虽不是不可能，却也不是一件容易的事。因为他不能离开他的时代，不能离开他的现实生活，他是那时候的现代人，无论他如何避免，在对话中，在一件平凡事情的叙述中，多少总不能不带有那时代的意识。即使他所叙述的是假托古代的题材，无意中也不能不流露出那时代的现实生活。我们要从这些作者所不经意的疏略处，找出他原来所处的时代，把作品和时代关联起来。

常常又有原作者的疏忽为一个同情他的后代人所删削遮掩，这位同情者的用意自然是匡正作者，这举动同样不为我们所欢迎。这一事实可以拿《金瓶梅》来做一例证。

假如我们不能得到一个比改订本更早的本子的时候，也许我们要被作者和删节者瞒过，永远不能知道他们所不愿意告诉我们的事情。

幸而，最近我们得到一个较早的《金瓶梅词话》刻本，在这本子中我们知道许多从前人所不知道的事。这些事都明显地刻有时代的痕迹。因此我们不但可以断定这部书的著作时代，并且可以明白这部书产生的时代背景，和为什么这样一部名著却包含那样多的描写性生活部分的原因。

（一）太仆寺马价银

《金瓶梅词话》本第七回页九之十有这样一段对话：

> 张四道："我见此人有些行止欠端，在外眠花宿柳，又里虚外实，少人家债负，只怕坑陷了你！"
>
> 妇人道："四舅，你老人家，又差矣！他就外边胡行乱走，奴妇人家只管得三层门内，管不得那许多三层门外的事，莫不成日跟着他走不成！常言道：世上钱财倘来物，那是长贫久富家。紧着来，朝廷爷一时没有钱使，还问太仆寺支马价银子来使。休说买卖人家，谁肯把钱放在家里！各人裙带上衣食，老人家倒不消这样费心。"

在崇祯本《金瓶梅》（第七回第十页）和康熙乙亥本《第一奇书》（第七回第九页）中，孟三儿的答话便删节成：

> 妇人道："四舅，你老人家又差矣！他少年人就外边做些风流勾当，也是常事。奴妇人家，哪里管得许多。若说虚实，常言道，世上钱财倘来物，那是长贫久富家。况姻缘事皆前生分定，你老人家倒不消这样费心。"

天衣无缝，使人看不出有删节的痕迹。

朝廷向太仆寺借银子用，这是明代中叶以后的事，《明史》卷九二《兵志·马政》：

成化二年以南土不产马，改征银。四年始建太仆寺常盈库，贮备用马价……隆庆二年，提督四夷馆太常少卿武金言，种马之设，专为孳生备用，备用马既别买，则种马可遂省。今备用马已足三万，宜令每马折银三十两解太仆，种马尽卖输兵部，一马十两，则直隶山东河南十二万匹，可得银百二十万，且收草豆银二十四万。御史谢廷杰谓祖制所定，关军机，不可废。兵部是廷杰言。而是时内帑乏，方分使括天下遗赋，穆宗可金奏，下部议。部请养、卖各半，从之。太仆之有银也自成化时始，然止三万余两。及种马卖，银日增。是时通贡互市，所贮亦无几。及张居正作辅，力主尽卖之议……又国家有兴作赏赉，往往借支太仆银，太仆帑益耗。十五年，寺卿罗应鹤请禁支借。二十四年，诏太仆给陕西赏功银，寺臣言先年库积四百余万，自东西二役兴，仅余四之一。朝鲜用兵，百万之积俱空。令所存者止十余万。况本寺寄养马岁额二万匹，今岁取折色，则马之派征甚少，而东征调兑尤多，卒然有警，马与银俱竭，何以应之！章下部，未能有所厘革也。崇祯初，核户、兵、工三部借支太仆马价至一千三百余万。

由此可知太仆寺之贮马价银是从成化四年（1468）起，但为数极微。到隆庆二年（1568）百年后定例卖种马之半，藏银始多。到万历元年（1573）张居正做首相尽卖种马，藏银始建四百余万两。又据《明史》卷七九《食货志三·仓库》：

> 太仆，则马价银归之……隆庆中……数取光禄太仆银，工部尚书朱衡极谏不听……至神宗万历六年……久之，太仓光禄、太仆银括取几尽，边赏首功向发内库者亦取之太仆矣。

则隆庆时虽会借支太仆银，尚以非例为朝臣所谏诤。到了张居正死后（1582），神宗始无忌惮地向太仆支借，其内库所蓄，则靳不肯出。《明史》卷二一三《张居正传》载居正当国时：

> 太仓粟充盈可支十年。互市饶马，乃减太仆种马，而令民以价纳，太仆金亦积四百余万。

在居正当国时，综核名实，令出法行，所以国富民安，号称小康，即内廷有需索，亦往往为言官所谏止，如《明史》卷二二九《王用汲传》说：

> 万历六年……上言……陛下……欲取太仓、光禄，则台臣科臣又言之，陛下悉见嘉纳，或遂停止，或不为例。

其用途专充互市抚赏，《明史》卷二二二《方逢时传》说：

万历五年召理戎政……言……财货之费，有市本有抚赏，计三镇岁费二十七万，较之乡时户部客饷七十余万，太仆马价十数万，十才二三耳。

到了居正死后，朝政大变，太仆马价内廷日夜借支，宫监佞幸，为所欲为，专以贷利导帝，《明史》卷二三五《孟一脉传》说：

居正死，起故官。疏陈五事：言……数年以来，御用不给，今日取之光禄，明日取之太仆，浮梁之磁，南海之珠，玩好之奇，器用之巧，日新月异……锱铢取之，泥沙用之。不到十年工夫，太仆积银已空。

《明史》卷二三三《何选传》：

光禄、太仆之帑，括取几空。

但还搜括不已，恣意赏赐，如《明史》卷二三三《张贞观传》所记：

三王并封制下……采办珠玉珍宝费至三十六万有奇，又取太仆银十万充赏。

中年内外库藏俱竭，力靳内库银不发，且视大仆为内廷正供，廷臣请发款充军费，反被谯责。万历三十年时：

国用不支，边储告匮……乞发内库银百万及太仆马价五十万以济边储，复忤旨切责。①

万历时代借支太仆寺马价银的情形，朱国桢《涌幢小品》卷二说得很具体：

太仆寺马价隆庆年间积一千余万，万历年间节次兵饷借去九百五十三万。又大礼大婚光禄寺借去三十八万两。零星宴赏之借不与焉。至四十二年老库仅存八万两。每年岁入九十八万余两，随收随放支，各边年例之用尚不足，且有边功不时之赏，其空虚乃尔，真可寒心。

明神宗贪财好货，至为御史所讥笑，如《明史》卷二三四《雒于仁传》所载四箴，其一即为戒贪财：

十七年……献四箴……传索帑金，括取币帛，甚且掠问宦官，有献则已，无则谴怒，李沂之疮痍未平，而张鲸之赀贿复入，此其病在贪财也。

再就嘉靖、隆庆两朝内廷向外库借支情况作一比较，《明史》卷二〇六《郑一鹏传》：

嘉靖初……宫中用度日侈，数倍天顺时，一鹏言：

----

① 《明史》卷二二〇《赵世卿传》。

今岁灾用诎，往往借支太仓。

《明史》卷二一四《刘体乾传》：

> 嘉靖二十三年……上奏曰：又闻光禄库金自嘉靖
> 改元至十五年，积至八十万，自二十一年以后，供亿日
> 增，余藏顿尽……隆庆初进南京户部尚书……召改北
> 部，诏取太仓银三十万两……是时内供已多，数下部取
> 太仓银。

据此可知嘉、隆时代的借支处只是光禄和太仓，因为那时
太仆寺尚未存有大宗马价银，所以无借支的可能。到隆庆中叶虽
曾借支数次，却不如万历十年以后的频数。穆宗享国不到六年
（1567—1572），朱衡以隆庆二年九月任工部尚书，刘体乾以隆庆
三年二月任户部尚书，刘氏任北尚书后才疏谏取太仓银而不及太
仆，则朱衡之谏借支太仆银自必更在三年二月以后。由此可知在
短短的两三年内，即使借支太仆，其次数绝不甚多，且新例行未
久，其借支数目亦不能过大。到了张居正当国，厉行节俭，足国
富民，在这十年中帑藏充盈，无借支之必要，且神宗慑于张氏之
威凌，亦无借支之可能。由此可知《词话》中所指"朝廷爷还问
太仆寺借马价银子来使"必为万历十年以后的事。

《金瓶梅词话》的本文包含有万历十年以后的史实，则其著
作的最早时期必在万历十年以后。

（二）佛教的盛衰和小令

《金瓶梅》中关于佛教流行的叙述极多，全书充满因果报应

的气味。如丧事则延僧作醮追荐（第八回、第六十二回），平时则许愿听经宣卷（第三十九回、第五十一回、第七十四回、第一百回），布施修寺（第五十七回、第八十八回），胡僧游方（第四十九回），而归结于地狱天堂，西门庆遗孤且入佛门清修。这不是一件偶然的事实，假如作者所处的时代佛教并不流行，或遭压迫，在他的著作中绝不能无中生有捏造出这一个佛教流行的社会。

明代自开国以来，对佛道二教，初无歧视，后来因为政治关系，对喇嘛教僧稍予优待，天顺、成化间喇嘛教颇占优势，佛教徒假借余光，其地位在道教之上。到了嘉靖时代，陶仲文、邵元节、王金等得势，世宗天天在西苑玄修作醮，求延年永命，一般方士偶献一二秘方，便承宠遇。诸官僚翰林九卿长贰入直者往往以青词称意，不次大拜。天下靡然风从，献灵芝、白鹿、白鹊、丹砂，无虚日。朝臣亦天天在讲符瑞，报祥异，甚至征伐大政，必以告玄。在皇帝修养或做法事时，非时上奏的且得殊罚。道士遍都下，其领袖贵者封侯伯，位上卿，次亦绾牙牌，跻朝列，再次亦凌视士人，作威福。一面则焚佛牙，毁佛骨，逐僧侣，没庙产，熔佛像，佛教在世宗朝算是销声匿迹，倒尽了霉。

到隆、万时，道教失势了，道士们或贬或逐，佛教徒又承渥宠，到处造庙塑佛，皇帝且有替身出家的和尚，其煊赫比拟王公（明列帝俱有替身僧，不过到万历时代替身僧的声势，则为前所未有）。《野获编》卷二七《释教盛衰》条：

> 武宗极喜佛教，自列西番僧，呗唱无异。至托名大庆法王，铸印赐诰命。世宗留心斋醮，置竺乾氏不谈。

初年用工部侍郎赵璜言，刮正德所铸佛镀金一千三百
两。晚年用真人陶仲文等议，至焚佛骨万二千斤。逮至
今上，与两宫圣母首建慈寿、万寿诸寺，俱在京师，穷
丽冠海内。至度僧为替身出家，大开经厂，颁赐天下名
刹殆遍。去焚佛骨时未二十年也。

由此可知武宗时为佛教得势时代，嘉靖时则完全为道教化的
时代，到了万历时代佛教又得势了。《金瓶梅》书中虽然也有关
于道教的记载，如六十二回的潘道士解禳，六十五回的吴道士迎
殡，六十七回的黄真人荐亡，但以全书论，仍是以佛教因果轮回
天堂地狱的思想做骨干。假如这书著成于嘉靖时代，绝不会偏重
佛教到这个地步！

再从时代的习尚去观察，《野获编》卷二五《时尚小令》：

元人小令行于燕、赵，后浸淫日盛。自宣、正至
成、宏后，中原又行《锁南枝》《傍妆台》《山坡羊》之
属，李崆峒先生初自庆阳徙居汴梁，闻之以为可继国
风之后。何大复继至，亦酷爱之。今所传《泥捏人》及
《鞋打卦》《熬髹髻》三阕为三牌名之冠，故不虚也。自
兹以后，又有《耍孩儿》《驻云飞》《醉太平》诸曲，然
不如三曲之盛。嘉、隆间乃兴《闹五更》《寄生草》《罗
江怨》《哭皇天》《干荷叶》《粉红莲》《桐城歌》《银纽
丝》之属，自两淮以至江南，渐与词曲相远，不过写淫
媟情态，略具抑扬而已。比年以来又有《打枣竿》《挂
枝儿》二曲。其腔调约略相似，则不问南北，不问男

女，不问老幼良贱，人人习之，亦人人喜听之，以至刊布咸逸，举世传诵，沁人心腑。其谱不知从何来，真可骇叹！又《山坡羊》者，李、何二公所喜，今南北词俱有此名，但北方惟盛爱数落《山坡羊》，其曲自宣、大、辽东三镇传来。今京师妓女惯以此充弦索北调，其语秽亵鄙浅，并桑濮之音亦离去已远，而羁人游婿嗜之独深，丙夜开樽，争先招致。

《金瓶梅词话》中所载小令极多，约计不下六十种。内中最流行的是《山坡羊》，综计书中所载在二十次以上（见第一、八、三十三、四十五、五十、五十九、六十一、七十四、八十九、九十一诸回），次为《寄生草》（见第八、八十二、八十三诸回），《驻云飞》（见第十一、四十四诸回），《锁南枝》（见第四十四、六十一诸回），《耍孩儿》（见第三十九、四十四诸回），《醉太平》（见第五十二回），《傍妆台》（见第四十四回），《闹五更》（见第七十三回），《罗江怨》（见第六十一回），其他如《绵搭絮》《落梅风》《朝天子》《折桂令》《梁州序》《画眉序》《锦堂月》《新水令》《桂枝香》《柳摇金》《一江风》《三台令》《货郎儿》《水仙子》《荼蘼香》《集贤宾》《一见娇羞》《端正好》《宜春令》《六娘子》……散列书中，和沈氏所记恰合。在另一方面，沈氏所记万历中年最流行的《打枣竿》《挂枝儿》二曲，却又不见于《词话》。《野获编》书成于万历三十四年（丙午，1606），由此可见《词话》是万历三十四年以前的作品，词话作者比《野获编》的作者时代略早，所以他不能记载到沈德符时代所流行的小曲。

（三）太监、皇庄、皇木及其他

太监的得势用事，和明代相终始。其中只有一朝是例外，这一朝代便是嘉靖朝。从正德宠任刘瑾、谷大用等八虎，坏乱朝政以后，世宗即位，力惩其弊，严抑宦侍，不使干政作恶。嘉靖九年（1530）革镇守内臣。十七年（1538）从武定侯郭勋请复设，在云贵、两广、四川、福建、湖广、江西、浙江、大同等处各派内臣一人镇守，到十八年四月以彗星示变撤回。在内廷更防微极严，不使和朝士交通，内官因之奉法安分，不敢恣肆。根基不厚的大珰，有的为了轮值到请皇帝吃一顿饭而破家荡产，无法诉苦。在有明一代中嘉靖朝算是宦官最倒霉失意的时期。反之在万历朝则从初年冯保、张宏、张鲸等柄用起，一贯地柄国作威，政府所有设施，须先请命于大珰，初年高拱任首相，且因不附冯保而被逐。张居正在万历初期的新设施，新改革，所以能贯彻实行，是因为在内廷有冯保和他合作。到张居正死后，宦官无所顾惮，权势更盛，派镇守，采皇木，领皇庄，榷商税，采矿税。地方官吏降为宦侍的属下，承其色笑，一拂其意，缇骑立至。内臣得参奏当地督抚，在事实上几成地方最高长官。在天启以前，万历朝可说是宦官最得势的时代。

《词话》中有许多关于宦官的记载，如清河一地就有看皇庄的薛太监，管砖厂的刘太监，花子虚的家庭出于内臣，王招宣家与太监缔姻。其中最可看出当时情形的是第三十一回西门庆宴客一段：

> 说话中间，忽报刘公公、薛公公来了。慌得西门庆穿上衣，仪门迎接。二位内相坐四人轿，穿过肩蟒，缨

枪队喝道而至。西门庆先让至大厅上，拜见叙礼，接茶。落后周守备、荆都监、夏提刑等武官，都是锦绣服，藤棍大扇，军牢喝道，僚掾跟随，须臾都到了门口，黑压压的许多伺候，里面鼓乐喧天，笙箫迭奏。上坐递酒之时，刘、薛二内相相见。厅正面设十二张桌席，都是帏拴锦带，花插金瓶，桌上摆着簇盘定胜，地下铺着锦茵绣球。

西门庆先把盏让坐次，刘、薛二内相再三让逊："还有列位大人！"周守备道："二位老太监齿德俱尊。常言三岁内宦，居于王公之上，这个自然首坐，何消泛讲。"彼此逊让了一回。薛内相道："刘哥，既是列位不首，难为东家，咱坐了罢。"

于是罗圈唱了个喏，打了恭，刘内相居左，薛内相居右，每人膝下放一条手巾，两个小厮在旁打扇，就坐下了。其次者才是周守备、荆都监众人。

一个管造砖和一个看皇庄的内使，声势便煊赫到如此，在宴会时座次在地方军政长官之上，这正是宦官极得势时代的情景，也正是万历时代的情景。

皇庄之设立，前在天顺、景泰时代已见其端，正德时代达极盛期。世宗即位，裁抑恩幸，以戚里佞幸得侯者着令不许继世。中唯景王就国，拨赐庄田极多。《明史》卷七七《食货志一》说：

> 世宗初命给事中夏言等清核皇庄田，言极言皇庄为厉于民。自是正德以来投献侵牟之地，颇有给还民者。

而宦戚辈复中挠之。户部尚书孙交造皇庄新册，额减于旧，帝命核先年顷亩数以闻，改称官地，不复名皇庄。诏所司征银解部。由此可知嘉靖时代无皇庄之名，只称官地。

《食货志一》又记：

神宗赍予过侈，求无不获。潞王、寿阳公主恩最渥，而福王分封，括河南、山东、湖广田为王庄，至四万顷，群臣力争，乃减其半。王府官及诸阉丈地征税，旁午于道，扈养厮役，廪食以万计，渔敛惨毒不忍闻，驾帖捕民，格杀庄佃，所在骚然。

由此可知《词话》中的管皇庄太监，必然指的是万历时代的事情。因为假如把《词话》的时代放在嘉靖时的话，那就不应称为管皇庄，应该称为管官地的才对。

所谓皇木，也是明代一桩特别的恶政，《词话》第三十四回有刘百户盗皇木的记载：

西门庆告诉："刘太监的兄弟刘百户因在河下管芦苇场，撰了几两银子。新买了一所庄子。在五里店拿皇木盖房……"

明代内廷兴大工，派官往各处采大木，这木就叫皇木。这事在嘉靖万历两朝特别多，为民害极酷。《明史》卷八二《食货志六》说：

> 嘉靖元年革神木千户所及卫卒。二十年宗庙灾，遣
> 工部侍郎潘鉴、副都御史戴金于湖广、四川采办大木。
> 二十六年复遣工部侍郎刘伯跃采于川、湖、贵州。
> 湖广一省费至三百三十九万余两。又遣官核诸处遗留大
> 木，郡县有司以迟误大工，逮治褫黜非一，并河州县尤
> 苦之。
> 万历中三殿工兴，采楠杉诸木于湖广、四川、贵
> 州，费银九百三十余万两，征诸民间，较嘉靖年费更
> 倍。而采鹰平条桥诸木于南直、浙江者，商人逋直至
> 二十五万。科臣劾督运官迟延侵冒，不报。虚糜干没，
> 公私交困焉。

按万历十一年慈宁宫灾，二十四年乾清、坤宁二宫灾，《词
话》中所记皇木，当即指此而言。

《词话》第二十八回有"女番子"这样一个特别名词。

经济道："你老人家是个女番子，且是倒会的放刀……"

所谓番子，《明史·刑法志三》说：

> 东厂之属无专官，掌刑千户一，理刑百户一，亦谓
> 之贴刑，皆卫官。其隶役悉取给于卫。最轻黠狷巧者乃
> 拨充之。役长曰档头，帽上锐，衣青素褶褶，系小绦，
> 白皮靴，专主伺察。其下番子数人为干事，京师亡命诓
> 财挟仇视干事者为窟穴，得一阴事，由之以密白于档

头，档头视其事大小，先予之金。事日起数，金日买起
数。既得事，帅番子至所犯家左右坐日打桩，番子即突
入执讯之，无有左证符牒，贿如数，径去。少不如意，
榜治之名曰干榨酒，亦曰搬嘗儿，痛楚十倍宫刑。且授
意使牵有力者，有力者予多金，即无事，或靳不予，予
不足，立闻上，下镇抚司狱，立死矣。

番子之刺探官民阴事为非作恶如此，所以在当时口语中就
称平常人的放刁挟诈者为番子，并以施之女性。据《明史》在万
历初年冯保以司礼监兼厂事，建厂东上北门之北曰内厂，而以初
建者为外厂，声势煊赫一时，至兴王大臣狱，欲族高拱。但在嘉
靖时代，则以世宗驭中官严，不敢恣，厂权且不及锦衣卫，番子
之不敢放肆自属必然。由这一个特别名词的被广义地应用的情况
说，《词话》的著作时代亦不能在万历以前。

（四）古刻本的发现

以前《金瓶梅》的最早刻本，我们所能见到的是康熙三十四
年（乙亥，1695）皋鹤草堂刻本张竹坡批点《第一奇书金瓶梅》
和崇祯本《新刻绣像金瓶梅》。在这两个本子中没有什么材料可
以使我们知道这书最早刊行的年代。

最近北平图书馆得到了一部刊有万历丁巳序文的《金瓶梅
词话》，这本子不但在内容方面和后来的本子有若干处不同，并
且在东吴弄珠客的序上也明显地载明是万历四十五年（丁巳，
1617）冬季所刻。在欣欣子的序中并具有作者的笔名兰陵笑笑生
（也许便是作序的欣欣子吧）。这本子可以说是现存的《金瓶梅》
最早的刊本。其内容最和原本相近，从它和后来的本子不相同处

及被删改处比较的结果，使我们能得到这样的结论，断定它最早开始写作的时代不能在万历十年以前，退一步说，也不能过隆庆二年。

但万历丁巳本并不是《金瓶梅》第一次的刻本，在这刻本以前，已经有过几个苏州或杭州的刻本行世，在刻本以前并且已有抄本行世。因为在袁宏道的《觞政》中，他已把《金瓶梅》列为逸典，在沈德符的《野获编》中他已告诉我们在万历三十四年（丙午，1606）袁宏道已见过几卷，麻城刘氏且藏有全本。到万历三十七年袁中道从北京得到一个抄本，沈德符又向他借抄一本。不久苏州就有刻本，这一刻本才是《金瓶梅》的第一个本子。

袁宏道的《觞政》在万历三十四年以前已写成，由此可以断定《金瓶梅》最晚的著作时代当在万历三十年以前。退一步说，也绝不能后于万历三十四年。

总结上文所论，《金瓶梅》的成书时代大约是在万历十年到三十年这二十年（1582—1602）中。退一步说，最早也不能过隆庆二年，最晚也不能后于万历三十四年（1568—1606）。

五 金瓶梅的社会背景

《金瓶梅》是一部现实主义小说，它所写的是万历中年的社会情形。它抓住社会的一角，以批判的笔法，暴露当时新兴的结合官僚势力的商人阶级的丑恶生活。透过西门庆的个人生活，由一个破落户而土豪、乡绅而官僚的逐步发展，通过西门庆的社会联系，告诉了我们当时封建统治阶级的丑恶面貌和这个阶级的必然没落。在《金瓶梅》书中没有说到那时代的农民生活，但在它描写市民生活时，却已充分地告诉我们那时农村经济的衰颓和崩溃的必然前景。当时土地集中的情形，万历初年有的大地主拥田到七万顷，粮至二万石 ①。据万历六年全国田数七百一万三千九百七十六顷计算，这一个大地主的田数就占全国田数的百分之一。又如皇庄，嘉靖初年达数十所，占地至三万七千多顷。夏言描写皇庄破坏农业生产的情形说：

> 皇庄既立，则有管理之太监，有奏带之旗校，有跟随之名目，每处动至三四十人……擅作威福，肆行武断……起盖房屋，架搭桥梁，擅立关隘，出给票帖，私刻关防。凡民间撑架舟车，牧放牛马，采捕鱼虾螯蚌菱蒲之属，靡不括取。而邻近土地，则辗转移筑封堆，包打界至，见亩征银。本土豪猾之民，投为庄头，拨置生事，帮助为恶，多方掊克，获利不赀。输之宫闱者曾无十之一二，而私入囊橐者盖不啻十八九矣。是以小民脂膏，吮剥无余，由是人民逃窜而户口消耗，里分减并而粮差愈难。卒致辇毂之上，生理寡遂，闾阎之间，贫苦到首，道路嗟怨，邑里萧条。

公私庄田，跨庄逾邑，小民恒产，岁朘月削，产业既失，税粮犹存，徭役苦于并充，粮草苦于重出，饥寒愁苦，日益无聊，辗转流亡，靡所底止。以致强梁者起而为盗贼，柔善者转死于沟壑。其巧黠者或投存势家庄头家人名目，恣其势以转为

---

① 张居正《张文忠公集·书牍》六《答应天巡抚宋阳山论均粮足民》。

善良之害，或匿入海户陵户勇士校尉等籍，脱免徭役，以重困敦本之人。凡所以蠹民命脉，竭民膏血者，百孔千疮，不能枚举。①

虽然说的是嘉靖前期的情况，但是也完全适用于万历时代，而且应该肯定，万历时代的破坏情形只会比嘉靖时代更严重。据《明史》景王、潞王、福王等传：景恭王于"嘉靖四十年（1562）之国……多请庄田……其他土田湖陂侵入者数万顷"。潞王"居京邸，王店王庄遍畿内……居藩多请赡田食盐无不应……田多至四万顷"。福王之国时，"诏赐庄田四万顷……中州腴土不足，取山东、湖广田益之"，尺寸皆夺之民间，"伴读承奉诸官假履亩为名，乘传出入，河南北、齐、楚、间所至骚动"。潞王是明穆宗第四子，万历十七年之藩；福王是明神宗爱子，万历四十二年就藩。三王的王庄多至十数万顷，加上宫廷直属的皇庄和外戚功臣的庄田，超经济的剥削，造成人民逃窜，户口消耗，道路嗟怨，邑里萧条，强梁者起而为"盗贼"，柔善者转死于沟壑的崩溃局面。

除皇庄以外，当时农民还得摊派商税，如毕自严所说山西情形：

> 榷税一节，病民滋甚。山右僻在西隅，行商寥寥。所有额派税银四万二千五百两，铺垫等银五千七百余两，皆分派于各州府。于是斗粟半菽有税，沽酒市脂有税，尺布寸丝有税，嬴特骞卫有税，既非天降而地出，

---

① 《桂洲文集》卷十三《奉敕勘报皇庄及功臣国戚田土疏》。

真是头会而箕敛。①

明末侯朝宗描写明代后期农民的被剥削情况说：

　　明之百姓，税加之，兵加之，刑加之，役加之，水
旱灾稷加之，官吏之渔食加之，豪强之吞并加之，是百
姓一而所以加之者七也。于是百姓之富者争出金钱而入
学校，百姓之黠者争营巢窟而充吏胥，是加者七而因而
诡之者二也。即以赋役之一端言之，百姓方苦其穷极而
无告而学校则除矣，吏胥则除矣……天下之学校吏胥渐
多而百姓渐少……彼百姓之无可奈何者，不死于沟壑即
相率而为盗贼耳，安得而不乱哉。②

　　农民的生活如此。另一面，由于倭寇的肃清，商业和手工业
的发达，海外贸易的扩展，国内市场的扩大，计亩征银的一条鞭
赋税制度的实行，货币地租逐渐发展，高利贷和商业资本更加活
跃，农产品商品化的过程加快了。商人阶级兴起了。从亲王勋爵
官僚士大夫都经营商业，如"楚王宗室错处市廛，经纪贸易与市
民无异。通衢诸绸帛店俱系宗室。间有三吴人携负至彼开铺者，
亦必借王府名色"。③ 如翊国公郭勋京师店舍多至千余区。④ 如

――――――――――

① 《石隐园藏稿》卷五《嵩祝陛辞疏》。

② 《壮悔堂文集·正百姓》。

③ 包汝揖《南中纪闻》。

④ 《明史》卷一三〇《郭英传》。

庆云伯周瑛于河西务设肆邀商贾，虐市民，亏国课。周寿奉使多挟商艘。[1] 如吴中官僚集团的开设囤房债典百货之肆，黄省曾《吴风录》说：

> 自刘氏、毛氏创起利端，为鼓铸囤房，王氏债典，而大村名镇必张开百货之肆，以榷管其利，而村镇之负担者俱困。由是累金百万。至今吴中搢绅仕夫，多以货殖为急，若京师官店六郭开行债典兴贩屠酤，其术倍克于齐民。

嘉靖初年夏言疏中所提到的"见亩征银"和顾炎武所亲见的西北农民被高利贷剥削的情况：

> 日见凤翔之民，举债于权要，每银一两，偿米四石，此尚能支持岁月乎！[2]

商人阶级因为海外和内地贸易的关系，他们手中存有巨额的银货，他们一方面利用农民要求银货纳税的需要，高价将其售出，一方面又和政府官吏勾结，把商品卖给政府，收回大宗的银货，如此循环剥削，资本积累的过程，商人阶级壮大了，他们日渐成为社会上的新兴力量，成为农民阶级新的吸血虫。

西门庆所处的就是这样一个时代，他代表他所属的那个新兴

---

① 《明史》卷三〇〇《周能传》。
② 《亭林文集》卷三《病起与蓟门当事书》。

阶级，利用政治的和经济的势力，加紧地剥削着无告的农民。

在生活方面，因此就表现出两个绝对悬殊的阶级，一个是荒淫无耻的专务享乐的上层阶级，上自皇帝，下至市侩，莫不穷奢极欲，荒淫无度。就过去的历史事实说："皇帝家天下"，天下的财富即是皇帝私人的财富，所以皇帝私人不应再有财富。可是在这个时代，连皇帝也殖私产了，金花银所入全充内帑，不足则更肆搜刮。太仓、太仆寺所藏本供国用，到这时也拼命借支，藏于内府，拥宝货做富翁。日夜希冀求长生，得以永葆富贵。和他的大臣官吏上下一致地讲秘法，肆昏淫，明穆宗、谭纶、张居正这一些享乐主义者的死在醇酒妇人手中和明神宗的几十年不接见朝臣，深居宫中的腐烂生活正足以象征这个时代。社会上的有闲阶级，更承风导流，夜以继日，妓女、小唱、优伶、赌博、酗酒，成为日常生活，笙歌软舞，穷极奢华。在这集团下面的农民，却在另一尖端，过着饥饿困穷的生活。他们受着十几重的剥削，不得不在水平线下生活着，流离转徙，一遭意外，便只能卖儿鬻女。在他们面前只有两条道路：一条是转死沟壑，一条是揭竿起义。

西门庆的时代，西门庆这一阶级人的生活，我们可以拿两个地方记载来说明。《博平县志》卷四《人道六·民风解》：

> ……至正德、嘉靖间而古风渐渺，而犹存什一于千百焉……乡社村保中无酒肆，亦无游民……畏刑罚，怯官府，窃铁攘鸡之讼，不见于公庭……由嘉靖中叶以抵于令，流风愈趋愈下，惯习骄吝，互尚荒佚，以欢宴放饮为豁达，以珍味艳色为盛礼。其流至于市井贩鬻厮

隶走卒，亦多缨帽细鞋，纱裙细裤，酒庐茶肆，异调新声，泊泊浸淫，靡焉勿振。甚至娇声充溢于乡曲，别号下延于乞丐……逐末游食，相率成风。

截然地把嘉靖中叶前后分成两个时代。崇祯七年刻《郓城县志》卷七《风俗》：

> 郓地……称易治。迩来竞尚奢靡，齐民而士人之服，士人而大夫之官，饮食器用及婚丧游宴，尽改旧意。贫者亦槌牛击鲜，合飨群祀，与富者斗豪华，至倒囊不计焉。若赋役施济，则毫厘动心。里中无老少，辄习浮薄，见敦厚俭朴者窃且笑之。逐末营利，填衢溢巷，货杂水陆，淫巧恣异，而重侠少年复聚党招呼，动以百数，椎击健讼，武断雄行。胥隶之徒亦华侈相高，日用服食，拟于市宦。

所描写的"市井贩鬻""逐末营利"商业发展情形和社会风气的变化及其生活，不恰好就是《金瓶梅》时代的社会背景吗？我们且看西门庆和税关官吏勾结的情形：

> 西门庆叫陈经济后边讨五十两银子来，令书童写了一封书，使了印色，差一名节级，明日早起身，一同去下与你钞关上钱老爹，叫他过税之时，青目一二。（第五十八回）

> 西门庆听见家中卸货，吃了几盅酒，约掌灯以后

就来家。韩伙计等着见了，在厅上坐的，悉把前后往回事，说了一遍。西门庆因问钱老爹书下了，也见些分上不曾？韩道国道："全是钱老爹这封书，十车货少使了许多税钱，小人把缎箱两箱并一箱，三停只报两停，都当茶叶马牙香，柜上税过来了。通共十大车，只纳了三十两五钱钞银子，老爹接了报单，也没差巡捕拦下来查点，就把车喝过来了。"

西门庆听言，满口欢喜，因说："到明日少不得重重买一份礼，谢那钱老爹。"（第五十九回）

和地方官吏勾结，把持内廷进奉的情形：

应伯爵领了李三来见西门庆……李三道："令有朝廷东京行下文书，天下十三省，每省要万两银子的古器，咱这东平府，坐派着二万两，批文在巡按处，还未下来。如今大街上张二官府破二百两银子，干这宗批要做，都看有一万两银子寻……"西门庆听了说道："批文在哪里？"李三道："还在巡按上边，没发下来呢。"西门庆道："不打紧，我这差人写封书，封些礼，问宋松原讨将来就是了。"李三道："老爹若讨去，不可迟滞，自古兵贵神速，先下米的先吃饭，诚恐迟了，行到府里，乞别人家干的去了。"西门庆笑道："不怕他，设使就行到府里，我也还教宋松原拿回去就是，胡府尹我也认的。"（第七十八回）

当时商人进纳内廷钱粮的内幕：

> 李三黄四商量向西门庆再借银子，应伯爵道："你
> 如今还得多少才够？"黄四道："李三哥他不知道，只
> 要靠着问那内臣借一般，也是五分行利。不如这里借
> 着，衙门中势力儿，就是上下使用也省些。如今找着，
> 再得出五十个银子来，把一千两合用，就是每月也好认
> 利钱。"

应伯爵听了，低了低头儿，说道："不打紧……管情就替你
说成了。找出了五百两银子来，共捣一千两文书，一个月满破认
他五十两银子，那里不去了，只当你包了一个月老婆了。常言道
秀才取添无真，进钱粮之时，香里头多上些木头，蜡里头多搀些
柏油，那里查账去！不图打点，只图混水，借着他这名声儿，才
好行事。"（第四十五回）

西门庆不但勾结官吏，偷税漏税，营私舞弊，并且一般商人
还借他作护符，赚内廷的钱！

在另一方面，另一阶级的人，却不得不卖儿鬻女。《词话》
第三十七回：

> 冯妈妈道："爹既是许了，你拜谢拜谢儿。南首赵
> 嫂儿家有个十三岁的孩子，我明日领来与你看，也是一
> 个小人家的亲养孩儿来，他老子是个巡捕的军，因倒死
> 了马，少桩头银子，怕守备那里打，把孩子卖了，只要
> 四两银子，教爹替你买下吧！"

　　这样的一个时代,这样的一个社会,农民的忍耐终有不能抑制的一天。不到三十年,火山口便爆发了!张献忠、李自成的大起义,正是这个时代这个社会的必然发展。

　　这样的一个时代,这样的一个社会,才会产生《金瓶梅》这样的一部作品。

原载《文学季刊》创刊号

1934 年 1 月

第四编　风云人物

明代民族英雄于谦

有一首《石灰吟》：

千锤万击出深山，烈火焚烧若等闲。

粉骨碎身全不惜，要留清白在人间。

这首诗是明朝民族英雄于谦写的，经过千锤万击，不怕烈火焚烧，不怕粉骨碎身，要留下清白在人间，写的是石灰，同时也象征了于谦自己的一生。

于谦（1398—1457），字廷益，浙江钱塘（今杭州）人，小时候很聪明，性格坚强，明成祖永乐十九年（1421）二十四岁时中了进士。明宣宗宣德初年（1426）他做了御史（监察官），明宣宗的叔父汉王高煦在山东造反，明宣宗亲自带兵讨伐，高煦投降，明宣宗叫于谦当面指斥高煦罪状，于谦义正词严，说得有声有色，明宣宗很赏识他，认为是个了不起的人才。接着于谦被派巡按江西，发现有几百件冤枉的案件，都给平反了。

宣德五年（1430），明朝政府为了加强中央的权力，特派中央比较能干的官员去治理重要的地方，五月间派况钟、何文渊等九人为苏州等府知府。到九月又特派于谦、周忱等六人为侍郎（中央的副部长），巡抚各重要省区。明宣宗亲自写了于谦的名字给吏部，破格升官为兵部右侍郎（国防部的副部长），巡抚河南、山西两省，宰相也支持这主张。明朝制度，除了南北两直隶（以北京和南京为中心的中央直辖地区）以外，地方设有十三个布政使司，每个布政使司（通称为省）设有布政使管民政赋税，按察使管刑名司法，此外还有都指挥使管军政，号称三司，是地方上三个最高长官，职权不同，彼此都不能互相管辖。布政使是从二品官，按察使是正三品官，都指挥使是正二品官，兵部右侍郎虽只是正三品官，却因为是中央官，又是皇帝特派的，奉有敕书（皇帝的手令）可以便宜行事，是中央派驻地方的最高官员，职权就在三司之上了。

于谦做河南山西巡抚，前后一共十九年（1430—1448），除周忱连任江南巡抚二十一年以外，他是当时巡抚当中任期最长的一个。

于谦极重视调查研究工作，一上任便骑马到处视察，所到地方都延请当地有年纪的人谈话，了解地方情况，政治上的得失利弊，老百姓的负担、痛苦，该办的和不该办的事，一发现问题，立刻提出具体意见，写报告给皇帝。遇有水灾、旱灾，也及时上报，进行救济。他对地方的情况很清楚，政治上的措施也很及时，因之，得到人民的歌颂和支持。

明英宗正统六年（1441），他向皇帝报告，为了解决缺粮户的暂时困难，当时河南、山西仓库里存有几百万石粮食，建议在每年三月间，由州县官调查，报告缺粮户数和所需粮食数量，依数支借，到秋收时归还，不取利息。对老病和穷极不能归还的特许免还。还规定所有州县都要存有预备粮，凡是预备得不够数的，即使任期满了也不许离任，作为前一措施的物质保证，这一款由监察官按时查考。皇帝批准了这一建议。这样一来，广大的缺粮户，在青黄不接的时候，就可以免除地主的高利贷剥削了，他为穷困的农民办了好事。

黄河经过河南，常常闹决口，造成水灾。于谦注意水利，在农闲时动用民力，加厚堤身，还按里数设亭，亭设亭长，负责及时督促修缮。在境内交通要道，都要种树、凿井，十几年间，榆树、柳树都成长了，一条条的绿化带，无数的水井，使行道的人都觉得阴凉，沿途都有水喝。

大同是边上要塞，巡按山西的官员很少到那里去，于谦建议专设御史监察。边地许多将领私自役使军人，为他们私垦田地，国家的屯田日益减少，边将私人的垦田却日益增加，影响到国家的收入和边防的力量，于谦下令没收边将的私田为国家屯田，供给边军开支。

于谦做了九年巡抚，政治清明，威信很高，强盗小偷都四散逃避，老百姓过上了比较安定的生活。由于他政治上的成就，明朝政府升他为兵部左侍郎，支二品俸禄，仍旧做巡抚的官。

在这九年中，于谦的建议到了北京，早上到，晚上就批准，是有其政治背景的。原来这时的皇帝是年轻人，明英宗当皇帝时才十岁，太皇太后和皇太后（皇帝的祖母和母亲）很敬重元老重臣三杨：杨士奇、杨溥、杨荣，这三个老宰相都是从明成祖时就当权的，比较正直，有经验，也有魄力，国家大事都由他们作主张。他们同意于谦做巡抚，对于谦很信任，于谦有了朝廷上三杨的支持，才能在地方办了一些好事。到了正统后期，正统五年（1440）杨荣死，七年杨士奇死，太皇太后死，十一年杨溥死，三杨死后，朝廷上不但没有支持于谦的力量，反对于谦的政治力量反而日益增加了，于谦的政治地位动摇了。

反对于谦的政治力量主要来自两方面，一是宦官，一是权贵。

宦官王振是明英宗的亲信，英宗做了皇帝，他也做了内廷的司礼监太监（皇帝私人秘书长）。英宗年轻，什么事都听他的，只是宫里有老祖母管着，朝廷上有三杨当家，王振还不大敢放肆。到了正统五年以后，太皇太后死了，杨荣也死了，杨士奇因为儿子犯法判死罪不管事，杨溥老病，新的宰相名位都较轻，王振便当起家来了，谁也管不住了，英宗叫他作先生，公侯勋贵叫他作翁父，专权纳贿，无恶不作。他恨于谦不肯逢迎，正统六年三月，趁于谦入朝的时候，借一个题目，把于谦关在牢里，判处死刑。关了三个月，找不出于谦的罪状，只好放了，降官为大理寺少卿。

另一种反对于谦的力量是权贵。照例地方官入朝，是要送礼以至纳贿赂给朝廷权贵的。于谦是清官，在山西、河南十九年，父母和儿子住在杭州，老婆留在北京，单身过着极清苦的生活。每次入朝，不但不送礼、纳贿，连普通的人事也不送，空手去，空手回。他有一首著名的诗，为河南人民所传诵的：

> 手帕蘑菇与线香，本资民用反为殃。
> 清风两袖朝天去，免得闾阎话短长。

他这样做，老百姓虽然很喜欢，朝廷权贵却恨死他了。虽然如此，山西、河南的官史和百姓却非常想念于谦，到北京请愿要求于谦回去的有一千来起。河南的周王和山西的晋王（皇帝的家族）也说于谦确是好官。朝廷迫于民意，只好让于谦再回去做巡抚。

这时，山东、陕西闹灾荒，流民逃到河南的有二十几万人，于谦请准朝廷，发放河南、怀庆两府的存粮救济，又安排田地和耕牛、种子，让流民安居乐业。

这十九年中，于谦的父母先后死了，照当时礼法，应该辞官在家守孝三年，父母两丧合计六年。朝廷特别命令他"起复"，不要守孝，回家办了丧事便复职。

正统十三年（1448）于谦被召入京，回到兵部左侍郎任上。

第二年发生"土木之变"。

瓦剌是蒙古部族之一，可汗脱脱不花，太师也先，知院阿剌各拥重兵，以也先为最强，各自和明朝通好往来，也经常和明朝发生军事冲突。照规定，每次来的使臣不超过五十人，明朝政府按照人数给予各种物资，也先为了多得物资，逐年增加使臣到两千多人，明朝政府要他减少人数，也先不肯。瓦剌的使臣往来，有时还沿途杀掠。到正统末年，也先西破哈密，东破兀良哈，威胁朝鲜，军事力量日益强大。明朝使臣到瓦剌的，也先提出各种无理要求，使臣怕事，一一答应，回来后又不敢报告，也先看到使臣所答应的事都没有下落，认为明朝背信，极不高兴。正统十四年也先派使臣三千人到北京，还虚报名额，交换的马匹也大多驽劣，礼部（管对外工作和朝廷礼仪的部）按实有人数计算，对提出要求的物资也只给予五分之一，还减了马价，也先大怒，决定发兵入侵。

正统十四年（1449）七月，瓦剌大举入侵，脱脱不花攻辽东，阿剌知院攻宣府（今河北张家口市宣化区），也先亲自领军围大同，参将吴浩战死，羽书警报，不断送到北京。

军事情况紧急，王振决策，由明英宗亲自率领军队阻击，朝廷大臣以吏部尚书王直和兵部尚书邝野、兵部左侍郎于谦为首坚决反对，王振不听，命令英宗的弟弟郕王留守，带领朝廷主要官员和五十万大军向大同出发。邝野随军到前方，于谦留在北京管理部事。

王振的出兵是完全没有计划的。他根本不会打仗，却指挥着五十万大军。大同守将西宁侯宋瑛、武进伯朱冕、都督石亨等和也先战于阳和（今山西阳高），为王振的亲信监军太监郭敬所制，胡乱指挥，全军覆没，宋瑛、朱冕战死，石亨、郭敬逃归。明英宗的大军到了大同，连日风雨，军中夜惊，人心恂惧，王振还要向北进军，郭敬背地里告诉他敌军情况，才决定退兵。路上又碰着大雨，王振原来打算取道紫荆关经过他的家乡蔚州（今河北蔚县），请明英宗到他家做客的，走了一程，又怕大军过境，会糟蹋他家的庄稼，又下令取道宣府，这样一折腾，闹得军士晕头转向。到宣府时，也先大军追上袭击，恭顺侯吴克忠据战败死。成国公朱勇、永顺伯薛绶带四万人迎战，到鹞儿岭，敌军设下埋伏，又全军覆没。好容易走到土木堡（今北京市官厅水库附近），诸将商量进入怀来县城据守，王振要保护行李辎重，便下令就地宿营。这地方地形高，没有荫蔽，无险可守，掘地两丈还不见水，也先大军追到，把水源都占据了，军士又饥又渴，挤成一堆。第二天，也先看到明军不动，便假装撤退，王振不知是计，立刻下令移营，阵脚一动，瓦剌骑兵便四面冲锋，明军仓皇逃命，阵势大乱，敌军冲入，明军崩溃，死伤达几十万人，明朝政府的高级官员五十多人都被敌军所杀，王振也死在乱军中。明英宗被敌军俘虏。这次不光彩的战役就叫"土木之变"。

土木败报传到北京，北京震动。这时明军的精锐都已在土木覆没了，北京空虚，形势极为危急。翰林院侍讲（为皇帝讲书的官）徐珵是苏州人，在土木变前，看到局面不好，就打发妻子老小回苏州去了。败报传到后，郕王召集文武百官商量对策，徐珵大声说，从天文看，从历数看，天命已去了。只有南迁，才能免祸。这个主意是亡国的主意，当时要照他的意见办，明朝政府从北京撤退到南方，瓦剌进占北京，黄河以北便会全部沦陷，造成历史上南北朝和金宋对立的局面。于谦坚决反对说，北京是全国根本，一动便大事去了，宋朝南渡的覆辙，岂可重蹈。并且说主张南迁的人应该杀头。大臣胡濙、陈循和太监金英都赞成于谦的主张，郕王也下了坚守的决心，徐不敢再说话了，从此恨死了于谦。

明朝政府虽然决定坚守，但是北京剩下的老弱残兵不满十万人，上上下下都胆战心惊，怕守不住。于谦建议征调各地军队到京守卫，分别部署前方要塞军事，人心才稍稍安定。郕王十分信赖于谦，升他为兵部尚书（国防部长），领导北京的保卫战。

王振是土木败军的祸首，群臣提出要追究责任，王振的党羽马顺还倚仗王振的威风，当面叱责提出这主张的人，引起了公愤，给事中（官名，管稽察六部和各机关的工作）王竑抓住马顺便打，群臣也跟着打，把马顺打成肉泥，朝班大乱，连守卫的卫士也呼噪起来了。郕王吓得发抖，站起来要走，于谦赶紧上前拉住，并教郕王宣布马顺有罪应该处死，这才扭转了乱纷纷的局面。退朝时，于谦穿的衣裳，袖子和下襟都裂开了。吏部尚书（管选用罢免官员的部长）王直看到他，拉住手叹口气说，国家只靠着你！像今天的事，一百个王直也办不了。从此，郕王和朝廷大臣，京城百姓都倚靠于谦，认为他有担当，可以支撑危局。于谦也毅然决然把国家的事情担当起来。

英宗被俘，他的儿子还是小孩子，当时形势，没有皇帝是不行的。大臣们商量立郕王为皇帝，郕王再三推辞。于谦说，我们是为国家着想，不是为了任何个人。郕王才答应。九月，郕王即位为皇帝，是为明景帝。

于谦建议景帝，瓦剌得胜，一定要长驱南下。一要命令守边诸将协力防守；二要分道招募民兵；三要制造兵器盔甲；四要派遣诸将分守九门，结营城外；五要迁城关居民入城，免遭敌军杀掠；六要派军队自运通州存有的大量粮食作为军饷，不要被敌人利用。又保荐一些有能力的文官出任巡抚，军官用为将帅。景帝一一依从，并命令于谦提督各营军马，统帅全军。

也先带着明英宗，率军南下，每到一个城池，便说皇帝来了，要守将开门迎接，守将遵从于谦的指示，说我们已经有了皇帝了，拒不接受。也先利用明英宗要挟明朝政府不成功，很丧气。明朝北部各个城池虽然因此保住了，明英宗却也因此对于谦怀恨在心。

瓦剌大军突破紫荆关，直入包围北京。都督石亨主张收兵入城，坚壁据守。于谦反对，认为怎么可以向敌人示弱，使敌人越发轻视呢。下令诸将统兵二十二万分别在九门外据守，亲自率领石亨和副总兵范广、武兴列阵德胜门外，和也先决战。通告全军，将不顾军，先退者斩其将，军不顾将，先退者后队斩前队。将士知道只有决战才有生路，都奋勇争先。由于于谦保卫北京的主张是和北京人民的利益一致的，获得了广大人民的支持。也先原来认为北京不战可下，一见明军严阵以待，便泄气了，派人提出要大臣出迎明英宗，要索金帛，和于谦等大臣出来商议等条款，都被拒绝，越发气沮。进攻德胜门，明军火器齐发，也先弟中炮死。转攻西直门，又被击退。进攻彰义门，当地的老百姓配合守军，爬上房顶呐喊，投掷砖石，又被击退。相持了五天，敌军始终没有占到便宜，听说各路援军就要到达，怕归路被截断，只好解围退兵，北京的保卫战就此胜利结束。景帝以于谦功大，加官为少保（从一品），总督军务。

景泰元年（1450），大同守将报告也先派人来讲和，于谦严令申斥守将，从此边将都坚决主战，没有一个人敢倡议讲和的。

也先看到明朝有了新皇帝，不承认明英宗，便在蒙古重立英宗为皇帝，来和明朝对抗，结果明朝政府置之不理，这个法宝也不灵了。俘虏到皇帝，不但没有用处，还得供养，成了累赘，便另出花招，派使臣声明愿意送还皇帝，制造明朝统治阶级的内部矛盾。明朝大臣都主张派使迎接，景帝很不高兴，说我本来不愿做皇帝，是你们要我当的。于谦说，皇位已定，不可再变。也先既然提出送回皇帝，理当迎接，万一有诈，道理在我们这面。景帝一听说皇位不再更动，忙说依你依你。派大臣接回英宗，一到北京，就把这个皇帝关在南宫里。

从景泰元年到景泰七年（1450—1456），于谦在兵部尚书任上，所提的意见，明景帝没有不同意的。朝廷用人，也一定先征求于谦意见，于谦不避嫌怨，有意见便说，由此，有些做不了大官的人，都恨于谦，有些大官作用比不上于谦的，也恨于谦，特别是徐珵，他一心想做大官，拜托于谦的门客，想做国子祭酒（大学校长），于谦对景帝说了，景帝说，这人倡议逃亡，心术不正，怎能当这官，败坏学生风气。徐珵不知于谦已经推荐，反而以为是于谦阻挠，仇恨越发深了。改名有贞，等候机会报复。大将石亨原先因为打了败仗削职，于谦保荐领军抗敌立了功，封侯世袭。他嫌于谦约束过严，很不乐意。保卫北京之战，于谦是主帅，功劳最大，结果石亨倒封了侯爵，心里过意不去，写信给景帝，保荐于谦的儿子做官。于谦说国家多事，做臣子的照道理讲不该顾私恩。石亨是大将，没有举荐一个好人，一个行伍有功的，却单单举荐我的儿子，这讲得过去吗？而且我对军功，主张防止侥幸，决不敢以儿子冒功。石亨巴结不上，反而碰了一鼻子灰，越发生气。都督张𫐐打仗失败，为于谦所劾。太监曹吉祥是王振门下，也深憾于谦。这批人共同对于谦不满，便暗地里通声气，要搞倒于谦，出一口气，做升官的打算。

于谦性格刚直，处在那样一个时代，遇事都有人出来反对，只靠景帝的信任，做了一些事。他在碰到不如意事情的时候，便拍胸叹气说：这一腔热血，竟洒何地？他又看不起那些庸庸碌碌的大臣和勋臣贵戚，语气间时常流露出来，恨他的人便越发多了。他坚决拒绝讲和，虽然明英宗是因为明朝拒和，也先无法利用才被送回来的，心里却不免有些不痛快。这样，在明景帝统治的七年间，在表面上，于谦虽然权力很大，在另一面，却上上下下都有人对他怀恨，只是不敢公开活动而已。

于谦才力过人，当军务紧急，顷刻变化的时候，他指挥若定，眼睛看着报告，手头屈指计算，口授机宜，合于实际，底下的工作人员看着，不由得不衷心佩服。号令严明，不管是勋臣宿将，一有错误，便报告皇帝行文申责，几千里外的守将，一得到于谦指示，无不奉行。思虑周密开阔，当时人没有能比得上的。

忧国忘身，虽然立了大功，保住了北京城，接还了皇帝，却很谦虚，口不言功。生性朴素俭约，住的地方才蔽风雨，景帝给他一所西华门内的房子，几次辞谢不许才搬过去。土木之变后，索性住在办公室里不回家。晚年害了痰病，景帝派人去看，发现他生活过于俭约，特别叫宫内替他送去菜肴。有人说皇帝宠待于谦太过了，太监兴安说，这人日日夜夜为国家操心，不问家庭生活。他要去了，朝廷哪儿能找得这样的人！死后抄家，除了皇帝给的东西以外，更没有别的家财。

景泰八年正月，明景帝害了重病，不能起床。派石亨代他举行祭天仪式。石亨认为景帝活不长久了，便和徐有贞、曹吉祥、张等阴谋打开南宫，迎明英宗复位，史称夺门之变。明英宗第三次做了皇帝，办的第一件事就是把于谦和大学士（宰相）王文关在牢里。石亨等诬告于谦、王文谋立外藩（明朝皇帝的本家，封在外地的），法司判处谋逆，应处死刑。审案时，王文据理申辩，于谦笑着说，这是石亨等人的主意，申辩有什么用。判决书送到明英宗那里，英宗还觉得有些过意不去，说于谦实在有功。徐有贞说，不然，不杀于谦，夺门这一招就说不出名堂来了。于谦、王文同时被杀，明景帝也被绞死，这一年于谦六十岁，明景帝才三十岁。

于谦死后，家属被充军到边地。大将范广，贵州巡抚蒋琳也因为是于谦所提拔的牵连被杀。还刻板通告全国，说明于谦的罪状，这个板子一直到成化三年（1467）才因有人提出意见毁掉。

曹吉祥是于谦的死对头，可是他的部下指挥朵儿却深感于谦的忠义，到刑场祭奠痛哭，曹吉祥大为生气，把他打了一顿。第二天，朵儿又去刑场祭奠了。都督同知陈逵冒着危险，收拾于谦的尸首殡葬，过了一年，才归葬杭州。

广大人民深深悼念于谦，当时不敢指名，作了一个歌谣：

> 鹭鸶冰上走，何处觅鱼嗛？

鱼嗛是于谦的谐音，这个民族英雄的形象是永远留存在人民的记忆中的。明末抗清民族英雄张煌言有一首诗：

> 国亡家破欲何之？西子湖头有我师。
> 日月双悬于氏庙，乾坤半壁岳家祠。

于谦的事迹直接教育了这个有骨气的好汉，宁死勿屈，保持了民族的正气。

石亨的党羽陈汝言代于谦做兵部尚书，不到一年就撤职抄家，有很多金银财宝，明英宗叫大臣们参观，并说，于谦在景泰朝极被亲信，死后没有一点家业，陈汝言怎么会有这么多！石亨听了，说不出一句话。过些日子，边防传来警报，英宗很发愁，恭顺侯吴瑾在旁边说，要是于谦在的话，不会有这情况。英宗听了也说不出一句话。

于谦的政敌都先后失败，徐有贞充军云南，石亨下狱死，曹吉祥造反灭族。

明宪宗成化初年（1465），于谦的儿子于冕遇赦回家，写信给皇帝申冤，明宪宗恢复了于谦的官位，派人祭奠，祭文中说："当国家之多难，保社稷以无虞，惟公道之独持，为权奸所并嫉，在先帝已知其枉，而朕心实怜其忠。"这几句话，传诵一时。于谦的名誉恢复了。明孝宗弘治二年（1489）谥于谦为肃愍，并建立祠堂，号为旌功。明神宗万历时又改谥忠肃。杭州、开封、山西和北京的人民都建立了他的祠堂，广大人民永远纪念这个保卫北京城的民族英雄，永垂不朽！

于谦的著作流传到今天的有《于肃愍公集》八卷，《少保于公奏议》十卷。演绎他的故事的小说有孙高亮所著的《于少保萃忠全传》十卷。

原载《新建设》第六期

1961 年

海瑞的故事

一

海瑞的时代，是明封建王朝从全盛走向衰落的时代。他生在正德九年，死于万历十五年（1514—1587），一生经历了正德、嘉靖、隆庆、万历四个皇帝。这几十年中，社会情况发生了很大变化，土地更加集中了。皇帝侵夺百姓的土地，建立无数皇庄，各地亲王和勋戚、贵族、大官僚都有庄田，亲王的庄田从几千顷到几万顷。嘉靖时的宰相严嵩和徐阶都是当时最大的地主。万历时期有一个地主的田地多到七万顷。农民的土地被地主所侵夺，沦为佃农、庄客，过着牛马般的生活。庄园的庄头作威作福，欺侮百姓。贵族和官僚的家里养着无数的奴仆，有的是用钱买的，有的是农民不堪赋役负担，投靠来的。他们终年为主人服役，除家庭劳役外，有的学习歌舞、演戏，有的纺纱织布，四处贩卖，有的替主人经营商业，开设店铺，没有工资，也没有自由，世代子孙都陷于同一命运。国家所控制的人口减少了，因为一方面农民大量逃亡，流散四方，另一方面一部分人口沦落为奴仆，户口册上的人口数字日渐减少。同时土地的数字也减少了，这是因为农民流亡，田地抛荒：庄田数目越来越大，庄田主的贵族和官僚想法不交或少交钱粮，这样，向国家缴纳地租的土地就越来越少。更严重的是中小地主和上中农为了逃避赋役，隐蔽在大地主户下，大地主的土地越多，势力越大，把应出的赋役分摊在农民的头上，农民的负担便越重，阶级矛盾便越尖锐。

这个时期，是阶级矛盾日益尖锐的时期。

贪污成为政治风气，正德时刘瑾和他的党羽焦芳等人，公开索取贿赂；嘉靖时的严嵩父子、赵文华、鄢懋卿等人，从上到下，都要弄钱，不择手段。以知县来说，附加在田赋上的各项常例① 就超过应得的薪俸多少倍；上京朝见，来回路费和送京官的贿赂都要农民负担。徐阶是当时有名的宰相，是严嵩的对头，但是，他家就是松江最大的富豪，最大的地主，也是最大的恶霸。

京官、外官忙于贪污，水利没有人关心了，许多河流淤塞了。学校没有人关心了，府县学的生员名为学生，到考试时才到学校应付。许多农民产业被夺，田地没有了，却得照旧纳税，打官司的人愈来愈多了。

这个时期是政治最为腐败，贪污成为风气的时期。

也正是这个时期，倭寇（日本海盗）猖獗，沿海一带，经常受到倭寇的威胁。浙江、福建两省被倭寇侵略最严重。明朝政府集中了大量兵力，把这两省合成一个防御性的军事体系，设总督② 管辖军事。军队增加了，军饷相应增加，这些负担也自然落在农民身上。

大地主的兼并，官吏的贪污，倭寇的侵略，使得农民生活日益困苦。表面上熙熙攘攘，一片繁荣景象，骨子里却蕴藏着被压

---

① 常例是一种附加税，津贴知县用费，变相的但又是合法的贪污行为。

② 总督是地方的最高长官，辖一省或两、三省，总揽军民要政。

抑的千千万万农民的愤怒，一触即发。

海瑞的时代就是这样一个时代。

二

海瑞任浙江淳安知县的时候，总督是严嵩的亲信胡宗宪。

淳安是山区，土地贫瘠，老百姓都很穷，山上只产茶、竹、杉、柏，山下的好田地都被大族占了，老百姓穷得吃不上饭。这个县又处在新安江下游，是水陆交通的枢纽，朝廷使臣，来往官僚过客，都要地方接待。例如经过一个普通官，就要用银二三十两；经过巡盐御史、巡按御史等监察官员①，要用银一二百两；巡抚②出巡，则要用银三四百两。这都要百姓赔垫。他们坐船要支应船夫，走陆路要支应马匹夫役。地方穷，负担重。

有一次，胡宗宪的儿子经过淳安，仗着是总督公子，作威作福，嫌驿站（传递文书的站）的马匹不称心，供应不周到，大发脾气，喝令跟人把驿吏捆了，倒挂在树上。驿站的人慌了，跑到县衙要办法，海瑞说："不慌，我自有主张。"他带人走到驿站，一大堆人在围着看热闹。鲜衣华服的胡公子还在指手画脚骂人，一看海瑞来，正要分说。海瑞不理会，径自进驿站去，一看胡公子带的大箱子小箱子几十个，都贴着总督衙门封条，就有了主

---

① 都察院是朝廷负责纠察弹劾的衙门，都御史、左右副都御史是都察院的正副长官，其下有佥都御史，这些都是都察院的高级监察官员。另外对地方各道派有监察御史，按其工作性质分巡按御史（管司法）、巡盐御史（管盐政）、提学御史（管教育）等。巡按御史出巡时亦称按院。

② 巡抚是比总督低一级的地方高级官员，管一省的军事和政治。也称抚台、都堂。

意。立刻变了脸色，叫人把箱子打开，都沉甸甸的，原来装着好几千两银子呢。海瑞对着众人说："这棍徒真可恶，竟敢假冒总督家里人，败坏总督官声！上次总督出来巡查时，再三布告，叫地方上不要铺张，不要浪费。你们看这棍徒带着这么多行李，这么多银子，怎么会是胡总督的儿子，一定是假冒的，要严办！"把几千两银子都充了公，交给国库，写一封信把情由说了，连人带行李一并送交胡宗宪。胡宗宪看了，气得说不出话，怕海瑞真个把事情闹大，自己理屈，只好算了，竟自不敢声张。

海知县拿办总督公子的新闻轰动了淳安，传遍了东南，老百姓人人称快，贵族官僚子弟个个头痛，骂他不识时务。

更使人高兴称快的是另一件事：海瑞挡了都御史的驾，拒绝他入境。这在当时说来，是件了不得的骇人听闻的大事。

鄢懋卿是当时宰相大奸臣严嵩父子的亲信，嘉靖三十五年（1556）以左副都御史的身份，出京来总理两浙（浙东、浙西）、两淮（淮南、淮北）、长芦、河东盐政。

都察院左副都御史是朝廷最高级的监察官员之一，出巡地方时是钦差 [①]，掌握着进退升降官吏的建议权。总理盐政是名目，实质上是皇帝要钱用，叫他从产盐、卖盐上打点主意，多搞些钱。

鄢懋卿以监察官、钦差大臣的身份，加上有严家父子做靠山，一到地方，威风得很，利用职权，收受贿赂，给钱的是好官，给多的便答应升官，给少的便找题目磨难，非吃饱了不走。总之，不管官大官小，什么地方，什么官，非给他钱不可，非给

---

① 钦差是由皇帝特派出京，代表皇帝查办政务的官员。

够了不走。不这样做，除非不打算做官才行。

不只送贿赂，还要大大地铺张供应、迎送。地方长官巡抚、按察使、知府①、知县，大大小小都得跪着接送。吃饭要供应山珍海味，住处要张灯结彩。在扬州，地方请吃饭，一顿饭就花了一千多两银子。他还带着老婆一起，老婆坐五彩搭的轿子，用十二个女子抬。连厕所都用锦缎做垫，便壶都用银子做。

一天，轮到要巡查严州（今浙江建德）了，要路过淳安。全县人都焦急，不知怎么办才好。

钦差、监察官、地方长官到地方巡查，照例都要发一套条约或告示，说明来意和地方应注意事项，并且大体上也都按着老规矩，照前任的抄一遍。告示内少不得要说些力戒铺张，务从节俭等冠冕堂皇的话。海瑞研究了好久，一想对了，即以其人之话还治其人之身。便对差官说，淳安地方小，百姓穷，容不下都老爷的大驾，请从别处走吧，省得百姓为难。他亲自写一封信给鄢懋卿，信上说：

> 细读您的布告，知道您一向喜欢简朴，不喜欢逢迎。您说："凡饮食供应，都应俭朴，不要过分奢侈，浪费人民钱财。"您又说："现在民穷财尽，宽一分，人民就得一分好处，一定要体谅。"您的种种恳切的教导，说得很多。我相信您的话是为国为民，是从心里说出来

① 明朝的时候，办理一省刑政和检查官员纪律的机关叫提刑按察使司，简称按察司，长官叫作按察使。明时一省分几个府，一府管几个州、县，府的长官叫知府。

的，绝非空话。

但是，您奉命南下以后，沿途情况，浙江派的前路探听的人都说，各处都办酒席，每席要花三四百两银子，平常伙食都是山禽野味，不易弄到的东西。供应极为华丽，连便壶都用银子做。这种排场，是和您颁行的布告大大相反的。

都察院长官出来检查盐政，是少有的事。因为少有，所以百姓有疾苦的要求告状，有贪酷行为的官要改正，百姓也会得到少有的好处。现在情况是州县怕接待不周到，得罪都察院长官，极力买办。百姓为出钱伤脑筋，怨声不绝。百姓没有得到少有的好处，反而苦于少有的破费。这可能是地方官属奉承您，以为您喜欢巴结，不喜欢说实话，揣摩错了您的真正用心吧。

盐法毛病，我晓得一些，没有全盘研究，不敢乱说。只是这一件事，是我耳闻目见的。您如来了，东西准备了，纵使您一概不受，但是东西既然买了，必然要用许多钱，百姓怨恨，谁当得起？地方官属以今时俗例来猜测您，我又很怕您将来会因为地方官属瞎张罗，不利于执守礼法，而后悔不及。这个害比盐法不通还要大，所以敢把这些意见一一告诉您。

义正词严，话又说得很委婉。鄢懋卿看了，气得发抖，想寻事革掉他的官，但他是清官，名声好，革不得。就此过去，又气不过。只好放在心中，把这封信藏起来，批"照布告办"，严州也不去了。

严州知府正忙着准备迎接，听说都老爷忽然不来了，正在纳闷，怕出了什么岔子。后来才知道是海知县写了信，惹了祸。怕连累自己，大怒，海瑞一进来，就拍桌子大骂："你多大的官儿，敢这样！"骂不停口。海瑞不说一句话，等骂完了，气稍平了，作了一个揖就走，以后也不再说什么。等到鄢懋卿巡查完了，走了，严州府上下官员一个也没出事，知府这才放了心，过意不去，见海瑞时连说："好了淳安百姓，难为了你，难为了你！"

鄢懋卿恨极海瑞，要报复，叫他管辖的巡盐御史袁淳想主意。袁淳也是恨海瑞的，他巡查地方时，海瑞照规矩迎送，迎得不远，送得也不远，供应不丰富，有什么需索，也是讨价还价。这回正好一举两得，也报了自己的私仇。这时海瑞已得朝命升任嘉兴通判（知府的副职），便找一个公文上的手续不对，向朝廷告发，把海瑞降职为江西兴国知县。

三

海瑞从江西调到北京，后来又调到南京做了几年官，在隆庆三年（1569）六月才被派为江南巡抚，巡抚衙门设在苏州。第二年四月被革职回家，只做了半年多巡抚。

他最恨贪污，一上任，便发出布告，严禁贪污，打击豪强。他敢说敢做，连总督、都御史都不怕，谁还敢不怕他。属下的地方官员有贪污行为的听说他来了，吓得心惊胆战，罪恶较大的赶忙自动辞官。有的大族用朱红漆大门，一听海都堂要来，怕朱红大门太显耀，连夜把大门改漆成黑色。管织造的太监，时常坐八人轿子，这时吓得减去一半。大地主们知道海瑞一向主张限田，要贯彻均平赋税的主张，实行一条鞭法 ①，也都心怀鬼胎，提心吊胆，时刻不安。

他在做江南巡抚的几个月中，主要做了两件大事。一件是"除弊"，一件是"兴利"。

除弊，主要的是打击豪强，打击大地主，要他们把非法侵占农民的田地退出一部分还给农民。

擒贼要先擒王，江南最大地主之一是宰相徐阶，这时正罢官在家。海瑞要他家退田，徐阶只好退出一部分。海瑞不满意，写信给徐阶，要他退出大半，信上说：

> 看到您的退田册，更加钦佩，您是这样使人意想不到的大贤大德。但是已退的田数还不很多，请您再加清理，多做实际行动。从前有人改变父亲的做法，把七个屋子储藏的钱，一会儿便都散光了。您以父亲的身份来改正儿子的做法，有什么做不到的呢？

把非法侵占民田的责任算在他儿子账上，给他留点面子。

这样做，朝廷大官和地方乡官都怕了，人人自危，怨声四起。海瑞在给李石麓阁老信中说：

> 存翁（徐阶）近来受了许多小人的累，很吃了点苦头。他家产业之多，真叫人惊奇，吃苦头是他自取的。

---

① 一条鞭法是明朝万历年间，把丁役、土贡等都归并在田赋内，按亩征收的一种收税办法。

要不退出大半，老百姓是不会甘心的。有钱人尽干坏事，如今吃了苦头，倒是一条经验。我要他退出大半田产，也正是为他设想，请不要认为奇怪。

官僚舆论说他矫枉过直，搞得太过火了，他说并不过火。在给谭次川侍郎的信上说：

矫枉过直，是从古到今一样的道理，不严厉地改革，便不能纠正过错。我所改革的都不是过直的事，一定会办好，请放心。

又说：

江南粮差之重，天下少有，古今也少有。我所到过的地方，才知道所谓富饶全是虚名，而苦难倒很严重，这中间可为百姓痛苦，可为百姓叹息的事，一句话是说不完的。

他不但要坚持下去，还要进一步解除百姓的痛苦，可惜几个月后，他便被革职丢官了。

徐家的田退出，徐阶的弟弟徐陟，做过侍郎，为非作歹，残害百姓，海瑞把他逮捕了依法制裁。地方官奉行政令，不敢延误，大地主们走不动的只好依法退田，有的便逃到别的地方避风头。穷人田地被夺的都到巡抚衙门告状申诉，海瑞一一依法判处。老百姓欣喜相告，从今以后有活路了。地主官僚却非常恨海瑞，暗中组织力量，制造舆论，要把他赶走。

退田只是帮助穷民办法的一种，另一种有效的办法是清丈，把土地的面积弄清楚了，从而按每块土地等级规定租税。以此，海瑞做知县，做巡抚，都以清丈为第一要事，在这基础上，贯彻一条鞭的法令，在一条鞭规定所应征收的以外，一毫不许多取。这对当时农民来说，是减轻徭役，明确负担，提高生活，发展生产的有效措施，是对人民的德政。

兴利是兴水利。江苏的吴淞江泄太湖之水，原来沿江的田亩，都靠这条江水灌溉。年代久了，没有修治，江岸被潮水冲蚀，通道填淤，一有暴雨，便成水灾，淹没田亩，水利成为水害。海瑞在亲自巡行调查之后，决定修治，正月兴工，同月又修治常熟县的白茆河、杨家滨等河，结合赈济饥民，用工代赈；他亲自坐小船往来江上，监视工程的进行，不久就都完工了，人民大得好处。原来老百姓是不敢指望开河的，一来想这样的政府不会做这样的好事，二来想要做也无非要老百姓出钱。因此流传的民谣中有两句话说："要开吴淞江，除是海龙王。"意思是永世也开不了。现在人民的愿望实现了，河修好了，没有花老百姓一个钱。

在朝官僚，在野的乡官大族都恨海瑞。过往官僚因为海瑞裁节交通机构过多的费用，按制度办事，奉朝命该供应马匹和交通工具的只按制度供应，节约民力和费用，凭人情但是不合制度的一概不供应，不管你是什么来头，这样一来，这些人受了委屈，也恨海瑞。他们先后向皇帝告状，说他偏，说他做得太过火，说他包庇坏人，打击乡绅，只图自己有个好名声，破坏国家政策。海瑞成为大官僚、大地主的公敌，被夺去巡抚职权，改督南京粮储，专管粮饷。这时，高拱做宰相，海瑞骂过他，他也是恨海瑞的，又把管粮的职务归并到南京户部^①，这样，海瑞的职权全被剥夺，只好告病回家了。

在排挤、污辱、攻击海瑞，保卫自己的利益的这群朝官中，吏科给事中^②戴凤翔是个代表人物。他向皇帝告状，说江南在海瑞的治理下，百姓成为老虎，乡官是肉，海瑞叫百姓拿乡官当肉吃，把乡官弄苦了。海瑞很生气，立刻回击，也上疏^③给皇帝说：

> 华亭县（今上海市松江区）乡官田宅特别多，奴仆特别多，老百姓十分怨恨。这种情况，恐怕在全国各地都找不出……老百姓告乡官霸占田产的有几万人……二十年以来，地方府县官都偏听乡官、举人、监生^④的话，替他们撑腰，弄得老百姓的田产一天天少下去，乡官却一天天富起来……凤翔说百姓是老虎，乡官是肉。他却不知道乡官已经做了二十多年老虎，老百姓做了二十多年的肉。今天乡官的肉，本是老百姓原有的肉；原先被抢走，如今还出来，本来也不是乡官的肉啊！何

---

① 明朝自永乐皇帝迁都北京后，仍在南京保留中央政府的组织，和北京同时设有吏、户、礼、兵、刑、工六部，分管各有关的政务。各部的长官叫作尚书，副长官叫作侍郎。户部是管财政经济的。

② 管检查吏部工作的官员。

③ 封建时代臣下向皇帝陈述事情的报告叫"疏"。

④ 科举取士制度，规定每隔三年开一次乡试，应乡试的是有秀才或监生资格的人，乡试取中的就称为举人。监生，即是对有入国子监读书资格的人的简称。

况过去乡官抢占老百姓十分，如今只还一分，还得并不
多，却就大叫大闹了。我看凤翔在家乡，也是这样的
乡官。

　　话说得非常锋利，有力量，既说明了情况，也指出了问题。
乡官二十多年来做老虎吃老百姓，你们不说话。如今只要乡官还
给老百姓原来属于他们自己的一点田地，而且只还了十分之一，
你们就说老百姓是老虎吃乡官了。就说是肉吧，也是老百姓原有
之肉，先前你们硬夺老百姓的肉，如今就该还，这有什么值得大
惊小怪的。末了，一针见血地指出，戴凤翔替乡官诉苦，这些是
乡官的话，也是戴凤翔自己的话。戴凤翔要是不在朝，住在家
里，也一定是只专吃老百姓的老虎。

　　海瑞不断遭到乡官在朝代言人的攻击，很愤慨。他给人的信
中说："一切计划，只有修治吴淞江的水患，因进行得快而成功
了，其他都是将近成功就中止，怎么办，怎么办！这等世界，做
得成什么事业！"给皇帝告养病的疏中说，在他巡抚任上所行兴
利除害的一些办法，都是采访人民意见、研究过去制度而规定
的，要求不要轻易改变。并说宰相光听一些不负责任的话，多议
论，少成功，靠不住；满朝大官都是妇人，皇帝不要听信他们。
用"妇人"骂人，是封建时代的错误看法。用"妇人"骂人，而
且把满朝大官一概骂尽，也是很不策略的。但是由此可见他的愤
慨程度，同时也说明了海瑞这次罢官以后，在朝掌权的人一连
十几年都没有理会他，连万历初年名相张居正也不肯起用他的
原因。

　　是的，像海瑞这种爱护人民，一切为老百姓着想，不怕封建

官僚势力，不要钱，不怕死的清官，在靠剥削人民存在的封建社
会里，又怎么能站得住脚，做得成什么事业呢！

原载《中国历史小丛书·海瑞的故事》

中华书局 1963 年第 2 版

论海瑞

看过《三女抢板》(或《生死牌》)的人，大概都记得那个挺身出来反对豪强，救了两家人性命的巡抚海瑞。这是民间流传关于海瑞的许多故事中的一个。海瑞究竟是什么样的一个人呢？

海瑞（1514—1587，明武宗正德九年至神宗万历十五年）是我国十六世纪有名的好官、清官，是深深得到广大人民爱戴的言行一致的政治家。他为了巩固封建统治阶级的长远统治，减轻农民市民的负担，向贪婪腐朽的封建官僚、大地主斗争了一生。

明朝人论海瑞

为了了解海瑞，让我们先看看当时的人们是怎样评论他的。

总的评论是当时的人民说他好，当时的大地主说他不好。

但是，有点奇怪，反对海瑞的人中间，有不少人也还是不能不称赞海瑞是好官，是清官。他是为民的，想做好事的，而且，也做了好事。

就明朝人的记载来看海瑞，梁云龙所作海瑞行状，除了叙述他的清廉，为百姓办好事的政绩以外，并说：

> 呜呼！公之出、处、生、死，其关于国家气运，吾不敢知。其学士大夫之爱、憎、疑、信，吾亦不敢知。

第以公之微而家食燕私，显而莅官立朝，质诸其所
著《严师教戒》，一一契券，无毫发假。孔子所谓强哉
矫，而孟子所谓大丈夫乎！古今一真男子也。

论者概其性甘淡薄，有采薇之风，天挺忠贞，有扣
马之节，谓道似伯夷，信矣。然其视斯民由己饥寒，耻
厥辟不为尧舜，言动必则古昔、称先王，莅官必守祖宗
成宪，挫折不磨，鼎镬不避，即伊尹奚让？望之如泰山
壁立，就之如春风太和，接谈无疾言，无遽色，临难无
郁气，无怨容，箠楚子弟臧获，亦不见其厉色严声，即
柳下惠奚加？

特其质多由于天植，学未进于时中，临事不无或
过，而隘与不恭，盖亦有焉。

全面地评价海瑞，指出海瑞是这样一个人，言行一致，他
的日常生活和政治作为，和所著《严师教戒》文章对证，一一符
合，没有丝毫的假。是"强哉矫"，是大丈夫，是古往今来一个
真男子。

他生活淡薄，性格忠贞，看到百姓的饥寒认为是自己的过
失，以他的皇帝不像尧舜那样为耻辱。一言一动都要说古代如
何，先王如何。做官办事则坚守祖宗朝的成法。不怕挫折，不怕
牺牲。又严峻，又温和，谈话的时候，说得不太快，也不摆出一
副难看面孔，遭遇危难也不表现那样愤慨抑郁。连打小孩、打奴
婢，也看不到他的厉色严声。

像伯夷，像伊尹，像柳下惠。

他的本性是天赋的，但是修养还没有到家，未得中庸之道。

做事有时过了一些，窄了一些，以至有些不恭，这些毛病都是有的。

因为海瑞是被攻击谩骂，死在任上的，所以梁云龙很含蓄地说，这个人和时代的关系，他的出、处、生、死，和国家的关系如何，我不敢知道。学士大夫（封建统治阶级）对他的爱、憎、疑、信，对他的评价到底怎样，我也不敢知道。

梁云龙是海瑞的同乡，海瑞侄女的儿子，和海瑞关系很深，作行状时他在湖广巡抚任上，最了解海瑞。对海瑞的评价大体上应该是可信的。

此外，王宏诲的《海忠介公传》对海瑞也是大赞特赞的，但在末后又说上一句："乃海公之砥节砺行，而缙绅（官僚地主阶级）又多遗议，何也？"这样的好官、清官，为什么官僚地主阶级又多说他不好呢？是什么道理呢？

王宏诲也是海瑞的同乡，琼州定安人。海瑞在因批评皇帝而坐牢以前，王宏诲正在北京，做翰林院庶吉士，海瑞去看他，托其料理后事，关系也很深。

这两个人是海瑞的亲戚、同乡，也许会有人说他们有偏见。再看何乔远所作《海瑞传》，和李贽的《海忠介公传》，何乔远和李贽都是福建晋江人，他们的评价和梁云龙、王宏诲是一致的。清修《明史》，对海瑞一般很称赞（王鸿绪《明史稿》和《明史》一样），末后论断，也说他："意主于利民，而行事不能无偏云。"用意是为人民谋福利，但是有些偏差。汪有典的《史外》歌颂他的政绩以后，又说他：尝时以为朝廷上的人懦弱无为，都像妇人女子，把人骂苦了。有人恨极了，骂他大奸极诈，欺世盗名，诬圣自贤，损君辱国。他还是不理会。

人民是爱戴海瑞的，他做了半年多应天巡抚（应天府今南京，巡抚是皇帝派遣到地方，治理一个政区的行政长官，巡抚有弹劾地方官吏之权，有指挥驻军之权，权力很大），罢职的时候，老百姓沿街哭着送别，有些人家还画了他的像供在中堂里。死在南京右都御史（中央监察机关的长官）任上的时候，百姓非常哀痛，市面停止了营业，送丧穿戴着白色衣冠的行列，夹着江岸悼祭哀哭的百里不绝。

他晚年到南京做官，被御史（监察官）房寰弹劾，也就是汪有典所引的十六字罪状，引起了统治集团内部一部分青年知识分子的公愤，提出抗议，向皇帝写信申救。吏部办事进士顾允成、彭遵古、诸寿贤这三个人代表这一批人说：

> 南直隶提学御史房寰本论右都御史海瑞，大奸极诈，欺世盗名，诬圣自贤，损君辱国……朝野闻之，无不切齿抱愤……不意人间有不识廉耻二字如房寰者。
>
> 臣等自十余岁时即闻海瑞之名，以为当朝伟人，万代瞻仰，真有望之如在天上，人不能及者。
>
> 瑞别历仕，含辛茹苦，垂白之年，终不使廪有余粟，囊有赢金。
>
> 瑞巡抚南畿时，所至如烈火秋霜，搏击豪强，则权势敛迹，禁绝侵渔，则民困立苏，兴水利，议条鞭，一切善政，至今黄童白叟，皆雅道之。近日起用，海滨无不日海都堂又起，转相告语，喜见眉睫。
>
> 近在留都，禁绝馈送，裁革奢侈，躬先节俭，以至百僚，振风肃纪，远近望之，隐然有虎豹在山之势，英

风劲气，振江南庸庸之士风，而濯之以清冷之水者，其功安可诬也。

　　说他们在十几岁时就知道海瑞是当代伟人，万代瞻仰的人物。海瑞做了多年大官，可是生活朴素，头发白了，没剩什么粮食，也没剩什么钱。做巡抚作为像烈火，像秋霜，打击豪强，有权势的人安分了，禁绝贪污，老百姓可以喘一口气了。兴修水利，贯彻一条鞭新法，这些好事，到现在地方上的老老小小都还想念他。听说海都堂又来了，人们互相告诉，非常喜欢。在南京，他禁止送礼，裁革奢侈，带头节俭，做出榜样，整顿纪纲，远近的人看着，有虎豹在山之势，英风劲气，像一股清冷的水，把江南庸庸碌碌的士风都改变了。这样的功绩，谁能抹杀？

　　房寰的攻击海瑞，把朝野的人都气坏了。想不到人世间有不识廉耻像房寰这样的人！

　　据后来另一营救海瑞的徐常吉的揭发，弹劾海瑞的房寰是什么样人呢？官是提学御史（管教育的监察官），人呢？是个大贪污犯。海瑞看到南京官员作风拖拉，偷懒，很不像话，下决心整顿，依明太祖的规矩，把一个犯规的御史打了一顿。御史们怕极了，想法子要赶走这个厉害上司。房寰借出外考试学生的机会，让儿子和亲家大收贿赂，送钱多的就录取，名声极坏。怕海瑞弹劾，先下手为强，就带头反对海瑞，造谣造得简直不像话。

　　乡官（退休居乡的官僚）是反对海瑞的，因为乡官恨他为百姓撑腰，强迫乡官把侵占的田地退还百姓。

　　大地主是反对海瑞的，因为海瑞一辈子贯彻一条鞭法，依新法，徭役的编派，人丁居四分之一，田粮居四分之三，农民人口多，大地主田地多，这样就减轻了贫农和中农的负担，大地主占地多，按地完粮，负担自然相应加重了，这怎么能不恨？海瑞一辈子主张清丈，重新丈量田地，把大地主少报的隐瞒的田地都清查出来了，要按地纳税，这怎么能不恨？

现任官员也不满意海瑞，因为赋役银两实行官收官解以后，省去一道中间剥削，百姓虽然得些便宜，衙门里却少了一笔收入了，连北京的户部（管税收、财政的部）也很不高兴。海瑞坚持"此事于各衙门人诚不利，于百姓则为甚利"。至于禁止贪污、送礼，直接损害了现任官员们的利益，那就更不用说了。

从嘉靖（世宗）后期经隆庆（穆宗）到万历前期，从海瑞做官之时起，一直到死，这三十多年间，朝廷的首相是严嵩、徐阶、李春芳、高拱、张居正等人，除了严嵩是个大奸臣，李春芳庸庸碌碌以外，其他三个都是有名的宰相，尤以张居正为最。

严嵩不必说了，这个人是不会喜欢海瑞的，其他三个名相为什么也反对这个好官清官呢？

徐阶是严嵩的政敌，是他指使一批中级官员把严家父子参倒的，是他取严嵩地位而代之的。因为搞垮严嵩，很得人心。嘉靖帝死后，他又代草遗诏（遗嘱），革去嘉靖帝在位时一些敝政，名誉很好。但是，这人正是海瑞所反对的乡愿，凡事调停，自居中间，逃避斗争，不肯批评人，遇风转舵，做事圆滑，总留有后路，不肯负责任做好事，也怕坏事沾了边，好比中药里的甘草，什么病都可加上一味，治不好，也坏不了。正因为这样，才能保住禄位，严嵩挤他不掉。也正因为这样，官员们学了样，成为风气。海瑞痛恨这种作风，曾经多次提出批评意见。

当海瑞因批评嘉靖帝而坐牢的时候，嘉靖帝很生气，迟疑了好久，和徐阶商量，徐阶说了些好话，算是保全了海瑞的生命。嘉靖帝死后，海瑞立刻被释放，仍旧做户部主事，不久调兵部，又改任尚宝司丞（管皇帝符玺的官），大理寺丞（管审判的官），升南京右通政（管接受文件的官），外任为应天巡抚。

徐阶草遗诏改革敝政，是件好事，但是没有和同官高拱商量，高拱很有意见。又有人弹劾高拱，高拱以为是徐阶指使的，便两下里结了仇。公元 1567 年有个御史弹劾徐阶的弟弟和儿子都是大恶霸，有凭有据，海瑞没有搞清楚，以为是高拱指使，故意陷害徐阶，便和其他朝臣一样，给皇帝写信大骂高拱，要求把他罢斥。不久，高拱就免职了。高拱以后又回来做首相，对海瑞当然痛恨。

徐阶年纪太老，又得罪了当权的太监，1568 年 7 月告老还乡。上一年冬天海瑞到南京，1569 年 6 月任应天巡抚。经过近两年的调查研究，他明白自己偏听偏信，徐阶被弹劾的罪状是确实的。徐家有田四十万亩，是江南第一大地主，徐阶的弟弟和儿子都是人民所痛恨的大恶霸，大部分田地都是侵占老百姓的。他一上任就接到无数告徐家的状子，便立刻下令退田。徐阶也知道海瑞不好惹，勉强退出一部分，海瑞不满意，亲自写信给徐阶，一定要退出大半，才能结案。

徐阶虽然很看重海瑞，但是强迫退田，刺痛了心，恨极了。家人作恶，都有罪证，案是翻不了的。千方百计，都想不出办法，又忍不了这口气。最后有人出主意，定下釜底抽薪之计，派人到北京，走新的当权太监的门路，又重贿了给事中（管弹劾的官）嘉兴人戴凤翔，买他出头弹劾海瑞。戴凤翔家也是地主，亲戚朋友中一些人正在怕海瑞强迫退田。这一来，内外夹攻，戴凤翔弹劾海瑞支持老百姓，凌虐缙绅，形容老百姓像虎像狼，乡官像鱼像肉，被吃得很惨，"鱼肉缙绅"的罪状，加上有内线做主，硬把海瑞赶出了巡抚衙门。

也正是海瑞任应天巡抚这一年，高拱在年底被召还入内阁（拜相），第二年升次相，1571年5月首相李春芳退休，高拱任首相。

1572年6月，高拱罢相，张居正任首相。

在徐阶和高拱的政治斗争中，海瑞对这两个人的看法是不正确的，对徐阶只看到他好的一面，对高拱呢，恰好相反，没有看到他好的一面。许多年后，海瑞自编文集，在骂高拱的信后附记："一时误听人言，二公心事均未的确。"改变了对两人的看法，也承认了自己的错误。

1572年张居正做了首相，一直到1582年病死为止。

张居正是1567年2月入阁的。1569年海瑞在应天巡抚任上时，他在内阁中是第三名，对海瑞的行政措施不很赞成。虽然张居正在贯彻一条鞭法这一方面和海瑞一致，但是，用行政命令强迫乡官退田，却不能同意。写信给海瑞说：吴中不讲三尺法已经很久了，你一下子要矫以绳墨，当然他们受不了，谣言沸腾，听的人都弄糊涂了。底下说他不能帮什么忙，很惭愧。意思是嫌海瑞太性急，太过火了。1577年张居正父亲死了，按封建社会礼法，是必须辞官回家守孝的，他不肯放弃权位，叫人说通皇帝，照旧在朝办事，叫作"夺情"。这一来激怒了那些保卫封建礼法的正人君子们，认为是不孝，纷纷抗议。海瑞名气大，又敢说敢为，虽然远在广东琼州，苏州一带的文人们却假造了海瑞反对张居正的弹劾信，到处流传。到后来虽然查清楚和海瑞无关，张居正却也恨极了海瑞。有人建议重用海瑞，他都反对。

尽管如此，高拱对海瑞的评论说：海瑞做的事，说是都好，不对。说是都不好呢？也不对。对他那些过激的不近人情的地方，不加调停（纠正）是不好的。但是，要把他那些改革积弊、为民做主的地方都改掉了，则尤其不可。张居正也说："海刚峰（刚峰是海瑞的字）在吴，做的事情虽然有些过当，而其心则出于为民。"

地主阶级反对海瑞是当然的，例如何良俊，是华亭（松江）的大地主，父亲是粮长，徐阶的同乡。本人是贡生，是个乡官。他家大概也吃过海瑞的苦头，对海瑞是有意见的，说海瑞性既偏执，又不能和人商量（不和大地主商量），喜自用。而且改革太快，所以失败。不说他做的事情好不好，只骂他搞快了。又说海瑞有些疯颠，寡深识，缺少士大夫风度。说海瑞只养得些刁诈之人（贫农、中农），至于数百为群，闯门要索，要索不遂，肆行劫夺。若善良百姓（富农、地主），使之诈人，尚然不肯，况肯乘风生事乎！此风一起，士夫之家，不肯买田，不肯放债，善良之民，坐而待毙，则是爱之实陷之死也。怎能说是善政呢？幸亏海公转任了，此风稍息，但是人心动摇，到今天还没有安定下来。骂他搞糟了。

何良俊的《四友斋丛说》序文写于1569年，正是海瑞任应天巡抚这一年。他写的这几条批评，按语气应在1570年和1571年，书大概是这年以后刻的。他尽管站在大地主立场，骂了海瑞，但毕竟不能不说几句公道话："海刚峰不怕死，不要钱，真是铮铮一汉子！"又说："前年海刚峰来巡抚，遂一力开吴淞江，隆庆四年、五年（1570、1571）皆有大水，不至病农，即开吴淞江之力也。非海公肯担当，安能了此一大事哉！"松江一带乡官兼营工商业，海瑞要加以限制，何良俊认为"吾松士大夫工商不可谓不众矣，民安得不贫哉！海刚峰欲为之制数度量，亦未必可尽非"。

海瑞也还有几个支持他的朋友，一个是1565年入阁的李春芳，第二年升次相，1568年任首相。海瑞疏浚吴淞江和救灾等工作都曾得到李春芳的支持。另一个是朱衡，从任福建提学副使时，就很器重海瑞，后来做吏部侍郎（管铨叙官吏的副部长）推荐海瑞做兴国知县，户部云南司主事；到做了工部尚书（管建筑工程的部长），还支持海瑞大搞水利。一个是陆光祖，海瑞从兴国知县内调，就是他当吏部文选司郎中（吏部的司长）时的事。

在海瑞闲居家乡的时候，有些支持他的人，纷纷建议起用。这些人虽然不一定是他的朋友，但在事业上可以这样说，是同情和崇敬海瑞的。

海瑞是同官僚地主作斗争的。既然如此，为什么官僚地主中又有人称赞他呢？这一方面是由于海瑞在人民中间的威望，一方面也是由于海瑞的斗争究竟还没有突破封建制度所能容许的限度。海瑞在主观上和客观上都还是忠君爱国的，所以何良俊说："海刚峰之意无非为民，为民，为朝廷也。"他和官僚地主有矛盾的一面，但也有一致的一面，因之，有些官僚地主们在大骂、排挤、攻击之后，也还是说海瑞一些好话。

斗争的一生

海瑞的一生是斗争的一生，他反对坏人坏事，不屈不挠，从不灰心丧气，勇敢地把全生命投入战斗。

海瑞，广东琼山人。先世是军人。祖父是举人，做过知县。父亲是廪生，不大念书也不大理家的浪子，在海瑞四岁时便死去了。叔伯四人都是举人，其中一个中了进士，做过御史。

海瑞虽然出生在这样一个官僚家庭，但家境并不好，祖上留下十多亩田地，光收些租子是不够过活的。他母亲谢氏生性刚直严肃，二十八岁死了丈夫，便自己抚育孤儿，做些针线贴补过日子。教儿子读《孝经》《大学》《中庸》这些书。儿子长大了，尽心找严厉通达的先生，督责功课很严格。

这样，海瑞虽然出身于地主阶级，但生活并不宽裕，和穷苦人民接触的机会多，同情贫农、中农，对大地主有反感。另一面，他受了严格的封建教育，遵守封建礼法，在政治上也必然道往古、称先王，维护封建统治阶级的利益。

他不是哲学家，但深受王阳明的影响。当时正是王学盛行的时代，师友中有不少人是王派学者。王学的要点除了主要方面是唯心主义以外，还有提倡知行合一、理论和行动一致的积极方面。海瑞也主张德行属行，讲学属知，德行好的道理也会讲得好，真实读书的人也不肯弃身于小人，知和行绝不是两件事。因此，他一生最恨的是知和行不一致的人，这种人明知是好事而不敢做，明知是坏事而不敢反对，遇事站在中间，逃避斗争，甚至脚踏两头船，一味讲调停，和稀泥。这种人他叫作乡愿，客气一点叫甘草。在《乡愿乱德》一文中说："善处世则必乡愿之为而已。所称贤士大夫，不免正道、乡愿调停行之。乡愿去大奸恶不甚远。令人不为大恶，必为乡愿，事在一时，毒流后世，乡愿之害如此！"他以为孟子之功，不在禹下，以恶乡愿为第一。到处揭露乡愿的罪状，在坐牢以前，去看同乡翰林院庶吉士王宏诲，痛心地说："现在医国的只一味甘草，处世的只两字乡愿。"这时候当国的首相便是徐阶。后来他在给徐阶的儿子信里也说："尊翁以调停国手自许，然调停处得之者少，调停处失之者多。"

在《严师教戒》文章中，他指出批评的好处，要求批评，接受批评："若人能攻我之病，我又能受人之攻，非义友耶？"自问自答，提出做人的标准，不白白活下去的意义："有此生必求无忝此生，而后可无忝者。圣人我师，一一放而行之，非今所竞跻巍科，陟仕之谓也。……入府县而得钱易易焉，宫室妻女，无宁一动其心于此乎？昔有所操，今或为恼恼者一易之乎？财帛世界，无能屹中流之砥乎？将言者而不能行，抑行则愧影，寝则愧衾，徒对人口语以自雄乎？质冕裳而有媚心焉，无能以义自亢乎？参之衣狐貉而有耻心焉，忘我之为重乎？或疢中而气馁焉，不能长江大河，若浩然而莫御矣乎？小有得则矜能，在人而忌，前有利达，不能无竞心乎？讳己之疾，凡有所事，不免于私己乎？穿天地、亘古今而不顾者，终亦不然乎？夫人非无贿之患，而无令德之难。于此有一焉，下亏尔影，上辱尔先矣。天以完节付汝，而汝不能以全体将之，亦奚颜以立于天地间耶？俯首索气，纵其一举，而终已于卿相之列，天下为之奔趋焉，无足齿也。呜呼！瑞有一于此，不如此死！"大意是："人不要白活着，要照着圣人的话，一一学着做。不白活着并不是说要中高科，做大官。你到了府县衙门，弄钱很容易，好房子，美丽的妇女，你会动心吗？从前怎么说的，会动摇吗？钱财世界，你挺得住吗？或者只会说可不会做，白天看自己的影子，晚上在床上都觉得惭愧，只会对人说空话充好人？看见大官想巴结，在穿狐皮袍子的人群中觉得自己寒碜，心虚气馁，说的话不成气派；小有成绩便骄傲起来，别人做了顺利的事，便想抢先；掩盖自己的毛病，干什么都存私心；顶天立地的事业，想也不肯想，要知道没钱不是毛病，没德才是毛病！这些事只要有这么一条，便对不住自己，也对不住祖先！上天生你这个人是完全的，但是你把它弄残缺了，毁了自己，你还有脸活在天地间吗？做了这些事，即使做到卿相，天下人都为你奔走，也是不值得的。唉！我要是犯了以上任何一条过错，还不如死的好。"这是他在做县学教谕时对学生的教约，此后几十年，他的生活、行事都一一照着检查自己，照着做，没有一句话没有做到。

他是个唯心主义者，认为"君子之于天下，立己治人而已矣。立己治人孰为之？心为之，心自知之。若得失，心自致之。虽天下之理无微不彰"。在教学上学王阳明，把"训蒙大意"作为教育方针，在行政措施上，也采用了王阳明的保甲法。

中了举人以后，做福建南平县学教谕（校长），主张学校是师长教学生的地方，教师有教师的尊严，不该向上官磕头。提学御史到学校来了，别的人都跪下，只有他站在中间，像个笔架，以后得了外号，叫笔架博士。

升任浙江淳安知县，反对大地主。

淳安山多地少，地方穷苦。地主往往有三四百亩的田产，却没有分毫的税，贫农收不到什么粮食，却得出百十亩的税差。由之富的愈富，穷的就更穷了。徭役也是十分繁重，每丁少的出一两二钱银子，多的要十几两，弄得"小民不胜，惟悴日甚"。解决的办法是清丈，根据实有土地面积，重新规定赋役负担；是均徭，均是按照负担能力分配，按力量多少分配，没有力量就不要负担了。这样，农民的负担才减轻了些，地主们可不乐意了。

此外，他还做了不少事，改革了许多敝政。几年后，他总结经验，把这些措施编成一部书，叫作《淳安政事》。

特别传诵一时的有两件事。

一件是拿办总督胡宗宪的公子。这位少爷路过淳安，作威作福，吊打驿吏。海瑞没收他带的大量银子，还报告胡总督说：此人冒充总督公子，胡作非为，败坏总督官声。弄得胡宗宪哭笑不得，只好自认倒霉。

一件是挡了都御史鄢懋卿的驾。鄢懋卿是严嵩的党羽，以都御史奉命出来巡查盐政，到处贪污勒索，还带着小老婆，坐五彩舆，地方疲于供应。海瑞捡了鄢懋卿牌告上两句照例官话，说淳安地方小，容不下都老爷的大驾。牌告说："素性俭朴，不喜逢迎。"但是听到你以前所到地方，铺张供应，并不如此。怕是地方官瞎张罗的缘故。一封信把鄢懋卿顶回去，绕道过去，不来严州了。

连总督、都御史都敢惹，海瑞的名声逐渐传开了。封建时代的老百姓是怕官的，更怕大官。如今居然有不怕大官，敢顶大官的小官，敢替老百姓撑腰说话的小官，这个官自然就得到老百姓的爱戴了。

加上，海瑞很细心，重视刑狱，审案着重调查研究，注意科学证据和人情事理，几年中平反了几件冤狱。上官因为他精明，连邻县的疑难案件也调他会审了。这些案件的判决书后来都收在文集里，小说家剧作家选取了一些，加以渲染，几百年来在舞台上为人民所欣赏。《大红袍》《小红袍》《生死牌》《五彩舆》和一些公案弹词在民间流传很广，叫作公案小说。也正因为公案小说的流传，海瑞在政治上的作为反而被公案所掩盖了。

因为得罪了胡宗宪、鄢懋卿，虽然治理淳安的政绩很好，还是被排挤调职。1562 年海瑞升嘉兴通判，鄢懋卿指使党羽弹劾，降职为江西兴国知县。

在兴国一年半，办了不少好事，清丈了田亩，减少了冗官，减轻了人民的负担。其中最快人心的事是反对乡官张鳌。

张鳌做过兵部尚书，在南昌养老享福。张鳌的侄子张豹、张魁到兴国买木材，作威作福，无恶不作。老百姓气苦得很。海瑞派人传讯，他们倚仗叔父威势，不肯来。一天忽然又跑到县衙门大闹。海瑞大怒，拿下张豹，送到府里，反而判处无罪。张鳌出面写信求情，海瑞不理。张鳌又四处求情设法，这两个坏蛋居然摇摇摆摆回家去了。海瑞气极，写信向上司力争，终于把这两个坏蛋判了罪。

1564 年海瑞做了京官，户部云南司的主事。（户部按布政使司分司，云南司是管这一政区的税收的）

两年以后，他弄清了朝廷的情况，写信给嘉靖帝，提出严厉批评，指斥皇帝迷信道教，妄想长生，二十多年不上朝，自以为是，拒绝批评，弄得君道不正，臣职不明，吏贪将弱，暴动四起。你自号尧斋，其实连汉文帝也赶不上。嘉靖帝看了，气得发昏，丢在地下，想了又想，又捡起来看，觉得说中了毛病。叹口气说："这人倒比得上比干，只是我还不是纣王啊！"

海瑞早就准备好后事，连棺材都托人买了。嘉靖帝一听说这样，倒愣住了。不过后来还是把他关在牢里。嘉靖帝死后，海瑞被释出狱。

1569 年 6 月，海瑞以右佥都御史巡抚应天十府。应天十府包括现在江苏安徽两省大部分地方，巡抚驻在苏州。

海瑞投身到一场激烈的斗争中,他要对大地主,对水灾进行斗争。

这一年江南遭到严重水灾,夏秋多雨,田地被淹,粮食涨价,农民缺粮逃亡,情况很不好。

江南是鱼米之乡,号称全国最富庶的地方。但实际上百姓生活很困苦,因为历史的关系,粮、差的负担特别重,加上土地集中的现象这二十年来特别显著,大地主占有的土地越多,人民的生活便越困苦。特别是松江,乡官田宅之多、奴仆之众,两京十二省找不出第二个。一上任,告乡官夺产的老百姓就有几万人。"二十年来,府县官偏听乡官、举人、监生,民产渐消,乡官渐富。"真是苦难重重,数说不完。

怎么办?一面救灾,一面治水。

怎么办?要大地主退田,还给老百姓;贯彻一条鞭法。

救灾采工赈办法,把赈济和治水结合起来。闹灾荒粮食不够吃,请准朝廷,把应该解京的粮食留下一部分当口粮。闹水的原因,经过亲自勘察,是多年来水利不修,吴淞江淤塞了,太湖的水排不出去,一遇特大雨量,便泛滥成灾,得立刻疏浚。说做就做,趁冬闲开工,他坐上小船,到处巡视督工,灾民一来上工有饭吃,二来工程搞好可以解决水患,变为水利,热情很高,进度很快,不到一个月就完工了。顺带地把吴淞江北面常熟的白茆河也疏浚了。这两项工程对人民,对生产好处很大。并且用的钱都是海瑞从各方面张罗来的,没有加重人民负担。以此,人民很喜欢,很感激。

这样,他战胜了灾荒,也兴修了水利。

最困难的还是限制大地主的过分剥削。要大地主退还侵占农民的田地，等于要他们的命；不这样做，农民缺地无地，种什么，吃什么？海瑞采用了擒贼先擒王的办法，先从松江下手，先拿江南最大的地主乡官徐阶兄弟做榜样，勒令退田。这一来，乡官和大地主害怕了，着慌了，有的逃到外州县躲风头，有的只好忍痛退田。李贽记载这一件好事，加以总结，赞扬说："海瑞卵翼穷民，而摧折士大夫之豪有力者，小民始忻忻有更生之望矣！"老百姓有活路了，大地主们却认为是死路。好事才开头，便被徐阶釜底抽薪，海瑞罢职了。贼没全擒到，反而丢了官，这是海瑞所没有预料到的，也是封建社会统治阶级利益所决定的必然的下场。

解决人民生活问题的关键，在海瑞看来，无过于贯彻执行一条鞭法。这个办法不是海瑞创始的，已经有好几十年历史了，并且各地办法也不尽相同。主要的方面是把过去田赋的各项各款，均徭、力差、银差、里甲等都编在一起，通计一省丁、粮，通派一省徭役，官收官解，除秋粮以外，一律改折银两交纳。简言之，就是把复杂的赋役制度简化了，把实物赋税的大部分改为货币赋税。这个办法不只可以减轻农民的负担，还可以增加国家的收入，并且，在经济发展过程中也是有进步意义的。例如过去南粮北运，由于当时交通困难，运费由农民负担，往往超过正税很多，现在改折银两，省去昂贵的运输费用，人民的负担也就相应减轻了。又如徭役，实行新法以后，不问银差、力差，只要交了钱，由官府雇工应差，农民也就可以安心生产，不再受徭役的挂累了。这样做，对生产的促进是有好处的。只是对大地主不大好，因为按照新法，大地主有些地方的负担，不是减轻，而是加重了，反对的意见很多。海瑞不顾地主们的反对，坚决执行，终于办成了。成绩是田不荒了，人不逃了，钱粮也不拖欠了，生产发展了。当时的人民很高兴，很感激。后来史家的记载也说："行条鞭法，遂为永利。"

应该指出，一条鞭法并不是摧毁封建剥削制度的办法。但是，这个办法简化了项目和手续，比较地平均了土地的负担，特别是减轻了贫农、中农和城市平民的某些负担，对生产的发展是有益的，因而，也是有民主意义和进步意义的。因此，海瑞是当时人民心目中的好官，是历史上有地位的政治家。

海瑞只做了七个月巡抚，便被大地主阶级撵下台，在家乡闲居了十六年。

万历十年（1582）六月，张居正死。万历十三年，海瑞已经七十二岁了，被荐任用为南京都察院右佥都御史，还没到任，又调任南京吏部右侍郎。照一般道理说，七十多岁的老人该退休了，但是，他想了又想，好容易才有着实做一点事的机会，虽然年纪大了，精力差了，还是一股子干劲，高高兴兴到南京上任。

明朝体制，南京是陪都，虽然也和北京一样，有五府、六部、都察院等衙门，但不能决定国家大政，是安排年老的和政治上失势官员的地方，比较清闲。海瑞却并不因为闲官就无所作为，一到职就改革敝政，把多年来各衙门出票要街道商户无偿供应物品的陋规禁止了。他说："要南京五城的百姓，负担南京千百个官员的出入用度，难怪百姓苦了！吏部是六部之首，怎么能不先想到百姓？"

当时贪污成为风气，严嵩父子虽然垮了，但从宫廷到地方，依然贿赂公行，横征勒索。海瑞一辈子反对贪污，从做教官时起，就禁止学生送礼，做县官革去知县的常例（摊派在田赋上补贴县官的陋规，一种合法的贪污）。拒绝给上官行贿，有人劝他随和一些，他愤然说："全天下的官都不给上官行贿，难道就都不升官？全天下的官都给上官行贿，又难道都不降官？怎么可以为了这个来葬送自己呢？"又说："充军也罢，死罪也罢，都甘心忍受。这等小偷行径，却干不得！"知县上京朝觐，照例可以从里甲、杂项摊派四五百两银子以至上千两银子，以便进京行贿，京官把朝觐年看成是收租的年头。海瑞在淳安任上两次上京，只用了路费银四十八两，其他一概裁革。做巡抚时，拒绝人家送礼，连多年老朋友送的人情也婉言谢绝。做了多年官，过的依然是穷书生的日子。在淳安，有一天买了两斤肉，为他母亲过生日，总督胡宗宪听见了，大为惊奇，当作新闻告诉人。罢官到京听调，穿的衣服单薄破烂，吏部的熟人劝他，才置了一件新官服。祖上留下十多亩田地，除了母亲死时，朋友送一点钱添置一点墓田以外，没有买过一亩地。买了一所房子，用银一百二十两，是历年官俸的积余。死前三天，兵部送来柴火银子，一算多了七钱银子，立刻退回去。死后，同官替他清点遗物，全部家财只有新俸银一百五十一两（一说只有十多两），绫、绸、绢各一匹，连丧事都是同官凑钱办的；看见这种情景，人们都忍不住掉下眼泪。

海瑞一生积极反对贪污，反对奢侈，主张节俭，生活朴素，是言行一致的极少见的清官。他恨极了贪官污吏，认为这是人民遭受苦难的根源，要根绝贪污，非用重刑不可。相反，像过去那样，准许贪污犯用钱赎罪，是解决不了问题的。建议恢复枉法赃满八十贯（千）处绞的法律。还提到明朝初年，严惩贪污，把贪污犯剥皮的故事。这一来，贪官污吏恐慌了，着急了，生怕海瑞剥他们的皮，联合起来，反对海瑞。

升任都察院右都御史以后，海瑞整顿纪纲，援引明太祖时的办法，用板子打御史。贪污犯房寰怕海瑞揭发，弹劾海瑞，把海瑞骂得不像人，引起了三进士的抗议。攻击的和为海瑞申雪的人吵开了，统治阶级内部发生严重争论，当国的宰相呢，依然是徐阶的手法，两面都不支持，也不得罪，不参加斗争，希望"调停"了事。最后，房寰的贪污事实被全盘揭露，遮盖不得了，才把他免职，这已经是海瑞死后的事了。

明末人谈迁记这场争论说："时人大为瑞不平，房寰今传三世而绝。"说房寰绝后是因为做了坏事。这虽然是迷信的说法，但是也可以看出当时和以后，有正义感的知识分子是同情海瑞，支持海瑞，歌颂海瑞的。

从当教官时不肯跪接御史时起，一直到建议严惩贪污，海瑞度过了他斗争的一生。

他反对乡官、大地主的兼并；反对严嵩、鄢懋卿的败坏国事，也反对徐阶的"调停""圆融"；他反对嘉靖帝的昏庸，只求无望的长生，不理国家政事；也反对地方官的额外需索，增加人民痛苦；他反对奢侈浪费；反对乡愿，总之，他反对坏人坏事。虽然他所处的是那样一个时代，还是坚持自己的信念，不屈不挠地斗争到死。

当时人对他的看法，不是说他做得全不对，而是说过火了一些，做过头了，偏了，矫枉过直了！他不同意，反而说就是要过火，就是要过直，不如此，风气变不过来。在给人的信中说："矫枉过直，古今同之。不过直，不能矫其枉。然生之所矫者，未见其为过直也。"而且："江南粮差之重，天下无有，古今无有。生至地方，始知富饶全是虚名，而苦楚特甚。其间可为百姓痛哭，可为百姓长太息者，难以一言尽也。"这种情况，光是要大地主退还一点非法侵占的田地，又怎么能说是过火，过直呢？应该说是不够，而不是什么过直。就当时当地的情况说，就当时苦楚特甚，可为痛哭，可为长太息的百姓说，过直应该是好得很，而不是糟得很。

当时农民暴动已经发生了。他把农民暴动的原因，明确指出是因为官坏："广寇大都起于民穷，民穷之故多端，大抵官不得其人为第一之害。"慨叹地说："今人居官，且莫说大有手段，可为百姓兴其利，除其弊。只是不染一分一文，禁左右人不得为害，便出时套中高人者矣。"把对官的要求降低到不求做好事，只要不做坏事，不贪污，也就难得了。又说："今人每谓做官自有套子，比做秀才不同，不可苦依死本。俗人俗见，谬妄之甚！区区惟愿……执我经书死本，行己而已。如此不执，虽熟人情，老世故，百凡通融，失己失人，全无用处。"痛斥当时的社会风气，在思想上进行坚决的斗争。

当然，光是执我经书死本，说往古，道先王，是解决不了当前的问题的。要求官吏不落时套，不做坏事，不贪污，不讲人情世故，不百凡通融，而不从社会的根本变革出发，也是不可能成功的。同样，不改变生产关系，简单地要求大地主退还侵占农民的部分田地，少剥削些，农民的苦楚减轻一些，无论事实上做不到，即使做到了，也还是封建的剥削的社会，地主剥削农民的关系依然不变，问题还是没有解决，也是不可能解决的。在当时情况下，这是不可能解决的社会矛盾。海瑞虽然感觉到问题严重，必须坚决地和坏人坏事进行斗争，但是，他没有也不可能从本质上认识和解决这个矛盾。这是时代的矛盾，也是海瑞被大地主阶级的代表们所排挤、攻击，而又取得另一部分地主阶级同情、支持的道理。

海瑞是封建统治阶级的左派，和右派及中间派进行了长期的斗争。尽管遭受多次失败，有时候很愤慨，说出了"这等世界，做得成甚事业"的气话。但在闲居十六年以后，有重新做事业的机会，他又以头童齿豁的高年参加了。不气馁，不服老，不怕挫折，真是"铮铮一汉子"。

海瑞的历史地位

海瑞在当时，是得到人民爱戴，为人民所歌颂的。

他反对贪污，反对奢侈浪费，主张节俭，搏击豪强，卵翼穷民，主持清丈田亩，贯彻一条鞭法，裁革常例，兴修水利，这些作为对农民，特别对贫农、中农是有利的。农民爱戴他，歌颂他是很自然的。他对城市人民，主要是商户，裁减里甲负担，禁止无偿供应物品等，这些措施对减轻城市工商业者的负担，是有好处的。城市人民爱戴他，歌颂他，也是很自然的。此外，他还注意刑狱，特别是人命案件，着重调查研究，在知县和巡抚任上，都亲自审案，处理了许多积案，昭雪了许多冤狱。对农民和地主打官司的案件，他是站在农民一边的。海知县、海都堂是当时被压抑、被欺侮、被冤屈人们的救星。他得到广大人民的称誉、赞扬，被画像礼拜，被讴歌传颂，死后送丧的百里不绝。他的事迹，主要是审案方面的故事，一直到今天，还流传在广大人民中。

尽管海瑞在他的时代，曾经遭受攻击、排挤、辱骂，坐过牢，丢过官，但是，就封建统治阶级内部来说，他也还是被一部分人所歌颂的，赞扬的。不只是有些青年人仰慕他，以为是当代伟人，连某些反对他的人，大地主阶级的某些代表人物，如高拱、张居正、何良俊等人，都不能不对他说一些好话。死后，被谥为忠介，皇帝派官祭奠，祭文里也说了一大堆赞扬肯定的话。当时的史家何乔远、李贽都写了歌颂他的传记。清修《明史》也把他列入大传，虽然说他行事不能无偏，有些过火，但又说他从做知县一直到巡抚，做的事用意主于利民，也是肯定的。

海瑞在历史上是有地位的。

这样的历史人物，从今天来说，建设社会主义的新时代，该不该肯定，该不该歌颂？

答案是应该肯定，应该歌颂。

评价历史人物，应该从当时当地的情况出发，应该从这个人的作为是否有利于当时的人民、当时的生产出发。从以上的分析，从明朝嘉靖到万历初期这几十年间，从当地，海瑞做过官的地区，江苏、安徽、浙江、江西、福建，那时代那地区的人民，以至更广大地区的人民，是爱戴、歌颂海瑞的。反对他的人也有，只是极少数的大地主大官僚。他的主张和措施，有利于当时人民，有利于当时生产，而不利于某些大地主的兼并，不利于某些大地主的逃避赋役，转嫁给穷苦人民的恶劣勾当。

为广大人民所爱戴、歌颂，为少数大地主大官僚所攻击、反对，这样的人物，难道还不应该为我们所肯定，所歌颂吗？

我们肯定、歌颂他一生反对坏人坏事；肯定、歌颂他一生反对贪污，反对奢侈浪费，反对乡愿；我们肯定、歌颂他一生处处事事为百姓设想，为民谋利；我们肯定、歌颂他一生不向困难低头，百折不挠的斗争精神；我们肯定、歌颂他一生言行一致，里外如一的实践精神。这些品质，都是我们今天所需要学习和提倡的，而且只有社会主义时代，这些品质才能得到充分的发扬，虽然我们今天需要的海瑞和封建时代的海瑞在社会内容上有原则的不同。

在今天，建设社会主义社会的今天，我们需要站在人民立场、工人阶级立场的海瑞，为建成社会主义社会而进行百折不挠斗争的海瑞，反对旧时代的乡愿和今天的官僚主义的海瑞，深入群众、领导群众、鼓足干劲、力争上游的海瑞。

这样，封建时代的海瑞，还是值得我们今天学习的。

但是，绝不能也不许可假冒海瑞，歪曲海瑞。海瑞是为当时人民办好事的，一生反对坏人坏事，从没有反对过好人好事。即使在徐阶和高拱的斗争中，他没搞清楚，对徐阶只看到好的一面，不知道他坏的一面，对高拱只知道他的缺点，没有弄明白他的政治品质好的一面，作了错误的支持和抨击。但是，几年以后，弄清楚了，就自己检查，承认了错误，并且在行动上改正了这个错误。

今天有些人自命海瑞，自封"反对派"，但是，他们同海瑞相反，不站在今天人民方面，不站在今天的人民事业——社会主义事业方面，不去反对坏人坏事，却专门反对好人好事，说这个搞早了，搞快了，那个搞糟了，过火了，这个过直了，那个弄偏了，这个有缺点，那个有毛病，太阳里面找黑子，十个指头里专找那一个有点毛病的，尽量夸大，不及其余，在人民群众头上泼冷水，泄人民群众的气。这样的人，专门反对好人好事的人，反对人民事业的人，反对社会主义事业的人，不但和历史上的海瑞毫无共同之点，而且恰好和当年海瑞所反对而又反对海瑞的大地主阶级代表们的嘴脸一模一样。广大人民一定要把这种人揪出来，放在光天化日之下，大喝一声，不许假冒！让人民群众看清他们的"右倾机会主义"的本来面目，根本不是什么海瑞！

这样看来，研究海瑞，学习海瑞，反对对于海瑞的歪曲，是有益处的，必要的，有现实意义的。

原载《人民日报》
1959 年 9 月 17 日

况钟和周忱

一 从《十五贯》说起

1956 年浙江昆苏剧团上演了改编的昆曲《十五贯》之后，各地其他剧种也纷纷改编上演，况钟这个封建时代的好官，逐渐为成千上万的观众所熟识了。这戏中另一个好官周忱，是况钟的上司和同乡，也被赋予和况钟不同的性格，成为舞台上的人物。

《十五贯》成功地塑造了况钟这个历史人物，刻画了他的性格、思想感情。他通过具体分析，进行现场调查研究，得出正确结论，终于纠正了主观主义、官僚主义的错误判断，平反了冤狱，为人民办了好事。这个戏形象地突出了反对主观主义、反对官僚主义这个主题，是具有现实的教育意义的，是个好戏。

但是，《十五贯》这个故事，其实和况钟并不相干。

《十五贯》的故事出自《宋元话本》的《错斩崔宁》，大概是宋朝的故事。明朝末年，有人把这故事编在一部书里，题名为《十五贯戏言成巧祸》，清初的戏剧家朱素臣又把它改编为《十五贯传奇》。现在上演的本子，是根据朱素臣的本子改编的。从故事改编的发展来说，一次比一次好，迷信成分去掉了，复杂的头绪减少了，人物的形象更典型了，深刻了，也就更生动了；艺术感染力量更强烈了；教育主观主义、官僚主义者的效果也就更好了。

那么，问题就来了，《十五贯》既然是宋朝的故事，况钟却是明朝人，从宋末到明前期，相差有一百几十年，为什么戏剧家一定要把这故事算在况钟名下呢？

这是因为况钟的确是历史上的好官，也的确替当时负屈的老百姓申过冤，救活了不少人命，在当时人民中威信很高。其次，朱素臣是苏州人，对《十五贯》的故事和况钟这个人物的传说都比较熟悉。戏剧家为了集中地突出故事情节，集中地突出历史人物，把民间流传已久的《十五贯》故事，和当时民间极有威望的好官况钟结合起来，一方面符合人民对于清官好官的迫切要求，一方面也反映了一定时期的历史情况，是完全可以允许的艺术处理。

正因为如此，这故事不但得到广大人民的喜爱，连况钟的子孙也认为确有其事了。况钟九世孙况延秀编的《太守列传编年》上说：

> 折狱明断，民有奇冤，无不昭雪。有熊友兰、友惠兄弟冤狱，公为雪之，阖郡有包龙图之颂，为作传奇，以演其事。惜一切谶断，不能尽传于世。

二 况青天

封建时代的官僚，被人民表扬为青天，是很不容易的事。

由于封建统治阶级一贯剥削、虐待人民，和人民对立，老百姓在平常时候，是怕官的。老百姓和官的关系是，一要完粮，二要当差，三呢，遭到冤枉要打官司。这三件事都使老百姓怕官，一有差错，就得挨板子、上夹板，受到种种非刑，关进班房，以至充军、杀头等，老百姓怎能不怕？

但是，一到了阶级矛盾十分尖锐，老百姓忍无可忍，团结起来暴动的时候，情况就完全改变了。人民自己已有了武装，也有了班房，那时候，老百姓就不再怕官了，害怕发抖的是官。以此，历史上每次农民起义，矛头总是首先针对着本地的官员，口号总有杀尽贪官污吏这一条。

由于封建统治阶级的统治基础是建立在对广大农民的剥削、掠夺上面的，封建官僚是为了地主阶级利益服务的；一切政治设施的最后目的，都是为了巩固和加强封建统治。这样，也就不难理解在封建官僚的压迫、奴役下，广大人民对于比较清明、宽大、廉洁政治的向往，对于能够采取一些措施，减轻人民负担，申雪人民冤枉的好官的拥护了。对于这样的好官，人民作了鉴定，叫作青天。

也正由于封建时代的青天极少，所以历史上屈指可数的几个青天，也就成为箭垛式的人物，许多人民理想中的好事都被堆砌到他们身上了。像宋朝的包拯，明朝的况钟和海瑞，都是著名的例子。

也还必须指出，尽管历史上出现了几个青天，是当时人民给的称号。但是，也绝不可以由此得出结论，以为青天就是站在人民立场的政治家。不是的，恰恰相反，他们都是为封建统治阶级利益服务的官僚，在这一点上，也和当时其他封建官僚一样，是和人民对立的。不过，由于他们的出身和其他关系，比较接近人民，了解人民的痛苦，比较正直，有远见，为了维持封建统治阶级的长远利益，缓和阶级矛盾，在不损害封建统治阶级的根本利益前提下，有意识地办了一些好事。这些好事是和封建统治阶级的长远利益一致的，也是和被压迫被剥削的广大人民当前利益一致的，对当时的生产发展，对历史的进展有好处的。因此，他们在当时被人民叫作青天，在历史上也就应该是被肯定的，值得纪念的，在某些方面，还是值得今天学习的人物。

况钟（1383—1442），江西靖安人。从1430年起任苏州知府，一直到1442年死在任上，连任苏州知府十三年。

苏州地方殷富，人口稠密，土地集中，人民贫困，阶级关系比较紧张。在况钟以前，做知府的不要说久任，连称职能够做满任期的也没有一个。况钟以后，也还出过几个好官，不过都比不上他这样有名，为人民所爱戴歌颂。

从唐宋以来，封建王朝任命官僚，主要是用科举出身的人，上过学，会写一定格式的诗、文，通过考试，成为叫作进士或者举人的知识分子。一般在衙门里办事的吏（科员），地位很低，只能一辈子做吏，是做不了官的。明朝初期，科举出身的人还不够多，官和吏的区别还不十分严格，以后就不同了。况钟的父亲是一家地主的养子。况钟从小也念过一点书，但没有考上学校。到成年以后，1406年被选作靖安县的礼曹（管礼仪、祭祀一类事务），一直做了九年的吏。他为人干练精明，通达事务，廉介无私，为县官所重视。也正因为他做了多年的吏，直接和人民打交道，不但了解民间痛苦，也深知吏的贪污害民行径，到后来做了官，便有办法来制裁这些恶吏了。

靖安知县和当朝的礼部尚书（管礼仪、祭祀、考试的部长）是好朋友，当况钟做满九年的吏，照例要到吏部（管任免、考核官员的部）去考绩的时候，靖安知县便写信给这个朋友，推荐况钟的才能。礼部尚书和况钟谈了话，也很器重，便特别向皇帝推荐。明成祖召见况钟，特任为礼部仪制司主事，以后升为郎中，一连做了十五年京官。

在这十五年中，况钟和当时许多有名的政治家来往，成为朋友，交换了对政治上的许多看法。其中主要的是江西同乡的京官。在封建时代，交通很不方便，官僚们对同乡是很看重的，来往较多，政治上也互相影响，这种关系称为乡谊，是一种封建关系。况钟的同乡中有许多是当权的大官，有声名的政治家，况钟深受他们的影响，在况钟以后的政治活动中，也得到他们的支持。

明成祖在打到南京，做了皇帝以后，任命七个官员替他管理机密事务，叫作"入阁"，后来叫作"拜相"。这七个人中有五个是江西人，其中泰和人杨士奇和况钟关系最深，南昌人胡俨、湖北石首人杨溥也是况钟的朋友。此外，江西吉水人周忱和况钟也很要好。

明成祖死后，三杨当国，三杨就是原来七人内阁中的三个，是杨士奇、杨溥和杨荣。这三人都是有能力的政治家，在他们当国时期，政治是比较清明的。

1430年，明封建王朝经过讨论，为了进一步加强统治，增加财政收入，认为全国有九个大府，人众事多，没有管好，其中特别是苏州府，交的税粮比任何一省都多，政治情况却十分不好，官吏奸贪，人民困苦，欠粮最多，百姓逃亡。要百官保举京官中有能力而又廉洁的外任做知府，来加强控制。礼部和吏部都推荐况钟，首相杨士奇也特荐况钟做苏州知府。为了加重况钟的权力，明宣宗还特别给以"敕书"（书面命令），许以便宜行事，并特许他可以直接向皇帝写报告，提建议。

我国在过去漫长时期是农业国，封建王朝的经济基础是农业。王朝的全部收入百分之九十以上出自农民交纳的粮食，服兵役和无偿劳役的也主要是农民。要是农民交不起粮或者少交粮了，农民大量逃亡外地，不当差役了，便会发生严重的政治危机，危害封建王朝的统治地位。

由于宋元以来的历史发展，东南地区的农业经济大大发展了，显出一片繁荣气象。况钟所处的十五世纪前期，正是明王朝的全盛时期。但是，这个地区的繁荣，这个时期的全盛都只是表面上的，内部却包含着严重的危机。

危机是农民负担过重。

就东南一带而说，农民负担之重居全国第一。这时全国的实物收入，夏税秋粮总数约三千万石，其中浙江一省占二百七十五万多石，约占全国收入十分之一弱。苏州一府七个县却占二百八十一万石，比浙江一省交的粮还多。松江府一百二十一万石，也很重。以苏州而论，垦田数只有九万六千五百零六顷，占全国垦田数百分之一点一，交纳税粮呢，却占全国税收的百分之九点五。

为什么江南地区的农民负担特别重呢？这是因为从南宋以来，由于这一带土地肥沃，经济发展，贵族、官僚用种种方法兼并土地，到了政治局面发生变化，旧的贵族、官僚被推翻了，他们所占有的土地就被没收为官田，经过多次变化，官田就越来越多，民田就越来越少了。到明太祖取得这带地方以后，又把原来的豪族地主的田地没收为官田，并且按私租收税，这样，这带地方的官田租税就特别重了。

民田的租税虽然也很重，但是农民向地主交租，多在本地，当天或者几天就可以来回，一改为官田，不但田租特别重，而且收的粮食要交官了，得由农民运送到指定的仓库交纳。在交通不便的情势下，陆运、水运，要用几个月以至更多时间，不但占用了大量劳动力，不能投入生产，而且交纳一石官粮，往往要用两三石以至四五石的运费，有时候遭风翻船了，或者被人抢劫，都得重新补交，所有这些巨大的运费和意外的赔垫，都要由农民负担，农民怎么负担得起？苏州农民因为官田特别多，负担就特别重。

苏州七个县完纳的二百八十一万石税粮中，民粮只有十五万石，官田田租最重的每亩要交三石粮。官粮中有一百零六万石要远运到山东临清交纳，有七十万石要运到南京交纳，运到临清的每一石要用运费四石，运到南京的也要六斗。这样残酷的剥削使人民无法负担，在况钟到苏州以前，四年的欠粮数就达到七百六十多万石。老百姓完不了粮是要挨板子，坐班房的，农民要活下去，就只好全家逃亡，流离外地了。

占全国税粮近十分之一的苏州，欠粮这样多，人口大量外流，是不能不严重地影响到封建王朝的统治基础的。首相杨士奇提出补救方案：蠲免欠粮，官田减租，清理冤狱，惩办贪官，安抚逃民，特派知府等六项措施。况钟就是在这样情况下，被特派到苏州执行这些措施的。

官田减租是得到明宣宗的同意，用诏书（皇帝的命令）下达全国的。但是，有人认为，减掉了租，就减少了王朝的收入，遭到封建统治阶级内部的反对，没有能够贯彻；蠲免欠粮，也同样行不通。隔了两年，还是没有解决。尽管明宣宗和杨士奇为了缓和阶级矛盾，巩固统治基础，下了极大决心要办，并且严厉申斥户部官员，不奉行减租免粮命令的就要办罪，还是办不了，办不好。

况钟在苏州坚决执行封建王朝的政策，在巡抚周忱的支持下，他多次提出官田减租和蠲免欠粮的具体办法，都被户部批驳不准。况钟并不妥协，坚持要办，一直到1432年3月，才得到批准，减去官田租七十二万一千六百多石，荒田租十五万石，官粮远运临清的减去六十万石，运到南京的改为驻军到苏州自运，连同其他各项。每年减省了苏州人民一百五十六万石的负担，假如连因此而省掉的运费、劳力计算，数目就更大了。这对苏州人民来说，确是一件了不起的大好事，对明王朝的统治来说，也确是起了巩固作用。而且，官田虽然减了一些租，因为不欠粮了，王朝的实际收入比前几年反而增加了。

由于官田田租减轻了，逃民回来后复业的就有三万六千六百多户。人民的生活虽然还是很苦，但是毕竟比过去稍微好了一些，生产情绪也提高了。他们欢欣鼓舞，感谢况钟的恩德，到处刻碑纪念这件好事。

况钟在人民中间的威信日益提高，主要的是他还办了以下这几件事：

　　第一是惩办贪吏。况钟是从吏出身的，精于吏事。在上任以后，却假装不懂公事，许多吏拿着案卷请批，况钟问他们该怎么办，都一一照批。吏们喜欢极了，以为这知府真好对付，以后的事好办了。况钟在经过充分的调查研究，弄清情况以后，过了一个多月，突然叫官员和吏们都来开会，当场宣读"敕书"，其中有"属员人等作奸害民，尔即提问解京"的话，就问这些吏，那一天你办了什么事，受了多少贿赂，对不对？一一问过，立时杀了六个。官员中有十二个不认真办事，疲沓庸懦的，都革了职。另外有几个贪赃枉法的，拿到京师法办。这一来，官吏们都害怕了，守法了，老百姓也少吃苦头了。人们叫他做青天。

苏州人民好容易有了一个青天，松了一口气。第二年，况钟的继母死了，按封建礼制辞官回家守孝。这一来，苏州的天又黑了，风气又变了，官们吏们又重新做坏事了，百姓又吃苦头了。他们想了又想，都是况钟不在的缘故，三万七千多人便联名请求况钟回来。隔了十个多月，况钟又被特派回到苏州，这一回用不着调查了，立刻把做坏事的官吏们都法办了，天又变好了，况钟更加得到人民的支持。

第二是清理冤狱。苏州有七个县，况钟每天问一个县的案，排好日程，周而复始，不到一年工夫，清理了一千五百多件案子，该办的办，该放的放，做得百姓不叫冤枉，豪强不敢为非，老百姓都叫他是包龙图再世。现在舞台上演唱的《十五贯》，虽然事实上和况钟无关，但确也反映了他在这一方面的工作作风，取得的成绩和威信，是符合历史实际的。

第三是抑制豪强。明朝制度，军民籍贯是分开的，军户绝了，要勾追原籍本家男丁补缺。封建王朝派的清军御史蛮横不讲道理，强迫平民充军，弄得老百姓无处诉冤，况钟据理力争，免掉一百六十个平民的军役，免掉一千四百多平民的世役，只是本身当军，不累及子孙。七县的圩田设有圩长圩老九千多人，大部分都是积年退役（在衙门做过事）的恶霸，这制度和这些人得到大官的支持，为非作恶，况钟不管上官的反对，也把它一起革除了。沿海沿江有些地方的军官，借名巡察河道，劫掠商船，为害商旅，况钟都一一拿办。

第四是为民兴利。苏州河道，淤塞成灾，况钟把它疏浚了，成为水利。人民因粮重贫困，向地主借高利贷，弄得卖儿卖女，况钟想法筹划了几十万石粮食，建立济农仓，每到农民耕作青黄不接的时候，便开仓借贷，每人二石，到秋收时如数偿还，遇有灾荒，也用这粮食赈济。又推广义役仓制度，用公共积累的粮食，供应上官采办物料的赔垫消费，免去中间地主们的剥削和贪污，从而减轻人民的负担。

况钟刚正廉洁，极重视细小事件，设想周密，不怕是小事，只要有利于百姓就做，对百姓有害的就加以改革。兴利除害，反对豪强，扶持良善，百姓敬他爱他，把他看作天神一样。第一次回家守孝，百姓想念他，作歌说：

况太守，民父母，众怀思，因去后，愿复来，养田叟。

又有歌说：

　　　　众人齐说使君贤，只剪轻蒲为作鞭，

　　　　兵仗不烦森画戟，歌谣曾唱是青天。

　　三年任满，到京师朝见，百姓怕他升官，很担心，到回来复任，百姓又唱道：

　　　　太守朝京，我民不宁，

　　　　太守归来，我民忻哉！

　　到九年任满，又照例到吏部候升，吏部已经委派了新的苏州知府了，苏州人民不答应，有一万八千多人联名保留况钟，结果，况钟虽然升了官，又回到苏州管知府的事。

　　况钟做了十三年知府，死的时候，老百姓伤心痛哭，连做生意的也罢市了。送丧的沿路沿江不绝。苏州和七个县都建立了祠堂，画像祭祀，有的人家甚至把他的画像供在家里。

　　生性俭朴，住的房子没有什么陈设，吃饭也只用一荤一素。做官多年，没有添置过田产，死后归葬，船上只有书籍和日用器物，苏州人民看了，十分感动。做官办事，不用秘书，一切报告文件都亲自动手，文字质直简劲，不作长篇大论，说清楚了就算。在请求官田减租的报告上，直率批评皇帝失信，毫不隐讳。

　　和巡抚周忱志同道合，他每次有事到南京，上岸时虽然天黑了，周忱也立刻接见，谈到深夜。况钟在苏州办的许多好事是和周忱的支持分不开的，周忱在巡抚任上办的许多好事，也有况钟的贡献在内。

三　周忱

周忱（1381—1453）从1430年任江南巡抚，一直到1451年，前后共21年，是明朝任期最长的封疆大员，最会理财最能干的好官。

他是进士出身，在刑部（管司法、审判的部）做了二十多年的员外郎（官名，专员），不为人所知。直到大学士（宰相）杨荣推荐为江南巡抚、总督税粮，才出了名。

周忱不摆官僚架子，接近人民，倾听群众意见，心思周密，精打细算，会出主意，极会办事，人民很喜欢他。

江南其他各府县，也和苏州一样，欠了很多税粮。周忱首先找老年农民研究，问是什么缘故。农民们说，交粮食照规矩得加"耗"（附加税），因为仓库存的粮食日子久了分量就减少了，加上麻雀老鼠都要吃粮食，这样，就会有耗损。官府把预计必有的耗损分量在完粮时附加交纳，叫作"耗"。但是，地主们都不肯交纳，光勒掯农民负担全部耗损，农民交纳不起，只好逃亡，税粮越欠越多了。

周忱弄清原因，就创立平米法，把完粮附加的耗米，合理安排，不管是地主是农民，都一律负担，又进一步由工部（管工程的部）制定铁斛，地方准式制造，凡是收放粮食都用同一的标准量器，革除了过去大斗进小斗出的弊病。农民交粮，一向由粮长（地主）经手存放运输，制度紊乱，粮长巧立名目，从中取利，农民负担便越发重了。周忱经过细心研究，制定一套办法，大大减少了粮长做坏事的机会，也减少了耗损。又精打细算，改进了粮食由水路运到北京的办法，节省了人力和粮食。把这些节约的粮食和多出的附加耗米单独设仓贮存，叫作余米，逐年积累，作为机动用费。又和况钟举办了济农仓，减免了苏州和其他各府的官田租粮。经过亲自考察，发现松江、嘉定、上海一带的河流淤塞，就用余米动工疏浚，兴办了许多水利工程。通过这些措施，人民负担减轻了，加上遇有天灾，可以得到及时的救济，不但荒年不必逃荒，连税粮也不欠了，仓库富足了，民生也安定了。

周忱遇事留心研究，找出关键问题，提出解决办法，随时改革不适用的旧办法，适应新的情况。他有便宜行事的职权，地方性和局部性的问题，可以全权管理，以此，他在江南多年，先后办了不少好事。

他有良好的工作习惯，每天都记日记，除记重要的事项以外，也记下这一天的气候，阴、晴、风、雨。有一回，有人谎说，某天长江大风，把米船打翻了。周忱说不对，这一天没有风，一句话把这案子破了。又有一回，一个坏人故意把旧案卷弄乱，想翻案。周忱立刻指出，你在某天告的状，我是怎么判决的。好大胆子，敢来糊弄人！这个坏人只好服罪。江南钱粮的数目上千上万，都记得很清楚，随时算出，谁也欺骗不了他。

也有全局观点，对邻近地区遇事支援。有一年江北闹大饥荒，向江南借米三万石，周忱算了一下账，到明年麦子熟的时候，这点粮食是不够吃的，借给了十万石。

1449 年 10 月瓦剌也先败明军于土木（今河北怀来县），明英宗被俘，北京震动。当国的大臣怕瓦剌进攻，打算把通州存的几百万石粮食烧掉，坚壁清野。这时恰好周忱在北京，他极力主张通州存粮可以支给北京驻军一年的军饷，何不就命令军队自己去运，预支一笔军饷呢？这样，粮食保全住了，驻军的粮饷也解决了。

周忱还善于和下属商量办事，即使对小官小吏，也虚心访问，征求意见。对有能力的好官，如苏州知府况钟、松江知府赵豫、常州知府莫愚、同知赵泰等，则更是推心置腹，遇事反复商量，极力支持，使他们能够各尽所长，办好了事。正因为他有这样好的作风，他出的主意，想的办法，也都能通过这些好官，贯彻执行下去。

他从不摆大官架子，有时候有工夫，骑匹马沿江到处走，见到的人不知道他是巡抚。在江南年代久了，和百姓熟了，像一家人一样，时常到农村去访问，不带随从，在院子里，在田野里，和农夫农妇面对面说家常话，谈谈心，问问有什么困难，什么问题，帮着出主意。

周忱最后还是被地主阶级攻击，罢官离开江南。他刚离开，户部立刻把他积储的余米收为官有，储备没有了，一遇到灾荒、意外，又到处饿死人了。农民完不起粮，又大量欠粮了，逃亡了。百姓越发想念他，到处建立生祠，纪念这个爱民的好官。

过了两年，周忱郁郁地死去。

原载《人民文学》

1960 年 9 月号

戚继光练兵

戚继光（1528—1587）是十六世纪后期抗倭的名将，谁都知道。但是他后来在北边十六年，训练边兵，保障国境安宁这一段史事，却为他自己以前抗倭的功绩所掩盖了，不大为人所知。

隆庆二年（1568），戚继光以都督同知被任命为总理蓟州、昌平、保定三镇练兵事，负责北边边防。

在抗倭战争时代，卫所官军腐朽了，不能打仗了。戚继光招募浙江金华义乌一带农民，教以击刺法，长短兵迭用；又以南方多水田薮泽，不利于驰逐，就根据地形，制定阵法；讲求武器精利，练成一支敢战能战的精兵，当时戚家军屡战屡胜的威名，是全国皆知的。

现在，他到北方来了，面对的地形有平原，有半险半易的地形，有山谷厄隘，各种地形都有。敌人呢，是擅长骑马射箭的，也和倭寇不同。用在南方打仗的一套办法来对付新的情况行吗？

经过调查研究，深思熟虑，他制定了一套新的训练办法。首先针对边军畏敌、争功的毛病，把军队重新加以组织，节制严明，有功必赏，有过必罚。行伍、旌旗、号令、行军、扎营都逐一规定了制度。每天下场操练，务要武艺娴熟。他指出："教练之法，自有正门，美观则不实用，实用则不美观。"专拿应付上官检阅那一套来对付敌人是不行的。

为了在防御战上取得优势，他采用了骑、步、车、辎重结合的战术。还制定了阵法，在不同地形都可运用。吸收了和倭寇作战的经验，采用了敌人的武器倭刀和鸟铳，把原来的火器"大将军"、佛朗机、快枪、火箭等都加以改进和提高。长短兵迭用的原则进一步得到发挥。

更重要的是使将士和全军都有共同的目标和信念，在练了两年兵，修筑了防御工事以后，他大会诸将，登坛讲话，三天之内把所有问题都讲透了，要诸将回去以后，传与军士，要人人信服，字字遵守，万人一心。同时编了一部书叫《练兵实纪》分发给每队，每队择一识字人诵训讲解，全队口念心记，充分地做好思想教育工作。

为了给废弛已久的边兵以纪律的榜样，他调来浙江兵三千，刚到便在郊外等候检阅，恰好这天下大雨，从早到晚一刻不停，三千兵像墙一样站着，没有一个乱动的，边军看了，大吃一惊，才懂得什么叫军令、军纪。

在戚继光以前，守边的将军十七年间换了十个，大都是打了败仗换的。戚继光在边镇十六年，敌人不敢入侵，北边安定。他走了以后，继任者继承他的成规，也保持了边方几十年的安定。

经验是从实践得来的，经过总结，提高成为理论。但是实际情况又千差万别，拿此时此地的经验硬应用于彼时彼地，就非碰壁不可。这里又有因时、因地、因人制宜的问题。戚继光在南方、北方军事上的成功，原因是善于从实践总结经验，更重要的是不以成功的经验硬用于不同的地点和敌人，而宁愿从头做起，以具有普遍性的理论原则来指导实践。在这一点上，戚继光练兵的故事在今天说来也还是可以给我们一些启示的。

原载《人民日报》

1962 年 5 月 29 日

衍圣公和张天师

明王世贞《弇山堂别集》记明宪宗成化二年（1466），中国两个最有历史最受朝野尊敬的家族族长的故事。第一个是孔子的嫡系子孙衍圣公孔弘绪：

> 三月癸卯，衍圣公孔弘绪坐奸淫乐妇四十余人，勒杀无辜四人，法当斩。以宣圣故，削爵为民，以弟弘泰代官。

第二个是张道陵的嫡系子孙正一嗣教大真人张元吉：

> 四月戊午，正一嗣教大真人张元吉坐僭用器物，擅易制书，强奸子女，先后杀平人四十余人，至有一家三人者。坐法当凌迟处死。下狱禁锢。寻杖一百，戍铁岭。而子玄庆得袭。元吉竟以母老放归。

一个在山东，一个在江西，生在同一时代，同一罪名，奸淫杀人，而且判决书上还写着杀的是无辜平民。都因为有好祖宗，不但不受法律处分，连官也不丢，一个给兄弟，一个给儿子。这叫作法治？这叫作中国式的民主？

没有好祖宗，得硬攀一个。再不然，也得结一门好亲戚，此之谓最民主的国家之国情有别。这两个故事也被记载在《明史》，不重引。

原载《历史的镜子》

献身于祖国地理调查研究工作的徐霞客

　　要做好任何工作，都要有调查，有研究。

　　我国古代有不少著名学者，他们之所以能够取得成就，就是因为认真做好了调查研究工作。

　　十七世纪前期的地理学家徐霞客，以他的一生贡献给地理、地质科学的调查研究工作，写的《徐霞客游记》不但科学性强，文艺水平也很高，是研究祖国自然面貌的最珍贵的遗产。

　　徐霞客（1586—1641），名宏祖，字振之，霞客是他的别号，江苏江阴人。他家世世代代都是大地主，曾祖分家时分得田一万二千五百九十七亩，到祖父时家道中落，父亲和母亲时又成为大地主。霞客因为家庭生活优越，才能和当时的许多名人学者结交，收藏很多书籍，旅行各地，专心做地理、地质科学的调查研究工作。

　　霞客从二十二岁（1607）这年开始，便出外旅行，到过太湖、泰山、北京、南京、落迦山、天台山、雁宕（荡）山、白岳、黄山、武夷、九曲、庐山、仙游、嵩山、太华山、太和山、荆溪、勾曲、福建、罗浮山、盘山、五台山、恒山、江西、湖南、广西、贵州、云南等地，其中有些地方还去过多次，一直到死前几个月才因病从云南回家。概括地说，他的调查研究工作一直坚持了三十四年之久。

他有文学修养，文章和诗都写得好，但是，和一般地主家庭子弟不同，不参加考试，也不想做官。从儿童时起便喜欢读书，特别是地理书籍，心想到长大了便去游历名山大川，增长知识。到成年以后，认为过去的山经、地志，其中有些记载，由于没有经过实际调查，错误不少。特别是边疆地区，问题更多。要认识祖国的真正面貌，科学地记录地形地貌，一定要经过亲身观测考察。怀抱着这样的志愿，他开始了长期的艰苦的旅行生活。

他身体瘦长，面孔黑黑的，平时说话很少，但只要谈到山经、水脉、地理形势，便滔滔不绝了，像换了个人似的。有人告诉他什么地方应该去，他不说一声，第二天拔腿就走，过些日子回来，人家才知道他又旅行了一次了。在途中每天都写日记，详细记载这天所看到的事物，有时连续赶路，来不及每天写，也是抓住间息的机会补写。从他的游记看，五十二岁那年，还每天记千把字。当时著名学者钱谦益劝朋友印他的书，赞扬他："闻其文字质直，不事雕饰，又多载米盐琐屑，如甲乙账簿，此所以为世间真文字，万万不可改换，失却本来面目也。"从游记的文字看来，确是文字质直，生动流利，够得上世间真文字的评价。至于多载米盐琐屑如甲乙账簿，则不是事实。

潘未序他的游记也说："向来山经地志之误，厘正无遗；奇踪异闻，应接不暇。然未尝有怪迂侉大之语，欺人以所不知，故吾于霞客之游，不服其阔远而服其精详，于霞客之书，不多其博辨而多其真实。"精详、真实、实事求是地记录所见，是徐霞客研究学问最可宝贵的特色。

当时交通条件是很困难的，除了水路坐木船，陆路有时可以骑马以外，主要是靠步行。霞客身体好，很能走路。一根手杖，一副被服就上路，不一定走官路，只要有值得去的地方，便迂回屈曲去找，先看清山脉如何去来，水脉如何分合，了解大势以后，再一丘一壑，支搜节讨。登山不一定要有路，荒榛密菁，穿着过去；渡水也不一定在渡口，冲湍恶泷，走着过去；越是危峰，越要爬到峰顶；越是深洞，也不放过一个支洞，像蛇行猿挂那样，都要走到；走到没有路时也不害怕，耽误了时间不后悔；没地方睡就睡在树底下、石头边，饿了吃草木的果实；不避风雨，不怕虎狼，不算时间，也不要伴侣；也能忍饿几天，不挑嘴吃，什么东西都可以吃饱。遇见困难不丧气，在西南旅行时，几次被强盗抢劫，跟的人也偷跑了，盘缠没有了，也不肯半途而废。同游僧静闻被强盗杀伤病死，遗嘱希望葬在云南鸡足山，不管怎样困难，他完成了亡友的志愿。沿途遇见正直的文人、官吏、僧侣都一见如故，政治品质不好的便拒绝来往。盘缠断绝了，接受朋友的馈赠，但是，有一个官僚要送他使用国家交通工具的邮符（免票），却毫不迟疑地拒绝了。

徐霞客有坚定的决心和毅力，不达目的决不罢休。游雁宕（荡）山时，拿一根手杖，在深草中攀缘，一步一喘，爬到顶上。游黄山时，山上很陡，雪很深，背阴处结了冰，滑得无法上，他首先上去，拿手杖凿冰，凿了一个孔，容一只脚，再凿一个容另一只脚，就这样，一面凿孔一面上，终于上了最高峰。游武夷山时，看到一个岩山很奇怪，上下都是绝壁，只有一个横坳可以通过，他便伏身蛇行，盘旋而入，胸背都抵住岩石，毕竟爬过去了。游嵩山时，到了炼丹台，再上便是石脊，没有寸土，危崖万级，他手脚并用，爬了七里，才到主峰。游湖南时，为了调查潇郴二水的水源，上了三分岭石麓，峻削得站不住脚，只好攀缘深

菁，不能抬头，也不能平行，爬了十里路，天快黑了，只好找棵
松树，除去丛菁，开辟块巴掌大地方休息。山高没有水，有火也
煮不了饭，只好砍除大木，烧起营火，到天黑时，吼风大作，火
星飞舞空中，火焰忽高忽低，忽左忽右，确是奇观，连肚子饿
也忘记了。一会儿下雨了，雨越大，风越强，伞遮不住，幸亏火
大，还受得住，一直下到快天亮，火也灭了。这一年霞客已经是
五十二岁的人了。到云南游石房洞，远远看到层崖上面，有个东
向的洞，想爬上去没有路，不上去呢又舍不得，还是决心仰攀而
上，崖面陡削，爬了半里之后，土松站不住脚，就用手攀草根，
过一会儿草根也松了，幸而有了石头，可是不扎实，踩着就碎，
抓住也碎，费了好大事，爬上一块稍黏的石壁了，全身贴着，一
动也不能动，要上抓不住东西，想下也下不来。霞客一辈子经历
过多少危险，都比不上这次，因为别处有峭壁，却没有这样松的
土，流土也有，却没有这样松的石头。紧张了好一会儿，试着两
手两脚挨的石头都不动了，才悬空移一只手，跟着悬空移一只
脚，再接着移一只手、一只脚，幸好石头不松了，但是，全身力
气却使完了，要掉下来了，这时，霞客使尽全身力气，拼命攀
登，最后，他上去了。

他不信神鬼，例如游茶陵麻叶洞时，找了向导，拿了火把，
却没有人敢带路，说是洞里有神龙奇鬼，没有法术是进去不得的。
最后用很多钱说服了一个向导，要脱衣服时，向导知道霞客是读
书人不是法师，吓了一跳说："我以为你是法师，才敢领路，你不
是，我这条命赔不起！"又不干了。霞客不管，就自己拿火把进
去，作了精密的观察。回到洞口时，火把也灭了，在洞口看的几
十人都说奇怪，以为霞客好久不出来，准是被鬼吃掉了。霞客向

众人道了谢，却认为这个洞入口虽窄，里面的情况，却好到从来没有见过，不知道本地人为什么这样害怕。游郁林白石山时，记载说山北有漱玉泉，靠晚时庙里敲钟打鼓，泉水就会沸腾起来，钟鼓声停，泉水就安定下来了。霞客认为奇怪，到了白玉寺，才知道寺里的人连漱玉泉的名字都不知道，更不用说泉水沸腾了。

曲靖的白石江，流量少，只有几丈宽，霞客在亲身检验了以后，指出历史记载明初沐英在这里战败敌军，关于地势险要的描写是夸大的，不符合实际的。

在西南地区的考察，广西、贵州、湖南西南部、云南东南部的山都是纯质石灰岩，支水多潜流，山成圆锥形，他用"石峰离立，分行竞奋"来形容这种现象。从南宁到新宁的水路，他注意到："不特石山最胜，而石岸尤奇，盖江流击山，山削成壁，流回沙转，云根迸出，或错立波心，或飞嵌水面，皆洞壑层开，肤痕縠绉，江既善折，岸石与山辅之恐后，益使江山两擅其奇。"说出了河流侵蚀的原理。

经过实地调查研究，他写了有名的《盘江考》，有了新的发现，改正了过去记载的若干错误。又指出腾越的打鹰山，山顶有潭，是火山的遗迹。

由于到云南丽江、大理等地的考察，他第一次发现礼社（红河）、澜沧、潞江是三个江，分道入南海。知道了金沙江的北源。订正了旧记载上许多水系的错误。特别是他的《江源考》第一次指出金沙江是扬子江的上游，是我国地理学地图学上最重要的发现。综合这些发现，他指出弄清水系的一条原理："分而歧之名愈紊，会而贯之脉自见。"

徐霞客是个乐观主义者，在云南各地旅行时，曾两次绝粮，毫不着急，有朋友请他喝酒，他回信说，一百杯酒抵不上一升粮，还是送点吃的吧。爬石房山这一天，他只有三十个铜钱，只够一天吃的。不料爬山下来，钱丢光了。只好拿身上的褶、袜、裙三件东西，挂在寓所门口拍卖。等了好久，才有人拿二百多钱买了绸裙子去。霞客很高兴，立刻买酒买肉，吃饱了，又趁傍晚去探尖峰之胜了。

在云南鸡足山时，跟他多年的顾姓家人，突然把他的所有东西都卷逃了，有人劝派人去追，他说："不必，一来追不上，二来追上了也不能强迫使其回来，只好算了。只是离家三年了，两人形影相依，忽然把我丢在万里之外，也未免太狠心了。"据游记的题记说，游记有一段缺了十九天，这些天的情况，曾经问过霞客从游的人。由此看来，这个顾姓是逃回家去的，徐霞客回去以后，看来也没有对这件事加以追究。

徐霞客的一生精力，完全用于地理、地质科学的调查研究上，他细心，认真，实事求是，刻苦钻研，走遍万里路，扩大了眼界，提高了当时这门科学的水平，正如潘耒所称赞的："亘古以来，一人而已。"又说他在西南地区的考察，"实中土人创辟之事"。是前人所从来没有做过的事业。

今年是徐霞客逝世的三百二十周年，我们纪念这个著名的学者，就应该学习他的献身于学术研究，认真做调查研究工作，实事求是，努力提高科学水平的优良学风，和文字质直、生动流利的文风。

原载《北京日报》

1961 年 5 月 5 日

谈迁和《国榷》

一 《国榷》这部书

二十五年前，我在北京图书馆读《明实录》，抄《朝鲜李朝实录》，想从这两部大部头书里，找出一些有关建州的史料，写一本建州史。因为清修《明史》，把它自己祖先这三百年间的历史都隐没了，窜改了，歪曲了，为的是好证明清朝的祖先从来没有臣属于明朝，没有受过明朝的封号，进一步强调建州地区从来不属于明朝的版图等政治企图。为了达到这个目的，在修《四库全书》的时候，把明人有关建州的真实史料都作了一番安排，办法多种多样，一种是毁板，禁止流通；一种是把书中有关地方抽掉，弄成残废；一种是把有关文字删去或改写。推而广之，连明朝以前有关女真历史的著作也连带遭殃，不是被删节便是被窜改了。这样做的结果，从十四世纪到十七世纪中期这一段期间的建州史实，在整个历史上几乎成为空白点，我们对建州族的社会发展、生产情况、生产工具、社会组织、风俗习惯、文化生活、部落分布等不是一无所知，便是知道得很少。这是个历史问题，应该解决。解决的办法是努力收集可能得到的史料，加以组织整理，填补这个人为的空白点，从而充实丰富祖国各族大家庭的可爱的历史。

当时，我从《朝鲜李朝实录》中抄出有关建州和中朝关系的史料八十本，这些史料大部分是朝鲜使臣到明朝和建州地区的工作报告，很具体，很可靠，对研究明朝历史，特别是研究建州历史有极大帮助。这部书定名为《朝鲜李朝实录中之中国史料》。隔了二十多年，最近才抽工夫校补，交给中华书局，正在排印中。

另一个主要史料《明实录》，读来读去，读出了许多困难。第一是这书没有印本，只有万历以后的各种传抄本。私人传录，当时抄书的人，怕这书部头大，有时任意偷懒，少抄或漏抄以至错抄的地方很多。错字脱简，到处都是。更糟的是这书原来就不全，因为崇祯这一朝根本没有实录。天启呢，在清初修《明史》的时候，因为《天启实录》里如实记载了当时宰相冯铨的丑事，冯铨降清以后，凭借职权方便，把记有他丑事的这一部分原本偷走毁灭了，以此，《明实录》的传抄本也缺了这部分。补救的办法是多找一些《明实录》的传抄本，用多种本子互相校补，但是，这个办法在二三十年前的私人研究工作得不到任何方面支持的情况下，是办不到的。另一个是找一部明末清初人的有关明史的较好的著作，这部书就是谈迁的《国榷》。

《国榷》这部书，知道的人很少，因为没有印本流通，只有传抄本，有机会看到的人不多。二十五年前的北平，只有前中央研究院历史语言研究所藏有一部晒印本，很珍贵，不能出借。记得在1932或1933年为了查对一条材料，曾经翻阅过一次，以后便再也没有机会见面了。

想望了二三十年，如今头发都白了，在解放了的祖国，在党的整理文化遗产的正确方针下，中华书局排印了这部六大厚册五百万字的大书，怎能叫人不高兴，不感激，不欢欣鼓舞！这部书就我个人的治学经历来说，也是一个鲜明的今昔对比。

《国榷》一百零四卷，卷首四卷，共一百零八卷。据谈迁《国榷》义例，原稿原来分作百卷，现在的本子是海宁张宗祥先生根据蒋氏衍芬草堂抄本和四明卢氏抱经楼藏抄本互相校补后重分的。这书是明朝的编年史，按年按月按日记载著者认为重大的史事，起元天历元年到明弘光元年（1328 — 1645）。卷首四卷分作大统、天俪、元潢、各藩、舆属、勋封、恤爵、戚畹、直阁、部院、甲科、朝贡等门，是综合性的叙述，便于读者参考的。

原书有崇祯庚午（1630）新建喻应益序，说："三代而后……野史之繁，亦未有多于今日者，然见闻或失之疏，体裁或失之偏，纪载或失之略。……盐官谈孺木，乃集海盐、武进、丰城、太仓、临朐诸家之书凡百余种，苟有足述，靡不兼收，勒为一编，名曰《国榷》。"天启丙寅（1626）谈迁自序批评了在他以前的几个明代编年史的作者以后，说："故予窃感明史而痛之，屡欲振笔，辄自惭怒臂，不敢称述。间窥诸家编年，于讹陋肤冗者妄有所损益，阅数岁，衰然成帙。"序后又有跋："此丙寅旧稿，嗣更增定，触事凄咽，续以崇祯、弘光两朝，而序仍之，终当复瓿，聊识于后。"由此可见《国榷》初稿完稿于公元 1626 年，以后陆续改订，过了二十年，1645 年以后，又续加了崇祯、弘光两朝。据义例所说《国榷》创稿于公元 1621 年，1647 年被小偷偷走原稿，又发愤重新编写，1653 年带稿子到北京又加修订，那么，这部书的编纂时间前后已经超过三十年了。

二 谈迁写《国榷》

《国榷》的主要根据除明列朝实录和崇祯邸抄以外，1630 年喻应益《国榷》的序文，说他采诸家著述凡百余种，这话是有事实可查的。试以卷一到三十二的引书为例，谈迁参考过明代人著作有叶子奇、宋濂、王祎、解缙、苏伯衡、方孝孺、金幼孜、杨士奇、吴宽、李贤、李梦阳、丘浚、叶盛、姚福、郑晓、雷礼、王世贞、王世懋、王鏊、王琼、杨守陈、何乔新、薛应旗、陆深、冯时可、袁袠、何乔远、邓元锡、姜南、郭正域、吴朴、周晖、敖英、晏璧、钟士懋、林之盛、陈于陛、马晋允、陶望龄、杨廉、崔铣、罗鹤、袁又新、许重熙、张适、刘凤、顾清、严从简、郭子章、赵汝濂、高岱、廖道南、刘文征、徐学谟、陈仁锡、顾起元、霍韬、黄佐、陈懿典、朱国桢、谢铎、朱鹭、黄瑜、陈建、黄金、李维桢、尹直、杨慎、顾璘、焦竑、田汝成、茅瑞征、杨寅秋、劳堪、郭棐、罗玘、唐枢、王锜、王廷相、张志淳、陈士元、屠隆、黄志清、程敏政、储瓘、于慎行、赵时春、徐日久、陈敬宗、陈涟、冒起宗、包汝楫、周圣楷、陈善、吴中行、罗洪先、李濂、叶向高、胡松、陈廷谔、钱士升、黄省曾、袁懋谦、史继阶、许相卿、叶灿、史桂芳、何景明、陈鎏、张萱、凌翰、朱睦、尹耕、谢彬、姚涞、陈德文、徐必达、陈继儒、张溥、陈子龙、沉德符、屠叔方、姚士磷等一百二十多家。其中引用最多的是海盐郑晓的《吾学编》《今言》，丰城雷礼的《大政记》《列卿记》，太仓王世贞的《弇山堂别集》，武进薛应旗《宪章录》，屠叔方的《建文朝野汇编》，朱鹭的《建文书法拟》，焦竑的《献征录》，徐学谟的《世庙识余录》，邓元锡的《明书》，高岱的《鸿猷录》，等等。

黄宗羲撰《谈君墓表》，说他："好观古今之治乱。其尤所注心者在明朝之典故，以为史之所凭者实录耳。实录见其表，其在里者已不可见，况革除之事，杨文贞（士奇）未免失实，泰陵之盛，焦泌阳（芳）又多丑正，神熹之载笔者皆宦逆奄之舍人，至于思陵十七年之忧勤惕厉，而太史遁荒，皇戚烈焰，国灭而史亦随灭，普天心痛。于是汰十五朝之实录，正其是非，访崇祯十五年之邸报，补其阙文，成书名曰《国榷》。"朱彝尊《静志居诗话》说他："留心国史，考证皇朝实录宝训，博稽诸家撰述，于万历后尤详，号为《国榷》。"由此可见谈迁原来编撰《国榷》的用意，是因为明列朝实录中有几朝实录有失实、丑正、歪曲的缺点，是因为诸家编年有讹陋肤冗的毛病，才发愤编纂的。到国亡以后，不忍国灭史亦随灭，又访求邸报（政府公报），补述崇祯、弘光两朝史事，寄亡国的悲愤于先朝史书之编修，自署江左遗民，则是以爱国遗民的心情重写国史，和原来的以留心国史、典故的历史家心情编撰国史的时候有所不同了。其次，谈迁编撰《国榷》，主要的根据是列朝实录和邸报，参以诸家编年，但又不偏信实录，也不侧重私家著述；他对史事的记述是十分慎重的，取材很广泛，但选择很谨严，择善而从，不凭个人好恶。第三，建州史料万历以后最关紧要，《国榷》于万历后尤详，特别是崇祯朝没有实录，谈迁根据邸报编述了这十七年间的事迹。由于当时这书并未刊行，因之也没有经过四库馆臣的胡乱删改，我们可以根据《国榷》的记载和清修《明史》核对，就这一点而说，《国榷》这书对研究建州史和明朝后期历史是有积极贡献的。第四，1647 年全稿被窃，他并不丧气，为了保存前朝史事，又发愤重新编写，这种忠于学术研究，忠于国家民族的坚贞不拔，不为困难所吓倒的精神气节，是非常值得后人崇敬和学习的。当然，谈迁也有他的时代局限性，如他对农民起义军的仇视，对国内少数民族和邻邦的态度和侈谈灾异迷信，以及文字叙述的过分简约等，都是显著的缺点，也是封建时代史家的一般缺点，我们要取其精华，去其糟粕，用这部书作研究资料时，是要注意到这些缺点的。

还有一点很有意思的，是关于建文帝的记录。《太祖实录》的第三次修改本根本不承认建文帝这一朝代的存在，把建文年号取消，用洪武纪年。《国榷》不但恢复了建文年号，而且纪事也站在建文的立场上，在永乐起兵以前，称永乐为燕王，到起兵以后，建文帝削除燕王位号，便直称永乐为燕庶人了。我们要注意从明仁宗一直到崇祯帝都是永乐的子孙，谈迁是亡国遗民，晚年还到过北京，跑到十三陵去哭过崇祯的坟，但是在历史叙述上，他却站在为永乐所推翻的建文帝一方面。拿这件事和明代后期许多支持建文帝的野史的出版来看，说明了那时期的士大夫，对现实政治的不满和失望；他们不敢公开指斥现实的统治者，只好把同情寄托在以失败而告终的建文帝身上了。他们逃避现实斗争，同情改革失败的统治者，这也是封建时代，有正义感而又骨头软弱的读书人的悲哀吧。

谈迁对史事的真实性态度很严肃，为了求真，不惜一改再改。例如记明末张春被建州俘虏事就改了多次。第一次记录在他所写的《枣林杂俎》智集：

　　庚午三月（1630，这是谈迁记错了，应为辛未，1631，八月）。永平道参政同州张春出关陷穹庐中，误闻殉难，赠都察院右副都御史。居无何，春从塞外求款，始追削，春妾□氏，年二十一，自经客舍。春愧其妄多矣，盖洪承畴之前茅也。

到 1655 年，他在北京，和吴伟业谈旧事，才弄清楚张春并未降敌。他又把这一事实写在所著《北游录》上：

> 丁未八月丁卯，过吴太史所，语移时。崇祯初蓟州道张春陷于建州，抗节不屈，以羁死，清史甚称之。余因曰，往时谓张春降敌，追削其秩，夺赠荫，流闻之误如此。

最后在《国榷》卷九十一记：

> 崇祯四年（1631）八月戊辰，是日遇敌于长山，我师败绩，监军太仆寺少卿兼参政张春被执……春被执不屈，愿求一死……因幽之某寺中……后数年，以疾卒。

谈迁加的按语是："夫春实未尝诎膝，流离异域，其志有足悲者。宋王继忠陷契丹，上书言款，即张春之前茅也。继忠见原，春见疑，势有固然，无俟言之毕矣。"便完全改正过来了。张春事迹见《明史》卷二百九十一《忠义传》。

全书叙述是以明列朝实录为基础的，但又不全据实录，如记永乐几次和蒙古的战争，来往行程都用金幼孜的《北征录》《后北征录》和杨荣的《后北征记》，在永乐八年六月庚子次澄清河条，小注，"实录云青杨戍"，可以清楚看出。永乐十年九月记杀大理寺卿耿通。谈迁说此事"实录不载，岂有所讳耶。事具南院故牍，不可不存"。说明这一条实录里原来没有，是他用档案补上的。同样的十四年七月乙巳杀署锦衣卫都指挥佥事纪纲，谈迁也说："读其爰书，未尝不三为之太息也。"可见谈迁是读过处纪纲死刑的判决书的。十九年十二月底有一条"始立东厂，专内臣刺事"，小注："事不见正史。而会典据成化十八年大学士万安奏罢东厂云。文皇帝建立北京，防微杜渐，初行锦衣卫官校，暗行缉访谋逆妖言大奸大恶等事，恐外官徇情，随立东厂，命内臣提督控制之，彼此并行，内外相制云云。不知实录遗此，何也？"可见这一条也是实录原来没有，是谈迁根据会典补上去的。又如《明实录》和《明史》都说明成祖是马皇后生的。谈迁却根据《太常寺志》说明成祖是妃所生等。不止如此，他对实录所记某些史实，还明白指出是说谎，叫人好笑。例如宣德三年（1428）三月癸未，废皇后胡氏，立贵妃孙氏为皇后条，他就说："吾于册储而甚疑当日之事也……（中间指出疑问，从略）乃实录载胡后再请就闲，贵妃再辞坤极，谓其皆诚心，大非人情。后史氏饰美，不为有识者所葫芦乎！"

拿《国榷》和《明实录》对比，《明太祖实录》经过三次修改以后，许多事实都被删改掉了，例如明太祖晚年杀诸将，实录只写某年某月某日某人死，不说是怎样死的。《国榷》却并不隐讳，老老实实把事实如实写上。以《国榷》所记和钱谦益的《太祖实录辨证》对读，完全符合。以《国榷》和清修《明史》对比，《明史》隐去建州史迹，从猛哥帖木儿、阿哈出、释家奴到李满住、凡察、李豆罕一直到努尔哈赤这一段，几乎是空白，《国榷》却从头据实记录，不但建州诸卫和奴儿干都司的设置年月分别记载，连以后各卫首领的承袭也都一一记上了。和《明实录》、朝鲜《李朝实录》对比，也可以互相印证。

三　辛勤的劳动

谈迁一生从事学问，手不释卷，国亡后更一意修史，《北游录·纪咏》下《梦中作》：

> 往业倾颓尽，艰难涕泪余，残编催白发，犹事数行书。

是他一生的写实。

公元1644年高宏图替他写的《枣林杂俎序》说：

> 谈子孺木有书癖，其在记室，见载籍相饷，即色然喜。或书至猥诞，亦过目始释，故多所采摭。时于坐聆涂听，稍可涉笔者，无一轻置也。铢而寸，积而累，故称杂焉。

他喜欢读书，连坏书也要读一遍。喜欢做笔记，人们谈的，路上听的，只要有点意思，就记录下来。到处借书抄书，甚至跑到百里以外去借去抄。《北游录·纪文·上吴骏公太史书》说：

> 自恨绳枢瓮牖，志浮于量，肠肥脑满，妄博流览，尤于本朝，欲海盐（郑晓）、丰城（雷礼）、武进（薛应旗）之后，尝鼎血指。而家本担石，饥梨渴枣，遂市阅户录，尝重趼百里之外，苦不堪述。条积瓯藏，稍次

年月，矻矻成编。

从天启辛酉（1621）开始，这一年他母亲死了，在家读陈建所著《通纪》，嫌它不好，便着手收集整理材料，一条条地积累，分别年月放在瓯里，愈积愈多，编次条贯改了六次，编成一百卷。不料到丁亥（1647）八月，一股脑儿被小偷偷光了。黄宗羲《谈君墓表》说：

> 当是时，人士身经丧乱，多欲追叙缘因，以显来世，而见闻窄狭，无所凭借。闻君之有是书也，思欲窃之以为己有。君家徒四壁立，不见可欲者。夜有盗入其家，尽发藏稿以去。君喟然曰，吾手尚在，宁遂已乎！从嘉善钱相国借书，复成之。

他自己也说：

> 丁亥八月，盗胠其箧。拊膺流涕曰，噫，吾力殚矣。居恒借人书缀缉，又二十余年，虽尽失之，未敢废也。遂走百里之外，遍考群籍，归本于实录。其实录归安唐氏为善本，携李沈氏武塘钱氏稍略焉，冰毫汗玺，又若干岁，始竟前志。田夫守株，愚人刻剑，予病类之矣。①

————————

① 《国榷》《义例》。

偷光了，再干，从头做起。以实录为本，而且还参考几种不同的本子。从 1647 年起第二次编撰《国榷》。为了搜访史料，他多年前就想去北京，1644 年高宏图的《枣林杂俎序》提到：

> 惜天限孺木，朝不谋夕，足迹未及燕。而今已矣，三辅黄图之盛，东京梦华之思，孺木即有意乎，亦安所措翰也。悲夫！

北京已经为清人所占领了，怎么能去呢？就是想去，有了材料，也怎么下得笔呢？十年后，公元 1653 年，义乌朱之锡官弘文院编修，服满进京供职，聘他做书记，在这年闰六月同路从运河坐船到北京。丙申（1656）二月又从运河回到海宁。在北京住了两年半多，收集了不少史料。

朱之锡序《北游录》说他辛勤访集资料：

> 盐官谈孺木，年始杖矣，同诣长安（指北京）。每登涉蹑屩，访遗迹，重研累，时迷径，取道于牧竖村佣，乐此不疲，旁睨者窃哂之不顾也。及坐穹村，日对一编，掌大薄蹄，手尝不辍，或复故纸背，涂鸦萦蚴，至不可辨。或涂听壁窥，轶事绪闻，残堵圮碣，就耳目所及无遗者，其勤至矣。

《北游录·纪闻》自序记访问遗事，随听随记：

> 自北上，以褐贱，所闻寥寥也。而不敢自废，辄耳

属一二。辇上贵人，其说翔菀尘之外，迁朽毋得望。至
渊儒魁士，未始多值，间值之，而余颓蒙自怯，嗫嚅久
之，冒昧就质，仅在跬倾，惧其厌苦，手别心帐。余则
垣壁桯机之是徇，余之愤愤，不其甚乎。然幸于燕而闻
其略也，若锢我荒篱之下，禽籁虫吟，聊足入耳，能倾
隃糜之残沉乎！

因为身份地位关系，他只是一个老秀才，帮人做幕友，接
触的人不多。就是碰到了，也很难谈得起来，又怕人厌烦，不免
很紧张。即使这样，也还是有些收获，如不到北京，这些材料的
收集是不可能的。《北游录·纪邮》是他在京时的日记，从日记
可以看出他到北京的目的是为了订正《国榷》，访问、借书、抄
书的目的也是为了补充《国榷》。来往最多的几个人是太仓吴伟
业骏公、同乡秀水曹溶秋壑、武功霍达鲁斋，这三人都是崇祯进
士，都是藏书家，熟识明朝掌故。他到京后就写信给吴伟业请求
指出《国榷》缺点和借阅有关史籍：

  昨蒙延诲，略示讹谬，深感指南。（中述编撰《国
  榷》经过）而事之先后不悉，人之本末未详，闻见邸
  抄，要归断烂；凡在机要，非草野所能窥一二也。如天
  之幸，门下不峻其龙门，辄垂引拔，谓葑菲可采，株朽
  亦薪。……史事更贵搜订……门下以金匮石室之领袖，
  闻见广洽，倘不遗弃，祈于讹谬，椽笔拈出，或少札原
  委。盖性好涉猎，过目易忘，至于任耳，经宿之间，往
  往遗舛，故于今日，薄有私恳。非谓足辱大君子之纠正，

而曲学暗昧，陨堑赴谷，亦门下所矜闵而手援之者也，密迩坛站，凡有秘帙，藜陈分青，弥切仰企。记室所抄《春明梦余录》《宫殿》及《流寇缘起》，乞先假。①

《上太仆曹秋壑书》也提出同样要求：

蒙示史例，矜其愚瞀，许为搜示。迁本寒素，不支伏腊，购书则夺于粥，贷书则轻于韦布。又下邑褊陋，薄视缃芸，问其邺架，率资帖括。于是问一遗编，卑词仰恳，或更鼎致，靳允不一；尝形梦寐，即携李鼎阅间，亦匍匐以前矣。……幸大君子曲闵其志，托在后乘，假以程限，广赐携阅，旁征侧汇。……先朝召对事述云在朱都谏子美处，及秘录、公卿年表等万乞留意。祠曹或素所厚善者，于宗室薨赙，大臣赍恤，月日可详，特难于萃辑耳。希望万一，企踵之。

由曹秋壑介绍，又和霍鲁斋往来，写信说：

凡奥帙微言，悉得颁示。又所呈残稿，筚门圭窦之人，安知掌故，性好采撷，草次就录，浃岁以来，句闻字拾，繁如乱丝，卒未易理，幸逢鸿匠，大加绳削。尊谕云，史非一手一足之力，允佩良规。

---

① 《上吴骏公太史书》。

从此，谈迁就和这三个学者经常往来，讨论史事了。《纪邮》记：

> 甲午（1654）正月……庚申，曹太仆见枉，语先胡事二则。
>
> 二月……乙丑，晚，共雷常侍语，常侍号飞鸣，尝预司礼监南书房，今贩钱，相邻。访以旧事，不觉泣下，拭袂而别。
>
> 甲申，仍访吴太史，语移时，晚招饮，以《国榷》近本就正，多所裁订，各有闻相证也。
>
> 丁亥，阴，过曹太仆借书，出刘若愚《酌中志》三帙，孙侍郎北海承泽《崇祯事迹》一帙。《酌中志》旧尝手录，今本加详，盖此阉继编者。……侍郎辑崇祯事若干卷，不轻示人。又著《春明梦余录》若干卷，并秘之。吴太史柬及近事，随答之。
>
> 三月……辛丑，吴太史示《流寇辑略》。
>
> 乙巳，阴，早至宣武门直舍，盖溧阳之杜邮也。失导而返。
>
> 戊申，过吴太史，值金坛王有三选部，重追语江左旧事，不胜遗恨。
>
> 四月……丁卯……过吴太史，剧论二十刻。
>
> 丁丑……吴太史借旧邸抄若干，邀阅，悉携以归。
>
> 戊寅，展抄邸报，梦如乱丝，略次第之。
>
> 乙酉……过吴骏公太史，极论旧事。
>
> 戊子，早，过吴太史，多异闻，别有纪。

七月……丙辰……过吴太史所，语二十刻，别有纪。

九月……乙巳，晡刻，闻霍大理见枉，遂先之，语李自成陷西安事甚悉，别有纪。

丙午……霍大理征余近录。手致之。又语遗事一二则。

丁未，阴，霍大理示黄石斋先生秘录二帙。

丙辰，录黄石斋秘稿竣，以归霍大理，语久之。

十月……戊辰，霍大理招饮……大理筮仕曹县，语刘泽清事为详。

丙戌，冲寒过（金华）叶山公，未离枕也，亟披衣起。其邻周德润（泽）故嘉定侯之孙，官锦衣，娶驸马都尉王骨孙女，年十七，遭乱，贫甚，僦一室。余欲问遗事，故屡过山公，值之，绨袍不备，有寒色。其人拙讷，语少顷遽去。

十一月……庚戌，前借霍大理《闽书》（晋江何乔远著）阅还。客严氏故游诸彻侯，云：襄城伯李国桢任京营，甲申三月都城陷，刘友□之日，君侯散重兵以归，此元功也，行冠诸臣之右矣。因留其营，尝同食寝。一日纵归，令检橐，因尽录其家。国桢败时，跨马，面如死灰。其舅金华潘某，退曰吾甥事至此，不即死，尚何待乎！此严氏目睹者。今刻本称国桢求葬先帝，刘诚意孔昭上章以明之，其说不知何所始也。

辛亥……午，过霍大理，示所纂《西事》及王渼波《九思集》。

癸丑，阴，往崇文门访严氏，问以遗事，不值。

十二月……辛未，借曹通政（秋壑）《续文献通考》，不值。

乙未（1655）正月……癸亥，风，过霍大理，借《康对山先生集》。

三月……乙未……过霍大理，问先朝实录，未至也。

五月……丙午早，过少司马霍鲁斋所，问先朝实录，在南道未至也。

六月……丙子，钱瞻伯借我夏彝仲《幸存录》。

八月……甲寅，过吴太史所，值其乡人马又如（允昌），本世弁，崇祯末任四川副总兵，遭乱，开全州。己丑（1649）变出部校，举家遇害，因北降，隶镶红旗下，食四品禄，贫甚。言遗事一二则。

戊午……晡刻，过霍彦华，值咸宁王文宣（弘度），俱目击李自成僭位事。

壬戌……晚，过王文宣、霍彦华，语旧事，知甲申大事记殆唅吡也。

九月壬午……饭于吴太史所。太史同年侍郎孙北海（承泽）撰《四朝人物传》，其帙繁，秘甚。太史恳年余，始借若干首，戒勿泄。特示余曰，君第录之，愿勿著姓氏于人也。

甲辰，吴太史又示我孙氏人物传若干。

十一月……癸卯，阴，先是霍鲁斋购《明实录》而缺熹庙，以问余，所录尚未全，无以应也。

十二月……辛未……借霍鲁斋《万历实录》，向在嘉善钱相国所抄实录，为主书删其半，至是鲁斋以二百金全购。

壬申，朱生生（国寿）来，前兵部郎中，仕清陕西参政。

癸酉，答朱生生，生生留饮。……生生语明季事甚悉。

丙申（1656）正月……癸巳，大风，寒。过周子俶，值山阳成大咸（默），弘光初明经，从左萝石北使，言北使事颇异。

戊申，阅《神宗实录》竟，归之。

二月癸丑，晚，于周子俶所复值咸大咸，语良久（关于弘光元年高杰被害事，及甲申之变太子走外家周氏被出首事）。

此外，《北游录·记闻》上《赵朴》条：

广宁门外……天宁寺……内侍赵朴连城逃禅于此，尝值之，问以（懿安皇后及太子）遗事云。

记王绍徽、薛国观条，俱霍鲁斋先生说。

从以上所摘录的材料看，谈迁对明季史事的收集，是尽了极大努力的。除了曹溶、吴伟业、霍达以外，他访问了故公侯的门客、降臣、宦官、皇亲等，把所听到的都记录下来，和文献一一核对。他还到过十三陵的思陵，明代丛葬妃嫔王子的金山，和景帝陵，西山和香山的寺庙等，也都写了材料。他把这些目击的史料应用到《国榷》这部书上，以此，《国榷》的史料价值是很高的，特别是万历以后，崇祯、弘光间的记录。崇祯朝的史事根据邸报和访问，弘光朝则他自己在当时的宰相高宏图幕府，并和张慎言等大臣往来，许多事情都得于亲身闻见，因此，是比较可信的。

谈迁在北京两年多的收获很大，但是，也有许多困难。借书访人，都不是容易事。北京尘土飞扬，也不习惯，《北游录·纪文·寄李楚柔书》诉苦说。

> 口既拙讷，年又迟暮，都门游人如蚁，日伺贵人门，对其牛马走，屏气候命，辰趋午俟，旦启昏通，作极欲死，非拘人所堪。于是杜门永昼，而借人书重于卞氏璧，不可复得。主人邺架，颇同故纸，目瞖不开，五步之外，飞埃袭人，时塞口鼻。惟报国寺双松，近在二里，伛偻卷曲，逾旬辄坐其下，似吾尘中一密友也。……顷者，益究先朝史，凡片言只行，犁然有当于心，录之无遗。拟南还后作记传表志，三年为期，不敢辄语人，私为足下道也。

他生性耿介，受不了这样生活，想回南了。《北游录·后纪程序》：

> 余欲归屡矣。乙未春三月欲附朱方庵，秋八月欲附徐道力，而居停见挽，遂不自决。虽蜗沫足濡，而心

终不怿。盖追访旧事，稍非其人，则不敢置喙。至于贷书则余交寡，市书则余橐耻，日攒眉故纸，非其好也。迨萌归计，而居停适有纂修之命，意效一二，佐其下风，则天禄石渠之藏，残缺失次，既无可资订，遂束身而南。

原来还想趁朱之锡修书之便，抄一点东西的。到了知道内阁图书已经残缺失次，无可资订，便下了决心，离京回家了。

四 谈迁生平

谈迁的生平，见于《海宁县志·隐逸传》、黄宗羲《谈君墓表》，都很简略。现在根据他所著的《北游录》和《枣林杂俎》，综合叙述如下。

谈迁原名以训，字观若，明亡后改名迁，字孺木，海宁县枣林人，明诸生。他自己题《枣林杂俎》：

> 吾上世……德祐末避兵徙盐官之枣林，今未四百祀，又并于德祐！吾旦暮之人也，安所避哉！求桃源而无从，庶以枣林老耳，书从地，不忘本也。

四百年前宋亡，他的祖先搬到海宁，如今，明朝又亡了，没有地方可搬了。这段话是很哀感的。

据《北游录·纪文·六十自寿序》："癸巳十月癸亥朔，抵长安，明日为揽揆之辰，周一甲子矣。"癸巳为公元1653年，往上推六十年，他生于1593年，明神宗万历二十一年癸巳。公元

1621年，二十九岁，开始编撰《国榷》。1644年，他五十二岁，清军入关，北京沦陷。1645年，五十三岁，弘光被俘，南京沦陷。1647年，五十五岁，《国榷》全部手稿被窃，发愤重新撰写。1653年，六十岁了，受聘义乌朱之锡做幕友，到北京收集明代史事，订正《国榷》，1656年，年六十三岁，离京回海宁老家。

他的卒年，据黄宗羲《谈君墓表》："走昌平，哭思陵，西走阳城，欲哭（张慎言）太宰，未至而卒，丙申岁冬十一月也。"按谈迁自撰《北游录》，丙申（1656）五月辛丑，从北京回家。在五月以前，也没有记到阳城的事实。《海宁县志·隐逸传》则说："丁酉夏，以事至平阳，去平阳城数百里远，处士徒步往哭张家宰之墓。……卒年六十有四。"则谈迁死于丁酉年，年六十四岁。黄宗羲《墓表》所说丙申，应是丁酉之误。

他家很贫困，《县志》说他："处士操行廉，虽游大人先生之门，不妄取一介，至今家徒四壁立。"《北游录·纪邮》记他好几次拒绝人送礼物，拒绝人拿钱买他的文章。1656年南归时也不肯求人写介绍信给以方便，《纪程》下小序说："谈迁曰：余北游倦矣，得返为幸。……在燕时，或修贽广谒，而余不能也。别居停，竟长揖出门，不更求他牍。道中蹑一敝屣，殆于决踵。余岂不忧日后耶，忧日后又不如忍目前。余归计决矣，担簦而往，亦担簦而回，箧中录本殆数千纸，余之北游幸哉！余之北游幸哉！"从这段自述，可以看出他性格的耿介，是一个有骨头的老穷汉。

谈迁五十二岁以前的生活情形，不大清楚。从他后半生的生活看来，大概也是靠替人当幕友，办些文墨事务，代写些应酬文字，赚些月俸过日子的。《北游录》里《纪文》一共有十六篇序，除《六十自寿序》以外，其他各篇题目下面都注有代字，是代他的东家朱之锡写的。六十四岁这一年《县志》说他以事至平阳，大概也是替人做幕友，不然，他这样穷，为了私事是出不了这样远门的。《县志》载他的著作有《西游录》两卷，应该就是这次旅行的纪游文字。

黄宗羲《墓表》说："阳城张太宰、胶州高相国皆以君为奇士，颇折节下之。其在南都，欲以史馆处君，不果。无何，太宰、相国相继野死。"《县志》说："崇祯壬午（1642）间，受知阳城张公慎言、胶州高公宏图，二公者天下之望，相与为布衣交。甲申（1644）高入相，张为家宰，凡新政得失，皆就咨于处士，多所裨益。相国以处士谙掌故，荐入史馆，泣辞曰，迁老布衣耳，忍以国之不幸，博一官。高乃止。勋寺交扇，时事日非，处士私语二公曰，公等不去，将任误国之咎。二公用其言，先后乞骸骨。乙酉张客死宣城，高致命会稽，处士归于麻泾之庐。"《北游录·纪文·六十自寿序》说："记甲申正月既望，御史大夫阳城张藐山（慎言）初度，遍集齐、梁、吴、晋之士，余首坐，剧饮。先生顾诸客曰，冠进贤而来者，趾高气扬，仆视其中无所有也。虽一穷褐，胸中有书若干卷。深相礼重。"由此可见从公元1642年起，谈迁就入高宏图幕，并和张慎言往来，被两人所器重，参与谋划。他对国事所提的意见，散见《枣林杂俎》仁集《定策本末》《劝进》《监国仪注》《王肇基》《黄澍》《高杰》等条。

谈迁对明代史事虽然十分重视，用一辈子工夫钻研收集，但对小说戏曲，却非常轻视。如《北游录·纪邮》载：

观西河堰书肆，值杭人周清源，云虞德园先生门人也，尝撰西湖小说。噫，施耐庵岂足法哉！

又《纪闻》上《续文献通考》条：

　　华亭王圻《续文献通考》，其艺文类载《琵琶记》
《乐府》《水浒传》，谬甚。

他的著作除《国榷》《枣林杂俎》《北游录》以外，有《枣林
集》十二卷，《枣林诗集》三卷，《史论》二卷，《西游录》二卷，《枣
林外索》六卷，《海昌外志》八卷。

原载《光明日报》

1959 年 7 月 10 日

关于魏忠贤

一 生祠

替活人盖祠堂叫作生祠，大概是从那一个时代父母官"自动"请老百姓替他立长生禄位而扩大之的。单有牌位不过瘾，进一步而有画像，后来连画像也不够格了，进而为塑像。有了画像塑像自然得有宫殿，金碧辉煌，初一、十五文武官员一齐来朝拜，文东武西，环佩铿锵，口中念念有词，好不风光，好不威武。

历史上生祠盖得最多的是魏忠贤，盖得最漂亮的是魏忠贤的生祠，盖得最起劲的是魏忠贤的干儿子、干孙子、干曾孙子、重孙子、灰孙子。

据《明史·魏忠贤传》说，天启六年（1625）魏忠贤大杀反对党，周起元、高攀龙、周宗建、缪昌期、周顺昌、黄尊素、李应升一些东林党人一网打尽之后，修《三朝要典》（《东林罪状录》），立"东林党人碑"之后，浙江巡抚潘汝桢奏请为忠贤建祠。跟着是一大堆官歌颂功德。于是督抚大吏阎鸣泰、刘诏、李精白、姚宗文等抢先建立生祠。风气一成，连军人，做买卖的流氓棍徒都跟着来了，造成一阵建祠热，而且互相比赛，越富丽越好。地皮有的是，随便圈老百姓的，材料也不愁，砍老百姓的。

接着道统论也被提起了，监生陆万龄建议以魏忠贤配享孔子，忠贤的父亲配享启圣公。有谁敢说个不字？

当潘汝桢请建生祠的奏本到达朝廷后，御史刘之待签名迟了一天，立刻革职。苏州道胡士容不识相，没有附和请求，遵化道耿如杞入生祠没有致最敬——下拜，都下狱判死刑。

据《明史·阎鸣泰传》，建生祠最多的是少师兼太子太师、兵部尚书阎鸣泰，在蓟辽一带建了七所。在颂文里有"民心归依，即天心向顺"的话。

潘汝祯所建忠贤生祠，在杭州西湖，朝廷赐名普德。

这年十月孝陵卫指挥李士才建忠贤生祠于南京。次年正月宣大总督张朴、宣府巡抚秦士文、宣大巡按张素养建祠于宣府和大同。应天巡抚毛一鹭、巡按王拱建祠于虎丘。

二月阎鸣泰又和顺天巡抚刘诏、巡按倪文焕建祠于景忠山。宣大总督张朴又和大同巡抚王点、巡按张素养在大同建立第二个生祠。

三月阎鸣泰又和刘诏、倪文焕、巡按御史梁梦环建祠于西密云丫髻山，又建于昌平，于通州。太仆寺卿何宗圣建于房山。

四月阎鸣泰和巡抚袁崇焕建祠于宁前。张朴和山西巡抚曹尔祯、巡按刘弘光又建于五台山。庶吉士李若琳建于蕃育署，工部郎中曾国祯建于卢沟桥。

五月通政司经历孙如冽、顺天府尹李春茂建祠于宣武门外，巡抚朱童蒙建于延绥，巡视五城御史黄宪卿、王大年、汪若极、张枢智，建于顺天，户部主事张化愚建于崇文门外，武清侯李诚铭建于药王庙，保定侯梁世勋建于五军营、大教场，登莱巡抚李嵩、山东巡抚李精白建于蓬莱阁宣海院，督饷尚书黄运泰、保定巡抚张凤翼、提督学政李蕃、顺天巡按倪文焕建于河间、于天津，河南巡抚郭增光、巡按鲍奇谟建于开封，上林监丞张永祚建于良牧嘉蔬林衡三署，博平侯郭振明建于都督府、于锦衣卫。

六月总漕尚书郭尚友建祠于淮安。顺天巡按卢承钦、山东巡按黄宪卿、顺天巡按卓迈，也在六月分别在顺天、山东建祠。

七月长芦巡盐龚萃肃、淮扬巡盐许其孝、应天巡按宋祯汉、陕西巡按庄谦建祠于长芦、淮扬、应天、陕西等地。

八月总河李从心、总漕郭尚友、山东巡抚李精白、巡按黄宪卿、巡漕何可及建祠于济宁。湖广巡抚姚宗文、郧阳抚治梁应泽、湖广巡按温皋谟建祠于武昌，于承天，于均州。三边总督史永安、陕西巡按胡建晏、巡按庄谦、袁鲸建于固原大白山，楚王朱华奎建于高观山，山西巡抚牟志夔、巡按李灿然、刘弘光建于河东。

踊跃修建的官员，从朝官到外官，从文官到武官，从大官到小官，到亲王勋爵、治河官、卖盐官，没有一个不争先恐后，统一建生祠。

建立的地点从都城到省城，到名山，甚至都督府、锦衣卫、五军营等军事衙门，蕃育署、上林监等宫廷衙门，甚至建立到皇城东街。只要替魏忠贤建生祠，没有谁可以拦阻。

每一祠的建立费用，多的要数十万两银子，少的也要几万两，合起今天的纸币要以多少亿计。

开封建祠的时候，地方不够大，毁了民房两千多间，用渗金塑像。

都城几十里的地面，到处是生祠。上林苑一地就有四个。

延绥生祠用琉璃瓦，苏州生祠金像用冕旒。南昌建生祠，毁周程三贤祠，出卖澹台灭明祠做经费。

督饷尚书黄运泰迎像，用五拜三稽首礼，立像后又率文武将史列阶下五拜三稽首。再到像前祝告，某事幸亏九千岁（这些魏忠贤的党羽子孙称皇帝为万岁，忠贤九千岁）扶持，行一套礼，又某事蒙九千岁提拔，又行一套礼。退还本位以后，再行大礼。又特派游击将军一人守祠，以后凡建祠的都依例派专官看守。

国子监生（大学生）陆万龄以孔子作《春秋》，忠贤作《要典》，孔子杀少正卯，忠贤杀东林党人，应在国学西建生祠和先圣并尊。这简直是孔子再世，道统重光了。国子司业（大学校长）朱之俊接受了这意见，正预备动工。不凑巧天启皇帝驾崩，政局一变，魏忠贤一下子从云端跌下来了。

崇祯帝即位，魏忠贤自杀。崇祯二年（1629）三月定逆案，全国魏忠贤生祠都拆毁，建生祠的官员也列名逆案，依法处刑。

《三朝要典》的原刻本在北平很容易见到，印得非常考究，大有翻印影印流传的必要。

魏忠贤的办公处东厂，原来叫东厂胡同，从沙滩一转弯便是。中央研究院北平办事处在焉，近来改为东昌胡同了，不知是敌伪改的，还是最近改的。其实何必呢？魏忠贤之臭，六君子的血，留着这个名词让北平市民多想想也是好的。

二 义子干孙

魏忠贤不大识字，智力也极平常。他之所以能弄权，第一私通熹宗的奶妈客氏，宫中有内线。熹宗听客氏的话，忠贤就可以为所欲为。第二是熹宗庸騃，十足的阿斗，凡事听凭忠贤作主张。

光是这两点，也不过和前朝的刘瑾、冯保一样，还不至于起党狱，开黑名单，建生祠，称九千岁，闹得民穷财尽，天翻地覆。原因是第一，政府在他手上，首相次相不但和他合作，魏广微还和这位太监攀通家，送情报，居然题为内阁家报。其二是，他有政权，就能养活一批官，反正官爵都出于朝廷，俸禄都出于国库。凡要官者入我门来，于是政权军权合一，内廷外廷合一。魏忠贤的威权不但超过过去任何一个宦官，也超过任何一个权相，甚至皇帝。

《明史》说，内外大权，一归忠贤。内监（宦官）自王体干等外，又有李朝钦、王朝辅、孙进、王国泰、梁栋等三十余人为"左右拥护"。外廷文臣则崔呈秀、田吉、吴淳夫、李夔龙、倪文焕主谋议，号"五虎"。武臣则田尔耕、许显纯、孙云鹤、杨寰、崔应元主杀戮，号"五彪"。又吏部尚书周应秋、太仆卿曹钦程等号"十狗"。又有"十孩儿""四十孙"之号。而为呈秀辈门下者又不可数计。

"虎""彪""狗"都是魏忠贤的义子。举例说，崔呈秀在天启初年巡按淮扬，贪污狡猾，不修士行，看见东林正红得发紫，想尽方法要挤进去，被拒不纳。四年还朝，都察院都御史高攀龙尽列他在淮扬的贪污条款，提出弹劾。吏部尚书赵南星批定充军处分。朝命革职查办。呈秀急了，半夜里到魏忠贤家叩头乞哀，求为养子。结果呈秀不但复职，而且升官，不但升官，而且成为忠贤的谋主，残杀东林的刽子手了。两年后做到兵部尚书兼都察院左都御史。儿子不会作文也中了举，兄弟做浙江总兵官，女婿呢，吏部主事，连姨太太的兄弟、唱小旦的也做了密云参将。

其他四"虎"，吴淳夫是工部尚书，田吉兵部尚书，倪文焕太常卿，李夔龙副都御史。都是呈秀拉纤拜在忠贤门下当义子的。

"十狗"中如曹钦程，《明史》本传说："由座主冯铨父事魏忠贤为十狗之一。于群小中尤无耻，日夜走忠贤门，卑谄无所不至，同类颇羞称之。"到后来，连魏忠贤也不喜欢他了，责以败群革职，可是此狗在被赶出门时，还向忠贤叩头说："君臣之义已绝，父子之恩难忘。"大哭一场而去。忠贤死后，被处死刑，关在牢里等行刑。日子久了，家人也厌烦，不给送饭。他居然有本领抢别人的牢饭，成天醉饱。李自成陷北京，破狱出降。自成失败西走，此狗也跟着，不知所终。

"十孩儿"中有个石三畏，闹了个不大不小的笑话。有一天某贵戚请吃饭，在座的有魏忠贤的侄儿魏良卿。三畏喝醉，点戏点了《刘瑾醉酒》，犯了忌讳。忠贤大怒，立刻革职回籍。忠贤死后，他还借此复官，到头还是被弹劾免职。

这一群虎狗彪儿孙细按本传，有一个共同的特征，几乎没有一个不是贪官污吏。

例外的也有：如造《点将录》的王绍徽，早年"居官强执，颇以清操闻"。还有作《春灯谜》《燕子笺》，文采风流，和左光斗诸人交游的阮大铖，和叶向高同年友好的刘志选，以及《玉芝堂谈荟》作者的周应秋，都肩着当时"社会贤达"的招牌，颇有名气的，只是利欲熏心，想做官，想做大官，要做官迷得发了疯，一百八十度一个大转弯，拜在魏忠贤膝下，终至身败名裂，在《明史》里列名阉党传。阮大铖在崇祯朝寂寞了十几年，还在南京冒充东林，附庸风雅，千方百计要证明他是东林，千方百计要洗去他当魏珰干儿的污迹，结果被一批年轻气盛的东林子弟出了留都防乱揭，"鸣鼓而攻之"，落得一场没趣。孔云亭的《桃花扇》真是妙笔奇文，到今天读了，还觉得这副嘴脸很熟，"如"闻其声，"如"见其人。

三　黑名单

黑名单也是古已有之的，著例还是魏忠贤时代。

《明史·魏忠贤传》说："天启四年（1624）忠贤用崔呈秀为御史。呈秀造天监同志诸录，王绍徽亦造点将录，皆以邹元标、顾宪成、叶向高、刘一燝等为魁，尽罗入不附忠贤者，号曰东林党人，献于忠贤。忠贤喜。于是群小益求媚忠贤，攘臂攻东林矣。"

替魏忠贤造名单的，有魏广微、顾秉谦，都是大学士（宰相）。名单有黑红两种，《明史·顾秉谦传》说："广微和秉谦谋，尽逐诸正人，点《缙绅便览》一册，如叶向高、韩爌、何如宠、成基命、缪昌期、姚希孟、陈子壮、侯恪、赵南星、高攀龙、乔允升、李邦华、郑三俊、杨涟、左光斗、魏大中、黄尊素、周宗廷、李应升等百余人目为邪党，而以黄克缵、王永光、徐大化、贾继春、霍维华等六十余人为正人。由阉人王朝用进之，俾据是为黜陟。忠贤得内阁为羽翼，势益张。秉谦、广微亦曲奉忠贤，若奴役然。"

《缙绅便览》是当时坊间出版的朝官人名录。魏广微、顾秉谦根据这名单来点出正人邪人，必定是用两种颜色，以今例古，必定是红黑两种颜色，是可以断言的。

崔呈秀比这两位宰相更进一步，抄了两份。一份是《同志

录》，专记东林党人，是该杀该关该革职该充军的。另一份是
《天鉴录》，是东林的仇人，也就是反东林的健将，是自己人。据
《明史·崔呈秀传》说："忠贤凭以黜陟，善类为一空。"

《明史·曹钦程传》附《卢承钦传》："承钦又向政府提出，
东林自顾宪成、李三才、赵南星而外，如王图、高攀龙等谓之副
帅，曹于汴、汤兆京、史记事、魏大中、袁化中谓之先锋，丁元
荐、沈正宗、李朴、贺烺谓之敢死军人，孙丕扬、邹元标谓之土
木魔神，请以党人姓名榜示海内。忠贤大喜，敕所司刊籍，凡党
人已罪未罪者悉编名其中。"这又更进一步了，不但把东林人列
在黑名单上，而且还每人都给一个绰号、匪号，其意义正如现在
一些刊物上的闻一多夫、罗隆斯基同。

王绍徽，魏忠贤用为吏部尚书，仿民间《水浒传》，编东林
一百零八人为《点将录》献上，令按名黜汰，以是越发为忠贤所
喜。绍徽也名列《明史·阉党传》。

这几种黑名单十五六年前都曾读过，记得最后一种《点将
录》，李三才是托塔天王，黄尊素是智多星，每人都配上《水浒
传》里的绰号，而且还分中军左军右军，天罡地煞，很整齐。似
乎还是影印本。可惜记忆力差了，再也记不起在什么丛书中见
到。可惜！可惜！

原载《史事与人物》，生活书店

1948 年 7 月

"社会贤达"钱牧斋

就钱牧斋对明初史料的贡献说，我是很推崇这个学者的。二十年前读他的《初学集》《有学集》《国初群雄事略》《太祖实录辨证》诸书，觉得他的学力见解，实在比王弇州（世贞）、朱国桢高。同时也收集了有关他个人的许多史料，如张汉儒控告他和瞿式耜的呈文、《牧斋遗事》《虞山妖异志》《阁讼记略》《钱氏家变录》《牧斋年谱》《河东君殉家难事实》（以上均见《虞阳说苑甲编》）《纪钱牧斋遗事》（《痛史》本）《钱氏家变录》（《荆驼逸史》本）瞿式耜《瞿忠宣公集》文秉《烈皇小识》计六奇《明季北略》，以及《明史·周延儒传》《温体仁传》《马士英传》《瞿式耜传》有关他的记载，和张汉儒呈文的另一印本（刊《文艺杂志》八期）。因为《明史》里不收这个做清朝官的两朝领袖，《清史稿》列他在《文苑传》，极简略。当时就想替此人写点什么。记不得那时候因为什么耽误了，一晃荡便是二十年。

最近又把从前所看过的史料重读一遍，深感过去看法之错误。因为第一他的史学方面成就实在有限，他有机会在内阁读到《昭示奸党录》《清教录》一类秘本，他有钱能花一千二百两银子买一部宋本《汉书》，以及收藏类似俞本《皇明纪事录》之类的秘笈，有绛云楼那样收藏精博的私人图书馆，从而做点考据工作，实在没有什么了不起；第二这个人的人品实在差得很，年轻时是浪子，中年是热中的政客，晚年是投满的汉奸，居乡时是土豪劣绅，在朝是贪官污吏，一生翻翻覆覆，没有立场，没有民族气节，除了想做官以外，从没有想到别的。他的一点儿成就、虚名、享受，全盘建立在对人民剥削的基础上，是一个道地的完全的小人、坏人。

可是，三百年前，他的名气真大，东林巨子，文坛领袖，斯文宗主，而且还是幕后政治的牵线人物。只是做官的日子短，在野的年代长，以他当时的声名而论，倒是个"社会贤达"也。

我正在研究历史上的士大夫官僚绅士地主这类人，钱牧斋恰好具备这些资格，而且还是"社会贤达"，因此把旧材料利用一下，写出这个人，并非毫无意义，而且也了却多年来的心愿，是为记。

一　定论

牧斋是有自知之明的，他明白自己的大节有亏，时常嘴里说的是一套，纸上写的是一套，做的是完全不同的另一套。师友们轰轰烈烈成为一代完人，只有他醉心于功名利禄，出卖了人格灵魂，出卖了民族国家，到头来变成"药渣"，"秋风起，团扇捐"，被新主人一脚踢开，活着对不起人民，死去也羞见当年师友，老年的情怀实实在在是凄楚的、寂寞的、幽怨的，百无聊赖，只好皈依空门，靠念经礼佛来排遣、忏悔。排遣往年的过错，忏悔一生的罪恶。有时候也不免自怨自艾一番，例如《有学集》卷一《次韵茂之戊子秋重晤有感之作》：

残生犹在讶经过，执手只应唤奈何！近日理头梳齿

少，频年洗面泪痕多。神争六博其如我，天醉投壶且任
他。叹息题诗垂句后，重将老眼向关河。

《再次茂之他字韵》：

覆杯池畔忍重过，谷哭其如泪尽何？故鬼视今真恨
晚，余生较死不争多！陶轮世界宁关我？针孔光阴莫羡
他！迟暮将离无别语，好将白发喻观河。

戊子是明永历二年，清顺治五年（1648），这年他六十七
岁了，为了被控和明朝故老闹"反清"，被羁押在南京，案情严
重。想想一辈子居高官，享大名，四年前已经六十四岁了，还不
顾名节，首倡投降之议，花了一笔大本钱，满以为新朝一定大
用，不料还是做礼部侍郎，二十年前早已做过的官。官小倒也罢
了，还被奚落，被哂笑，实在受不了，只好告病回籍。如今又吃
这官司，说是为明朝呢，说不上，为清朝呢，更说不上，于是见
了人只好唤奈何了，要哭也没有眼泪了，活着比死也好不了多少
了。顺治十八年（1661）八十岁大寿，族弟钱君鸿要发起替他征
集庆寿诗文，他苦口辞谢说："少窃虚誉，长尘华贯，荣进败名，
艰危苟免，无一事可及生人，无一言可书册府，濒死不死，偷生
得生。绛县之吏，不记其年，杏坛之杖，久悬其胫。此天地间之
不祥人，雄虺之所憗遗，鸺鹠之所接席者也。人亦有言，臣犹知
之，而况于君乎？"（《有学集》卷三九《与族弟君鸿论求免庆寿
诗文书》）

这一段话每一个字都是真实的、确当的。他的一生定论"荣

进败名，艰危苟免"，他一生的言行是"无一事可及生人，无一言可书册府"，明亡而"濒死不死"，降清而"偷生得生"，真是一个为人民所共弃的不祥人，该以杖扣其胫的老怪物。所谓人亦有言，如顺治三年（1646）在北京碰钉子谢病南归，有无名氏题诗虎丘石上《赠钱牧斋宗伯南归》：

> 入洛纷纷兴太浓，莼鲈此日又相逢，黑头已是羞江总，青史何曾用蔡邕？昔去幸宽沈白马，今归应悔卖卢龙。最怜攀折章台柳，撩乱秋风问阿侬。（此据《痛史》本。《虞阳说苑》本《牧斋遗事》首句作"入洛纷纭意太浓"，"黑头已是"作"黑头早已"，"用蔡邕"作"惜蔡邕"，末二句作"可怜折尽章台柳，日暮东风怨阿侬"）

如《虞山行》：

> 一朝铁骑横江来，荧惑入斗天门开。群公蒲伏迎狼纛，元臣拜舞下鸾台。挂寇带笠薰风里，耳后生风色先喜。牛渚方蒙青盖尘，更向龙井钓龙子。名王前席拂朱缨，左拍宗伯右忻城。平吴利得逢双催，投汉何曾有少卿。靡靡北道岁云暮，朔风吹出蚩尤雾。趋朝且脱尚书履，洛中那得司空座。回首先朝一梦中，黄扉久闭沙堤空。终朝裼带嗟何及，挂归去及秋风。……吁嗟盛名占难成，子鱼佐命褚渊生。生前莫饮乌程酒，死来休见石头城！死生恩怨同蕉鹿，空向兴亡恨失足。诗卷终当覆

酒杯，山邱何用嗟华屋。（节引自《痛史》本《纪钱牧斋遗事》）

"牛渚方蒙青盖尘"指福王被虏，"更向龙井钓龙子"指牧斋作书诱降在杭州的潞王。"左拍宗伯右忻城"指文班以牧斋为首，武班以忻城伯赵之龙为首迎降清军。"黄扉久闭沙堤空"，指北上后不得大用，失意而返。和这句相发明的，还有一首《虞山竹枝词》：

十载黄扉事渺茫，重瞻天阙望恩光。凤凰池上无人问，依旧当年老侍郎。

《牧斋遗事》记一故事，说一天牧斋去游虎丘，穿一件小领大袖的衣服，有人揖问："这衣服是什么式样？"牧斋窘了，只好说："小领遵时王之制，大袖乃不忘先朝。"这人连忙改容说："哦，您真是两朝领袖咧！失敬失敬。"

死后，他所迎降的清朝皇家对他的看法，乾隆三十四年（1769）六月上谕："钱谦益本一有才无行之人，在前明时身跻膴仕。及本朝定鼎之初，率先投顺，洊陟列卿，大节有亏，实不足齿于人类。朕从前序沈德潜所选《国朝诗别裁集》，曾明斥钱谦益等之非，黜其诗不录，实为千古纲常名教之大关。彼时未经见其全集，尚以为其诗自在，听之可也。今阅其所著《初学集》《有学集》，荒诞悖谬，其中诋毁本朝之处，不一而足。夫钱谦益果终为明朝守死不变，即以笔墨腾谤，尚在情理之中。而伊既然本朝臣仆，岂得复以从前狂吠之语，列入集中，其意不过欲借此以掩其失节之羞，尤为可鄙可耻！钱谦益业已身死骨朽，姑免追究，但此等书籍悖理犯义，岂可听其流传，必当早为销毁。"于是二集成为禁书。第二年弘历又题《初学集》："平生谈节义，两姓事君王。进退都无据，文章那有光？真堪覆瓮酒，屡见咏香囊。末路逃禅去，原为孟八郎。"四十一年又诏："钱谦益反侧卑鄙，应入《国史贰臣传》，尤宜据事直书，以示传信。"四十三年二月又谕："钱谦益素行不端，及明祚既移，率先归命。乃敢于诗文阴行诋毁，是为进退无据，非复人类。若与洪承畴等同列《贰臣传》，不示差等，又何以昭彰瘅？钱谦益应列入乙编，俾斧钺凛然，合于春秋之义焉。"（《清史列传·贰臣传》乙编）其实这些话是有些冤枉的。《初学集》是牧斋在前明的作品，刊行于崇祯十六年（癸未，1643），确是有好些骂清高宗先人的话。《有学集》是降清以后的结集，对清朝祖先便不敢"奴"长"奴"短了。以牧斋在明朝的作品来责备做清朝卿贰的钱谦益，当然不公道。不过，说他"进退失据，非复人类"，倒是定论。

牧斋对明朝失节，出卖祖国，出卖人民，"更一钱不值何须说！"在清朝呢，名列《贰臣传》，而且还是乙编，比洪承畴之类更下一等。活着含羞，死后受辱，这是投机分子应有的结局。

二　荣进败名

牧斋名谦益，字受之，晚年号蒙叟，亦自称东涧老人，江苏常熟人。生于明神宗万历十年，死于清圣祖康熙三年（1582—1664），年八十三岁。

牧斋一生的经历，十七岁（明神宗万历二十六年，1598）进学，二十五岁中举，二十九岁中探花，授翰林院编修，以父丧丁忧。三十九岁还朝。四十岁（熹宗天启元年，1621）做浙江主考，升右春坊中允。四十一岁以浙闱关节案告病回籍。四十三岁以谕德充经筵日讲官。四十四岁升詹事府少詹事，以东林党案削籍家居。四十七岁（思宗崇祯元年）补詹事府詹事，转礼部右侍郎兼翰林侍读学士，廷推枚卜，是候补宰相名单上的第二名，被温体仁攻讦革职，四十八岁后开始闲居。五十六岁被邑人张汉儒告讦为土豪恶绅，被逮北上下狱。五十七岁狱解南归。六十岁纳妾柳如是。六十四岁明福王立于南京，改元弘光，谦益官礼部尚书兼宫保，清兵进军江南，牧斋以文班首臣迎降，随例北行。六十五岁做清朝的内秘书院学士兼礼部侍郎，充《明史》副总裁。六月告病南归。六十七岁以黄毓祺案被逮到南京下狱。六十八岁狱解归里。八十三岁死。

　　牧斋二十岁左右在东南一带便有文名，和东林领袖顾宪成、允成兄弟交游。点探花以后，叶向高是前辈，孙承宗、王图是座主，高攀龙、左光斗、杨涟、周顺昌、姚希孟、黄道周、文震孟、鹿善继诸名流是僚友，瞿式耜是门生，程嘉燧、李流芳诸人是文酒之友，声气震动一世。到东林诸领袖先后被杀之后，"流俗相尊作党魁"，俨然是乡国重望了。张汉儒告讦案解后，"洛中之冠带，汝南之车骑，蜀郡之好事，鄂杜之诸生，闻声造门，希风枉驾，履舄交错，舟船填咽，邑屋阒其无人，空山为之成市"。成为斯文宗主，一代大师，青年人的泰山北斗，社会上第一号的贤达。六十四岁做了两朝领袖之后，声名骤落，做官不得意，做人不像人，"人亦有言"，成天过被哂笑辱骂的日子，再也不谈气节骨格，缩在文人的圈子里，写墓铭寿序弄钱，腼腼觍觍一直到死。

这个人的一生，用他自己的话来说最确当，"荣进败名"，一句话，不顾国家民族的利益，光想做大官，利禄熏心，坏了名节，毁了自己。

天巧星浪子钱谦益

牧斋前半生是东林中佼佼的人物，反东林的阉党阮大铖造《点将录》，献给魏忠贤，黑名单上的重要人物有天罡星托塔天王李三才，及时雨叶向高，天巧星浪子钱谦益，圣手书生文震孟，霹雳火惠世扬，鼓上蚤汪文言，大刀杨涟，智多星缪昌期等三十六人。地煞星神机军师顾大章，青面兽左光斗，金眼彪魏大中，旱地忽律游士任等共七十二人。崔呈秀开的另一黑名单《天鉴录》上也赫然有钱谦益的名字（计六奇《明季北略》卷二）。天启五年杨涟、左光斗诸人被魏忠贤杀害，牧斋也牵连被削籍回里。官虽做不成，名气反而更大，朝野都把他当作东林党魁，他也以此自许，如《初学集》卷六《十一月初六日召对文华殿旋奉严旨革职待罪感恩述事》二十首之一：

> 破帽青衫又一回，当筵舞袖任他猜，平生自分为人
> 役，流俗相尊作党魁。

如《有学集》卷一六《范勋卿文集序》：

> 余庚戌通籍，出吾师耀州王文肃公（名图，阉党
> 卢承钦所作《点将录》，和高攀龙并列的东林副帅，此
> 外曹于汴、汤兆京、史记事、魏大中等谓之先锋，丁元
> 荐、沈正宗、李朴等谓之敢死军人，孙玉扬、邹元标谓

之土木魔神）之门……余则继耀州之后，目为党魁，饮
章录牒，逾冬逮系，受钩党之祸……入甘陵之部，刊元
祐之碑，除名削迹，终老而不相贷赏。

可是他一生的行径，却是道地的"浪子"，阉党虽然比他更
灭绝人性，寡廉鲜耻，给他的这个绰号倒还中肯，恰如其人的品
格身份。

浙闱关节

牧斋虽是东林党人，可是还没有进身就和宦官勾搭。万历
三十八年殿试后自以为文名满天下，兼之又有内线，状元是拿稳
了。发榜的前一晚，已经得到宫中小太监的密报，说是状元已成
定局，司礼监太监和其他宫廷权要都派人送帖子来道喜，京中亲
朋故旧络绎户外，牧斋喜极乐极。不料到天亮榜发，牧斋竟是第
三名探花，状元是归安人韩敬，这一跟斗摔得真惨，两人从此结
下仇。原来韩敬也有内线，早攀上宫中最有势力的大太监，发榜
时拿韩敬换了牧斋。牧斋还以为他的老板只此一家，以致上了一
回大当。（《虞阳说苑》本《牧斋遗事》）

韩敬做了官，牧斋不服气，使一点手段，在三年京察时，把
韩敬革职。

韩敬是浙江人，是反对东林的浙党党人。丢官后恨极，也处
心积虑图谋报复。党争和私人怨恨从此纠缠不清。

熹宗天启元年（1621），牧斋奉命做浙江主考官。韩敬和秀
水沈德符计议，冒用牧斋的名义，出卖关节，很多人都上了当。
名士钱千秋也被说动了，用两千两银子买"一朝平步上青天"的
暗号，在每篇文章的结尾嵌入一字。榜发千秋果然考取了。韩

敬、沈德符使的人分赃不均，把卖关节的事情嚷开了，韩敬也派人上北京大宣传一气，又联络礼科给事中顾其仁磨勘原卷，找出证据，具疏弹劾。事情闹大，刚好钱千秋已到北京准备会试，牧斋一问果然有真凭实据，急得无法，只好自己上疏检举。经刑部审讯的结果，假冒名义出卖关节的两人枷号发烟瘴充军，钱千秋革去举人充军，牧斋和房官确不知情，以失察罚俸三月，奉旨依拟。这个科场大案，因为牧斋脚力大，就此结束。（文秉《烈皇小识》卷二，《虞阳说苑》本《阁讼记略》，冯舒《虞山妖乱志》卷中）

枚卜之争

明代后期大学士（宰辅）的任用，由吏部尚书领衔，会合廷臣公推，开一张名单，由皇帝点用，叫作枚卜。

崇祯元年十一月，大学士刘鸿训罢，思宗诏廷臣举行会推枚卜大典。

牧斋是庚戌进士，在东林有重名，会推列名是没有问题的。唯一的劲敌是同官宜兴周延儒，延儒是万历四十一年的会元状元，名辈虽然较后，可是不久前曾和思宗谈过话，很投机，如也在会推单上列名，周的被点可能要比钱大。乌程温体仁官礼部尚书，虽然是万历二十六年进士，但是名低望轻，根本挨不上，倒不必顾虑。

周延儒事先布置，勾结外戚郑养性和东厂唐之征，势在必得。

牧斋方面，有门生户科给事中瞿式耜、吏科都给事中章允儒在奔走，瞿式耜尤其出力，联络好廷臣，会推单上十一名，第一名成基命，第二名钱谦益，釜底抽薪，周延儒连提名的资格都被取消了，根本说不上圈定。

明思宗性格多疑，正在奇怪怎么会不列周延儒的时候，周延儒的反攻也正在展开，使人散布流言，街巷纷纷传说，这次会推全由钱谦益的党羽操纵，思宗也听见了。温体仁摸清楚情势，上《盖世神奸疏》，弹劾谦益浙闱旧案，说他是盖世神奸，不宜滥入枚卜。思宗召集双方在文华殿面讯，温体仁是有准备的，盛气质询，说话流利，牧斋正在打点做宰相的兴头上，斜刺里挨这一棍，摸不清情况，说不出话，官司便输定了。第二天有旨："钱谦益关节有据，受贿是实。今又滥入枚卜之列，有党可知。祖法凛在，朕不能私，着革了职，九卿科道从公依律会议具奏，不得徇私党比，以自取罪责。"后来钱千秋案虽然由原审人员一致坚持原来的判决，牧斋止于失察，不再深问。可是大学士是被搞掉了，不但做不了大学士，连原官也丢了。革职回籍听勘。

崇祯二年十二月周延儒入阁，三年六月温体仁入阁。两个死对头接连当权，牧斋一直闲了十六年，再也不得登朝，只好在乡间做"社会贤达"，干土豪劣绅武断乡曲的勾当。

这一次牧斋吃亏的原因：一内线未走好，二被温体仁一口咬定是结党把持，做皇帝的最怕最恨臣下结党，而牧斋恰是结党有据，硬挤周延儒。又吃亏在钱千秋的案子确是有关节。一跤摔倒，再也起不来了。(《明史》卷三○八《周延儒传》《温体仁传》，卷二八○《瞿式耜传》,《烈皇小识》卷二,《阁讼记略》,《虞山妖乱志》中）

贪恶兽官

明代乡绅作恶于民间，是人民最感痛苦的一害。

崇祯十年（1637）常熟人张汉儒到北京告御状，告乡绅钱谦益、瞿式耜："不畏明论，不惧清议，吸人膏血，啖国正供，把持朝政，浊乱官评，生杀之权不操之朝廷而操之两奸，赋税之柄不操之朝廷而操之两奸，致令蹙额穷困之民欲控之府县，而府县之贤否，两奸且操之，何也？抚按皆其门生故旧也。欲控之司道，而司道之黜陟，两奸且操之，何也？满朝皆其私党羽翼也。以至被害者无门控诉，衔冤者无地伸冤。"又告发他们："倚恃东林，把持党局，喜怒操人才进退之权，贿赂控江南生死之柄，伦常扫地，虐焰熏天。"开列罪款，一共是五十八款，如侵占地方钱粮，勒索地方大户，强占官地营造市房，霸占湖利强要渔船网户纳常例，私和人命，逼奸良人妻女，出卖生员，霸占盐利，通番走私，占夺故家宝玩财货，毒杀和殴杀平民，占夺田宅等，计赃三四百万。例如：

一、恶钱谦益、瞿式耜每遇抚按提学司道知府推官知县要紧衙门结交，必先托心腹，推用其门生故旧，宣言考选可以力包，以致关说事情，动以千万，灵应如神，诈有不遂者无不立致之死，小民之冤无处申诉，富家之祸无地可容。

二、恶钱谦益、瞿式耜见本县有东西两湖华荡、华汇（《文艺杂志》本作昆城湖、华荡滩），关系民间水利，霸截立桩，上书"礼部右堂钱府"、"户科瞿衙"字样，渔船网户俱纳常例，佃田小民投献常规，每岁诈银七百余两，二十年来计共诈银一万四千余两，地方切齿，通县公愤。

三、恶钱谦益自卖举人钱千秋之后，手段愈辣，凡文宗处说进学者，每名必要银五百两，帮凛者每名银三百两，科举遗才者要银二百两，自家夸口三党之前曰，我的分上，如苏州阊门贝家的药，货真物精，比别人的明明贵些，只落得发去必有应验。

四、恶钱谦益乘媚阉党崔呈秀心爱顾大章家羊脂白玉汉杯，著名一棒雪，价值千金，谦益谋取到手，又造金壶二把，一齐馈送，求免追赃提问，通邑诽笑证。

五、恶钱谦益见刑部郎中赵元度两世科甲，好积古书文画，价值二万余金，后乘身故，鏧抢四十八橱古书归家。

这个告发人张汉儒，牧斋自撰的《丁丑狱志》称为奸人，《明史》上也称为常熟奸民。在封建时代，以平民告发大官，其"奸"可知。不过根据冯舒的《海虞妖乱志》，所记牧斋的秽史确有几件是可以和"奸"民的控词互证的。冯舒是牧斋同县人，被这场官司卷入，闹得几乎不可开交，而且是牧斋这方面的人，牧斋和瞿式耜还为他分辩过。他的话应该有史料价值。他说："钱尚书令（杀人犯）翁源德出三千金造塔（赎罪），源德事既败，塔亦终不就。已而钱尚书必欲成之。凡邑中有公事拟罪者，必罚其赀助塔事，黠士敝民请乞不餍，亦具辞请修塔，不肖缙绅有所攘夺者，公以塔为名，而私实自利。即寿考令终者，亦或借端兴词，以造塔为诈局，邑中谓塔为大尸亲，颇称怨苦。钱尚书亦因是藉藉不理人口，谤亦由是起。"

他详细记出牧斋曾由族人钱斗之手，敲诈族人钱裔肃："裔肃诸弟又以宪副（钱岱）故妓入纳之尚书，裔肃不得已，亦献焉。凡什器之贵重者，钱斗辈指名索取，以为尚书欢。"

张汉儒告发于下，大学士温体仁主持于上，地方大官如巡抚张国维是牧斋的门生，巡按御史路振飞是后辈，也掩饰不了，牧斋和瞿式耜被逮到京拘讯。

官司又眼见得要输了，牧斋自辩二疏，只辨得钱千秋一案，其他各款只咬定是温体仁主使，说他和张汉儒一个鼻孔出气。背地里乞援于司礼监太监曹化淳，因为牧斋往年曾替曹化淳的上司司礼太监王安作过碑文，这门路就走通了。又用贿赂使抚宁侯朱国弼参奏温体仁欺君误国，内外夹攻，转退为进，要翻转这案子。

这时候锦衣卫指挥使是温体仁的人，照理温体仁这着棋是赢定了。不料他走错了一步，在思宗前告发钱谦益和曹化淳的勾结情形，得罪了曹化淳，情势立刻倒过来了，锦衣卫指挥使换了牧斋的朋友，东厂专找温体仁的错，张汉儒枷死，温体仁也接着罢相。第二年秋天牧斋和瞿式耜才出狱。

张汉儒控诉乡绅作恶，一到北京变了质，温体仁用作报复政敌的手段。温体仁得罪了曹化淳，官司又变了质，乡绅作恶的事一字不提，告发人成为"奸"民被处死。牧斋靠内监的庇佑，不但官司没有事，连劣绅恶绅的身份也连带去掉了。(《明史卷》二八〇《瞿式耜传》，冯舒《虞山妖乱志》《虞阳说苑》本张汉儒《疏稿》，《文艺杂志》本《常熟县民张汉儒控钱谦益、瞿式耜呈词》，《初学集》卷二五《丁丑狱志》，卷八七《微臣束身就系辅臣蜚语横加谨平心剖质仰祈圣明洞鉴疏》)

三　艰危苟免

崇祯十七年三月明思宗自杀的消息传到南方，南京的文武臣僚乱成一团。吵的不是如何出兵，如何复仇，而是如何找一个皇帝，重建封建统治政权。

当时避难到南京附近的有两个亲王：一是潞王，一是福王。论族属亲疏行辈福王当立，论人品潞王有潞佛子的名气，好说话，容易驾驭。可是福王有问题，万历年间为了老福王闹的妖书、梃击、移宫三案，东林是反对老福王的，福王如立，很可能追怨三案，又引起新的党争，不得安稳。立潞王，不但政治上不会出岔子，还可立大功。牧斋先和潞王接了头，首倡立潞王之议，南京大臣兵部侍郎吕大器、右都御史张慎言、詹事姜曰广都赞成，雷缜祚、周镳也为潞王大作宣传。这些人有的是东林，有的是准东林，一句话，东林系的士大夫全支持潞王做皇帝。

反东林的阉党着了慌，尤其是阮大铖，出尽全力，和实力派庐凤督师马士英，操江诚意伯刘孔昭，总兵高杰、刘泽清、黄得功、刘良佐结合，高级军人全拥护福王，南京的议论还没有决定，马士英已经统军拥福王到南京了。文官们没办法，只好向福王劝进，在南京建立了小朝廷，维护这一小部分人的利益。

潞王和福王皇帝地位的争夺，也就是幕后人钱牧斋和阮大铖的斗争。钱牧斋输了，马士英入阁，东林领袖史可法外出督师，阮大铖起用，从兵部右侍郎进尚书兼右副都御史，巡阅江防，红得发紫。

大铖用事后，第一件事是起用阉党，第二件事是对东林报复。他好容易熬了十几年，受尽了"清流"的笑骂，今天才能出这口气，造出十八罗汉五十三参的名目，要把东林一网打尽。雷祚、周镳首先被杀，南京城中充满了恐怖空气，逃的逃，躲的躲，弄得人心惶惶。

牧斋一见福王登位，知道情形不妙，立刻转舵，一百八十度大转弯，上疏称颂马士英功德，士英乐了，援引牧斋做礼部尚书。一不做二不休，牧斋索性举荐阉党，还上疏替阮大铖呼冤，大铖由之起用。可是阮大铖还是不肯解憾，黑名单上仍旧有牧斋名字。牧斋无法，只好再求马士英保护，战战兢兢，幸免无事。（《明史》卷三〇八《马士英传》）

弘光元年五月，清军进军江南，牧斋率文班诸臣迎降。南京其他大员送清豫王的礼物动不动就值万两银子，牧斋要表示自己的廉洁，送的礼最薄，这份礼单照抄如下：

太子太保礼部尚书兼翰林院学士臣钱谦益百叩首谨启上贡

计开鎏金壶一具　法琅银壶一具　蟠龙玉杯一进

宋制玉杯一进　天鹿犀杯一进　夔龙犀杯一进

葵花犀杯一进　芙蓉犀杯一进　法琅鼎杯一进

文玉鼎杯一进　珐琅鹤杯一对　银镶鹤杯一对

宣德宫扇十柄　真金川扇十柄　戈阳金扇十柄

戈奇金扇十柄　百子宫扇十柄　真金杭扇十柄

真金苏扇四十柄　银镶象箸十双

顺治二年五月二十六日太子太保礼部尚书兼翰林院学士臣钱谦益。

据目见的人说，牧斋亲自捧帖入府，叩首阶下，向豫王陈说，豫王很高兴，接待得不错。（《说苑》本《牧斋遗事》）

不但第一个迎降，牧斋还派人到苏州大贴告示说："大兵东下，百万生灵，尽为齑粉，招谕之举，未知阖郡士民，以为是乎非乎？便乎不便乎？有智者能辨之矣。如果能尽忠殉节，不听招谕，亦非我之所能强也。聊以一片苦心与士民共白之而已。"又写信给常熟知县曹元芳劝降："主公蒙尘五日后，大兵始至，秋毫无犯，市不易肆。却恐有舟师入越，则吴中未免先受其锋。保境安民之举，不可以不早也。牺牲玉帛待于境上，以待强者而庇民焉，古之人行之矣。幸门下早决之。想督台自有主持。亡国之臣，求死不得，邑中怨家必攘臂而鱼肉之矣，恐亦非便计也，如何？"（《赵水部杂志》）在主俘国破的时候，他不但为敌作伥，招降父母之邦，还念念不忘他家乡那份产业，这封信活画出卖国贼那副嘴脸。

所说"求死不得"是鬼话，他自己曾告诉人，当时宠妾柳如是劝他殉国，他迟疑不肯，柳如是发急，以身作则，奋身自沉，被侍儿抱住。他何曾求过死？连小老婆劝他死也不肯，怎么会"不得"！（顾苓《河东君传》，按顾云美也是牧斋的友人，牧斋曾为撰《云阳草堂记》，见《有学集》卷二六）

牧斋降清后，一意要为清朝立功，时潞王寄居杭州，牧斋又寄书诱降，骗说只要归顺，就可保住爵士。浙江巡抚张秉贞得信，要挟潞王出降，潞王阖家被俘北上（《说苑》本《牧斋遗事》）。牧斋自以为大功既就，而且声名满天下，这次入阁该不成问题了，兴冲冲扬鞭北上，左等右等，等到顺治三年正月，才发表做礼部侍郎管秘书院事，充修《明史》副总裁，不禁大失所望。苦苦挨了半年，又被劾夺职回籍闲住，荣进了一辈子，状元巴不到，阁老爬不上，落得身败名裂，"昔去幸宽沈白马，今归应悔卖卢龙"！（《说苑》和《痛史》本《牧斋遗事》）

牧斋到底悔了没有呢？这头不着巴那头，清朝不要，再投明朝，顺治《东华录记》：

> 五年四月辛卯，凤阳巡抚陈之龙奏：自金逆（声桓）之叛，沿海一带与舟山之寇，止隔一水。故密差中军各将稽察奸细，擒到伪总督黄毓祺，搜获铜铸伪关防一颗，反诗一本，供出江北富党薛继周等，江南王觉生、钱谦益、许念元等，见在密咨拿绯。得旨：黄毓祺着正法，其……钱谦益等马国柱严饬该管官访拿。

据《贰臣传》乙编，牧斋这次吃官司也是被人告密的，告密人叫盛名儒：

> 以钱谦益曾留黄毓祺宿其家，且许助资招兵。诏总督马国柱逮讯。谦益至江宁，诉辩："此前供职内院，邀沐恩荣，图报不遑。况年已七十，奄奄余息，动履借人扶掖，岂有他念。"哀吁问官乞开脱。会首告谦益从逆之盛名儒逃匿不赴质，毓祺病死狱中。乃以毓祺与谦益素不相识定谳。马国柱因疏言："谦益以内院大臣归老山林，子侄三人新列科目，荣幸已极，必不丧心负恩。"于是得释归。

这次狱事，一直到顺治六年春才告结束。同年七月十五日，同县瞿式耜的家人派家童到桂林去看永历帝的桂林留守、牧斋的门生瞿式耜。牧斋脚踏两头船，带一封密信给他，九月十六日到达，这封密信被节引在式耜的《报中兴机会事疏中》中（《瞿忠宣公集》卷五），牧斋指陈当前军事形势，列出全招要招急招。还报告清军将领动态和可能反正的武装部队。式耜的按语说：

> 臣同邑旧礼臣钱谦益寄臣手书一通，累数百言，绝不道及寒温家常字句，惟有忠驱义感，溢于楮墨之间。盖谦益身在房中，未尝须臾不念本朝，而规划形势，了如指掌，绰有成算。

有了这件文字，加上瞿留守的证明，万一明朝恢复天下，看在地下工作的分儿上，大学士的座位，这一回总该坐得上去了吧？

一年后，清军攻下桂林，瞿式耜不屈，慷慨赴义。清人修《明史》，大传的最后一位，便是牧斋早年的门生瞿式耜。这师生二人，在民族兴亡，国家存灭的严重关头，一个经不住考验，做了两朝领袖，名教罪人。一个通过考验，成了明朝的孤臣孽子，忠臣烈士。牧斋地下有知，怕也没面目见到这位高足吧！

原载 1948 年《中国建设》六卷五期

1948 年 8 月

阮圆海

　　提起了明末的词人，风流文采、照耀一时的阮圆海，立刻会联想到他的名著《春灯谜》《燕子笺》。云亭山人的《桃花扇》，逼真活现，三百年后，此公形象如在目前。

　　阮圆海的一生，可以分为若干时期。第一时期声华未著，依附同乡清流东林重望左光斗，以为自重之计。第二时期急于做官，为东林所挤。立刻投奔魏忠贤，拜在门下为干儿，成为东林死敌。第三时期东林党人为魏阉所一网打尽，圆海的官也大了，和干爹相处得很好，可是他绝顶聪明，看出场面要散，就预留地步，每次见干爹，总花钱给门房买回名片。第四时期，忠贤被杀，阉党失势，他立刻反咬一口，清算总账，东林阉党混同攻击，可是结果还是挂名逆案，削官为民。崇祯一朝十七年，再也爬不起来。第五时期，南方诸名士缔盟结社，正在热闹，圆海也不甘寂寞，自托东林人物，谈兵说剑，想借此翻身，不料惹了复社名士的公愤。出了留都防乱揭，指出他是魏珰干儿，一棍打下去。第六时期，北都倾覆，马士英拥立弘光帝，圆海又勾上马士英，重翻旧案，排斥东林，屠死端士，重新引起党案，招引逆案人物，组织特务，准备把正人君子一网打尽。朝政浊乱，贿赂公行，闹到"职方贱如狗，都督满街走"。（职方有点像现在的军政部军政司长，都督相当于总司令）把南京政权断送了。第七时期清兵南下，圆海叩马乞降，终为清军所杀。

总算圆海一生，前后七变，变来变去，都是从左到右，从右到左，明末三十年是东林党和阉党对立，一起一伏，互相倾轧排陷，变幻莫测，陆离光怪的时代，圆海算是经过所有的风波，用左制右，附右排左，有时不左不右，自命中立，有时不管左右，一味乱咬，有时以东林孽子的道貌求哀于正人，有时又以魏珰干儿的色相求援于阉寺，"有奶便是娘，无官不可做"。于是扶之摇之，魏珰时代他做到太常少卿，马士英时代他做到兵部尚书兼右副都御史。最后是做了降敌的国贼，原形毕露。

明末三十年党争黑暗面的代表是阮圆海，和阮圆海形迹相类的还有几千百人。这一类人可名之曰阮圆海型。

三百年后的历史和三百年前当然不同。最大的不同是如今是人民的世纪，黑白不但分明，而且有人民在裁判。然而，阮圆海型的正人君子们还是车载斗量，朝秦暮楚，南辕北辙，以清流之面目，作市侩之营生：一变两变三变都已记在历史上了，最后的一变将由人民来判决。

阮圆海名大铖，安徽怀宁人，《明史》卷三百八《奸臣传》有传。

原载《历史的镜子》

爱国学者顾炎武

今年是伟大的爱国学者顾炎武逝世二百八十周年。

关于顾炎武的历史评价，全祖望写的《顾先生炎武神道表》最后一段话很中肯。他说：离开顾炎武的时代逐渐远了，读他的书的人虽然很多，但是能够说出他的大节的人却很少。只有王高士不庵曾说：炎武抱着沉痛的心，想表白他母亲的志向，一生奔走流离，心里的话，几十年来也没有机会说出来。可是后起的年轻人，不懂得他的志趣，却只称赞他多闻博学，这对他来说，简直是耻辱，只好一辈子不回家，客死外地了。这段话很好，可以表他的墓。我读了也认为很好，可以使人们对顾炎武这个人有更好的了解。

顾炎武首先是有气节的有骨头的坚强的爱国主义者，其次才是有伟大成就的学者。

顾炎武（1613—1682），字宁人，原来名绛，明亡后改名，有时自称为蒋山佣，学者称为亭林先生，江苏昆山人。他家世代有人做官，藏书很多。祖父和母亲对他的教育十分关心，六岁时母亲亲自教他《大学》，七岁跟老师读《四书》，九岁读《周易》，接着祖父就教他读古代军事家孙子、吴子的著作和《左传》《国语》《战国策》《史记》等书，十一岁读《资治通鉴》，到十三四岁才读完。十四岁进了县学以后，又读《尚书》《诗经》《春秋》

等书，打下了很扎实的学术基础。母亲更时常以刘基、方孝孺、于谦等人的事迹教育他，要他做一个忠于国家、忠于民族的人。

炎武受教育的时代，也正是明王朝政治日益腐化，统治阶级内部分崩离析，互相倾轧，人民负担日益加重，民不聊生，东北建州（后称满族）崛起，明王朝接连打败仗，丧师失地，满汉民族上层统治集团矛盾最尖锐，汉族人民和统治集团矛盾最尖锐的时代。炎武的祖父教炎武读军事学书籍和史书，是有很深的用意的。

当时东南地区的知识分子组织了一个团体叫复社，吟诗作文，议论时事，名气很大，炎武和他的好友归庄也参加了。两人脾气都有些怪，就得了"归奇顾怪"的外号。

炎武的祖父很留心时事，那时候还没有报纸，有一种政府公报叫《邸报》，是靠抄写流传的，到崇祯十一年（1638）才有活版印刷。炎武跟祖父读了泰昌元年（1620）以来的《邸报》，对国家大事有了丰富的知识。二十七岁时考乡试没有录取，他"感四国之多虞，耻经生之寡术"，发愤读书，遍览二十一史和全国州县志书、当代名人文集、章奏文册等，单是志书就读了一千多部，抄录有关材料，以后还随时增补，著成两部书，一部叫《天下郡国利病书》，一部叫《肇域志》。《天下郡国利病书》着重记录各地疆域、形胜、水利、兵防、物产、赋税等资料。《肇域志》则记述地理形势和山川要塞。他晚年游历北方时，用两匹马、两匹骡装着书，到了关、河、塞、障，就访问老兵退卒，记录情况。说的有和过去知道不符合的，就立刻检书查对，力求记载的真实。他这种从实际出发，研究当前现实的学风，一反那个时代空谈性命，不务实际的学风。他这种治学精神、方法，为后来的学术界开辟了道路，指出了方向。

炎武从三十岁以后，读的经书、史书，都写有笔记，反复研究，经过长期的思索、改订，写成了著名的《日知录》。

顺治二年（1645）五月，清兵渡长江，炎武到苏州参加了抗清斗争。清军围昆山，昆山人民合力据守，城破，军民死了四万多人，炎武的好友吴其沆也牺牲了。炎武的母亲绝食自杀，临死时嘱咐炎武不要做异国臣子，不要忘了祖父的教训。炎武在军败、国亡、母死的惨痛、悲愤心情中，昂起头来，进行深入的隐蔽的反清斗争。这时期他写的诗如《秋山》："北去三百舸，舸舸好红颜。"记录了清军掳掠妇女的惨状。"勾践栖山中，国人能致死。叹息思古人，存亡思今始。"以勾践复国自勉，表明了他爱国抗清的坚决意志。在以后的许多诗篇中，也经常流露出这种壮烈情感，如《又酬傅处士（山）次韵》："时当汉腊遗臣祭，义激韩仇旧相家。""三户已亡熊绎国，一成犹启少康家。"如《五十初度时在昌平》："远路不须愁日暮，老年终自望河清。"又如："苍龙日暮还行雨，老树春深更着花。"都表明了他至老不衰的英雄气概。

明宗室福王由崧在南京称帝，改元弘光，任命炎武为兵部司务，炎武到过南京。福王被俘，唐王聿键在福建称监国，改元隆武。鲁王以海也在绍兴称监国。唐王遥授炎武为兵部职方司主事，炎武因母丧未葬不能去，不久，唐王也兵败被杀。鲁王流亡沿海一带。1647年秋天，炎武曾到沿海地方，和抗清力量联系。地方上有汉奸地主要陷害他，炎武不得已伪装成商人，奔走江、浙各地，前后五年。《流转》诗中说："稍稍去鬓毛，改容作商贾。却念五年来，守此良辛苦。畏途穷水陆，仇雠谁在户。故乡不可宿，飘然去其字。"便是这几年间的事。

1655 年发生了陆恩之狱。

陆恩是炎武家的世仆。在炎武出游时，投奔到官僚地主叶方恒家。炎武家庭经历丧乱，缺钱使用，把田产八百亩卖给叶家，叶方恒存心吞并顾家产业，揢勒只给半价，这半价还不给钱，炎武讨了几年才给了一点。恰好陆恩得罪了主人，叶方恒便叫他出面告炎武通海（通海指的是和沿海抗清军事力量勾结，在当时是最大的罪名）。炎武急了，便和家人设法擒住陆恩，扔进水里淹死了。陆恩的女婿又求叶方恒出面告状，用钱买通地方官，把炎武关在叶方恒家奴家里，情况十分危急。炎武的好友归庄只好求救于当时赫赫有名的汉奸官僚钱谦益，谦益说，这也不难，不过要他送一门生帖子才行。归庄知道炎武决不肯这样做，便代写了一个送去。炎武知道了，立刻叫人去要回来，要不回来，便在大街上贴通告，说并无此事。谦益听了苦笑说，顾宁人真是倔犟啊！后来炎武的另一朋友路泽溥认识兵备道，说明了情由，才把案子转到松江府，判处为主杀家奴，炎武才得脱祸。

叶方恒中过清朝进士，做过官，有钱有势，炎武和他结了仇，家乡再也住不下去了。1657 年炎武四十五岁，决定到北方游历，一来避仇，二来也为了更广泛地结纳抗清志士，继续进行斗争。

从这一年起，炎武便仆仆风尘，奔走于山东、河北、山西、陕西等地。他的生活情况，在与潘次耕（耒）信中说："频年足迹所至，无三月之淹，友人赠以二马二骡，装驮书卷，一年之中，半宿旅店。"旅途的艰苦，《旅中》一诗说："久客仍流转，悉人独远征。釜遭行路夺，席与舍儿争。混迹同佣贩，甘心变姓名。寒依车下草，饥糁粝中羹……买臣将五十，何处谒承明？"
他的心境，在《寄弟纾及友人江南》诗中说："自昔遭难初，城
邑遭屠割。几同赵卒坑，独此一人活。既偷须臾生，讵敢辞播
越。十年四五迁，今复客天末。田园已侵并，书卷亦剽夺。尚虞
陷微文，雉罗不自脱。"是十分沉重、紧张的。

在游历中，结识了孙奇逢、徐夜、王宏撰、傅山、李中孚等
爱国学者和李因笃、朱彝尊、毛奇龄等文人，观察了中原地区和
塞外的地理形势，并且在山东章丘买了田产，在雁门之北，五台
之东，和李因笃等二十多人集资垦荒，建立庐舍，作为进行隐蔽
活动的基地。

1663年，南浔庄氏史案发，炎武的好友吴炎、潘柽章牵连被
杀，炎武所藏史录、奏状一两千本借给吴、潘两人的，也随同散
失。庄廷鑨修史时，也曾托人邀请炎武参加，炎武看了情况，知
道庄廷鑨没有学问，不肯留下。书刻版时没有列上炎武姓名，这
才幸免于死。

五年后，莱州黄培诗狱案发，炎武又被牵连，从北京赶到山
东投案。案情是莱州人姜元衡告发他的主人黄培写逆诗（反对清
朝的诗），又揭发吴人陈济生所编《忠节录》，说这书是顾宁人
编的，书上有名的牵连到三百多人。李因笃听到消息，立刻赶到
北京告急营救，炎武的许多朋友也到济南帮忙，这时朱彝尊正在
山东巡抚处做幕僚，几方面想法子，炎武打了半年官司，居然免
祸，可也够危险了。

炎武虽然饱经忧患，跋涉半生，却勤勉好学，没有一天不读
书，没有一天不抄书，蝇头行楷，万字如一。朋友们有时终日宴
饮，他总是皱眉头，客人走了，叹口气说：可惜又是一天白白度

过了。读的书越多，游历的地方越多，写的书也越多，名气也就越大。1671 年熊赐履要举荐炎武助修《明史》，他当面拒绝说："果有此举，不为介推之逃，则为屈原之死矣。"1678 年叶方蔼、韩菼又打算举荐炎武应博学鸿儒科，炎武坚决辞谢，一连给叶方蔼写了三封信，表明态度，叶方蔼知道不能勉强，方才作罢。为了避免这类麻烦，炎武从此再也不到北京来了。

1677 年，炎武已经六十五岁了。从山东到陕西华阴，住王宏撰家。王宏撰替他盖了几间房子，决定在此定居。两年后写信告诉他的侄子说：陕西人喜欢经学，看重处士，主持清议，和他省人不同。在此买水田四五十亩，可以维持生活。华阴这地方是交通枢纽，就是不出门，也可以看到各方面来的人，知道各地方的事情。一旦局势有变化，跑进山里去守险，也不过十来里路。要是志在四方呢，一出关门，就可以掌握形势。从这封信可以看出，炎武之定居华阴，是和他的一生志愿抗清斗争密切相关的。

这时候，炎武的三个外甥都已做了大官，徐元文是顺治十六年（1659）状元，康熙十八年（1679）任《明史》监修总裁官，第二年任都察院左都御史。徐乾学是康熙九年（1670）探花，徐秉义是康熙十二年（1673）的探花。三兄弟在青年时都曾得到过炎武的资助和教育。他们看到舅父年老，流离外方，几次写信迎接炎武南归，答应给准备房子和田产，炎武回信坚决拒绝。他不但自己不肯受这几个清朝新贵的供养，连他的外甥要请他的得意门生潘耒去做门客，也去信劝止。义正词严地指出这些人官越大，门客越多，好巴结的人留下，刚正方直的人走开，他们不过要找一两个有学问的人在身边来遮丑而已。应该知道香的和臭的东西是不可以放在一个盒子里的，要记住白沙在泥，与之俱黑的话，不要和狎客豪奴混在一起才是。从这两件事，可以看出炎武的生性刚介和气节。

和他的为人一样，炎武做学问也是丝毫不苟的，总是拿最严格的要求来要求自己，从不自满。所著《音学五书》，前后历时三十多年，所过山川亭障，没有一天不带在身边。稿子改了五次，亲自抄写了三次，到刻版的时候，还改了许多地方。著名的《日知录》，1670 年刻了八卷，过了六七年，他的学问进步了，检查旧作，深悔过去学问不博，见解不深，有很多缺点，又渐次增改，写成二十多卷。他很虚心，朋友中有指出书中错误的地方，便立刻改正。又十分郑重，有人问他近来《日知录》又写成几卷了，他说，别来一年，反复研究，只写得十几条。他认为知识是无穷无尽的，过去的成绩不可以骄傲，未来的成就更不可以限制自己。做学问不是一天天进步，便会一天天退步。个人独学，没有朋友帮助，就很难有成就，老是住在一个地方，见闻寡陋，也会习染而不自觉。对于自己在学术上的错误，从不宽恕，在给潘耒信上说："读书不多的人，轻易写书，一定会害了读者，像我《跋广韵》那篇文章便是例子。现在把它作废，重写一篇，送给你看，也记住我的过失。我生平所写的书，类此的也还很多，凡是存在徐家的旧作，可以一字不存。自己思量精力还不很衰，不一定就会死，再过些年，总可以搞出一个定本来。"

对搜辑资料，也付出极大的努力。例如他在《金石文字记序》所说："我从年轻时就喜欢访求古人金石文字，那时还不很懂。后来读了欧阳修的《集古录》，才知道可以和史书相证明，阐幽表微，补阙正误，不只是文字之好而已。这二十年来，周游各地，所到名山、大镇、祠庙、伽蓝，无不寻求，登危峰，探窈鏊，扪落石，履荒榛，伐颓垣，畚朽壤，只要发现可读的碑文，就亲手抄录，要是得到一篇为前人所没有看到的，往往喜欢得睡不着觉。"对写作文字，态度也极为谨严，他立定宗旨，凡是文章不关联到学术的，和当代实际没有关系的，一概不写。并且慨叹像韩愈那样的人，假如只写《原道》《原毁》《争臣论》《平淮西碑》《张中丞传后叙》这几篇，其他捧死人骨头的铭状一概不写，那就真是近代的泰山北斗了！可惜他没有这样做。

他主张为人要"行己有耻"。有耻就是有气节，有骨头，做学问要"好古敏求"，要继承过去的遗产，努力钻研。对明代末期和当时的学风，他是很不以为然的。在《与友人论学书》里说："呜呼！士而不先言耻，则为无本之人，非好古而多闻，则为空虚之学。以无本之人而讲空虚之学，吾见其日从事于圣人而去之弥远也。"也正因为他这样主张，这样做，所以有些人叫他为怪，和他合不来。

炎武于康熙二十一年（1682）正月，因上马失足坠地，病死于山西曲沃，年七十岁。

原载《人民日报》

1962 年 2 月 7 日